全域旅游发展模式
与实现路径研究

Research on the Development Pattern and
Implementation Path of All-for-one Tourism

王旭科 著

中国财经出版传媒集团

经济科学出版社
Economic Science Press

图书在版编目（CIP）数据

全域旅游发展模式与实现路径研究/王旭科著 . --
北京：经济科学出版社，2022.6
ISBN 978 - 7 - 5218 - 3696 - 7

Ⅰ.①全… Ⅱ.①王… Ⅲ.①旅游业发展 - 研究 - 中
国 Ⅳ.①F592.3

中国版本图书馆 CIP 数据核字（2022）第 091784 号

责任编辑：陈赫男
责任校对：刘 娅
责任印制：范 艳

全域旅游发展模式与实现路径研究

王旭科 著

经济科学出版社出版、发行 新华书店经销
社址：北京市海淀区阜成路甲 28 号 邮编：100142
总编部电话：010 - 88191217 发行部电话：010 - 88191522
网址：www. esp. com. cn
电子邮箱：esp@ esp. com. cn
天猫网店：经济科学出版社旗舰店
网址：http://jjkxcbs. tmall. com
北京密兴印刷有限公司印装
710 × 1000 16 开 14.25 印张 240000 字
2022 年 6 月第 1 版 2022 年 6 月第 1 次印刷
ISBN 978 - 7 - 5218 - 3696 - 7 定价：58.00 元
（图书出现印装问题，本社负责调换。电话：010 - 88191510）
（版权所有 侵权必究 打击盗版 举报热线：010 - 88191661
QQ：2242791300 营销中心电话：010 - 88191537
电子邮箱：dbts@ esp. com. cn）

山东省社会科学规划研究重点项目
《山东省全域旅游发展模式与实现路径研究》
（批准号：16BLYJ03）最终成果

序　言

  "全域旅游"可以说是自 2015 年之后旅游业点击率最高和最为关注的概念之一，自从原国家旅游局正式提出以来，在政治界、学术界、产业界引起了强烈的反响，掀起了一场从学理到实践的大讨论、大争鸣和大行动。全域旅游成为旅游从业者的惯常用语，外行人士也都知晓了全域旅游这个专业概念。其中赞赏者有之，批判者乃至极力反对者亦不少。赞赏者认为全域旅游恰逢其时，旅游已经成为国民的刚性需求，旅游市场规模巨大，向全域旅游进军符合旅游业发展大趋势，可以大力推动其发展；同时全域旅游的提出与实施推动了地方政府和各个部门重视旅游业，有些地方确实将其放在国民经济与社会发展的重要位置来进行考量与推动，对地方旅游业起到了重要的促进作用，从这点来说全域旅游理念的提出有着一定的贡献。批判者一方面觉得旅游业还没有发展到无所不包的"全"时代，全域旅游从字面上理解又是全域发展的意思，部分旅游景区、饭店尚未培育发展好，很多旅游产品尚需要转型升级，旅游发展尚未达到全面的阶段和全域的格局，所以不敢提；另一方面觉得旅游业本身核心体量小，一个"全"字怎么是一个小部门和小行业能够驾驭得了的，因此认为还不能提。尤其认为原国家旅游局提出的创建全域旅游示范区，把全国 500 个市、县、区划进去作为备选的创建单位，各地重金跟风打造，颇有政绩工程之嫌。有的专家认为不可提"全域旅游"，推进"全域休闲"更切实际。赞赏者与批判者的争议导致全域旅游理念尚未得到普遍认可，这在一定程度上影响了民众对全域旅游内涵的理解。

我们是赞赏全域旅游理念的，不管其理论上是否能站得住脚，都需要进一步厘清其内涵与外延，但在实践领域，旅游与旅游业确实能够用全域旅游来刻画其发展历程与未来愿景特征。中国改革开放 40 多年以来，从传统的观光旅游到新兴的休闲度假、康体养生等，从传统六要素到各种眼花缭乱的新业态，从景点旅游到城市旅游、乡村旅游、生态旅游、工业旅游、康体旅游，从旅游业本身到农业、工业、商贸、交通、森林、水利、渔业、中医药、文化等相关产业的融合，从旅游部门独自推动到上下各个部门的联动协作发展，旅游业确实走了一条由星星之火逐步迈向全域旅游的发展过程。由于我国国土面积巨大，各地旅游产业发展水平参差不齐，有些地方受思路局限，向前迈进的步伐有些局促。全域旅游是要把旅游业放到整个社会经济体系中去考量其作用效应、发展路径与模式建构，发挥政府主导对旅游业的促进作用，这对于很多地区来说具有一定的助推意义。但肯定全域旅游理念积极意义的同时，是不是所有地区都要拼尽全力耗费大量人力、物力、财力拿一个"全域旅游示范区"的"大帽子"戴上，当作一个政绩来考核，确实是需要我们深入反思的。

本书系山东省社会科学规划研究重点项目"山东省全域旅游发展模式与实现路径研究"（批准号：16BLYJ03）的最终成果，以全域旅游作为主题词，在分析研究全域旅游概念内涵和对各地全域旅游发展水平测评的基础上，借鉴国内外经典案例归纳总结提炼全域旅游发展模式，提出全域旅游实现的科学路径，并在应用层面提出针对性的全域旅游实践发展策略。本书是笔者在长期从事全域旅游理论与实践工作的基础上完成的，因而该书对于高等学校科研院所研究旅游目的地创新发展具有一定的理论参考价值，对于党政机关尤其是文化和旅游部门推进全域旅游发展和全域旅游示范区创建管理工作具有一定的借鉴价值。

本书的研究成果与山东财经大学工商管理学院密不可分，学院创造的自由开放的人文环境是最大的支持。旅游管理专业研究生刘文静、李华、田青芬、王培钰、刘亭亭参与了本书的数据资料收集。

这些年在我们的全域旅游研究历程中有幸得到众多学者和朋友的启迪与帮助，也获得了地方各个部门的关注与支持，本书的顺利付梓与他们给我的支持与鼓励息息相关。衷心感谢中华人民共和国文化和旅游部资源开发司，使我有机会被邀请参与《全域旅游示范区创建导则》的制定和国家全域旅游示范区的验收工作；衷心感谢山东省文化和旅游厅提供参与省级全域旅游示范区评审与实践工作的机会；衷心感谢山东省各地文化和旅游部门，为本书进行全域旅游研究提供了大量生动丰富的案例，并在实践调研中给予的诸多帮助。

我还要感谢我的爱人和孩子们，是他们的理解与支持使我能有一段充裕的时间对全域旅游这个命题做一段时间深入的思考和分析。

王旭科

2022 年 2 月 8 日于济南

CONTENTS
目 录

| 第一章 |

引　论

一、研究背景

（一）全域旅游演化进程

全域旅游是我国近年来推出的一项新战略和新政策，要把握了解其本质，必须追根溯源。经过文献梳理和案例研究，我们发现目前国外有全域旅游成功经验，但尚未有全域旅游研究成果。全域旅游最早见诸刊物是 2010 年 12 月 8 日胡晓苒在《中国旅游报》上发表的《城市旅游：全域城市化背景下的大连全域旅游》一文。全域旅游概念诞生之前，有"全景旅游""全时旅游""全空间旅游""大旅游""超旅游""广义旅游""广域旅游""泛旅游""无边界旅游""旅游全域化""全景区旅游""无景点旅游""全景域旅游""空间全景化"等多个类似概念来刻画超越传统旅游本体范围之外的旅游活动与旅游业，但一直以来聚讼不已。

全域旅游实际上是一个名称提出较晚但理念历久弥新的发展战略，其提法来自于我国，发源于实践，倡导于政府。早在 1995 年为促进城市旅游发展，国家旅游局就提出创建优秀旅游城市，尝试以城市为载体推动旅游业发展，各地优秀旅游城市的创建提升了全国各地城市旅游发展水平，这是我国旅游界第一次站在全域的角度来推动旅游产业发展的行动，在推动旅游发展和调动整个城市力量助推旅游发展上取得了可喜的创新成果和开拓性经验，可以说后来提出的全域旅游示范区就是优秀旅游城市的扩大版，即把城市的旅游服务扩展到更广阔的区域。2003 年，国家旅游局推进中国旅游强县建设，之后又着力推动乡村旅游发展，逐渐摸索形成了"城市—县级—乡村"旅游发展格局的雏形，为全域旅游理念的提出奠定了政策依据与实践基础。2015 年，在黄山全国旅游工作研讨班上，国家旅游局正式提出探索推进全域旅游。2016 年，国家旅游局提出将全域旅游作为新时期的旅游发展战略，并将 262 个市县列为首批国家全域旅游示范区创建单位。为推动全域旅游发展，原国家旅游局召开多次推进会议，2016 年 5 月 26 日在浙江桐庐县召开全国全域旅游创建工作现场会；2016 年 9 月 10 日在宁夏中卫市召开第二届全国全域旅游推进会；2017 年 8 月 3 日在陕西西安市召开第三届全国全域旅游推进会。全域旅游发展工作得到全国上下的积极响应，随后在全国掀起了一股全域旅游发展的浪潮，各地纷纷将创建工作作为"一把手工程""牛鼻子工程"，强力推进全域旅游发展。

2016 年 5 月 19 日，李克强总理在首届世界旅游发展大会开幕式上的致辞中指出："中国还将推进全域旅游和'旅游＋'行动。"① 2016 年 7 月，习近平总书记在宁夏视察时指出："发展全域旅游，路子是对的，要坚持走下去。"② 原国家旅游局当年提出将全域旅游作为新时期的旅游发展战略，发布《关于开展"国家级全域旅游示范区"创建工作的通知》，确定了国家全域旅游示范区创建单位。同时，国务院批复实施的《"十三五"旅游业发展规划》提出"加快由景点旅游发展模式向全域旅游发展模式转变"。2017 年第十二届全国人民代表大会第五次会议在人民大会堂开幕，国务院总理李克强代表国务院作《政府工作报告》，报告中明确提出要"完善旅游设施和服务，大力发展乡村、休闲、全域旅游"③，这是"全域旅游"首次写入《政府工作报告》，成为国家战略。之后 2018 年、2019 年全域旅游都写入了《政府工作报告》，显示了中央对全域旅游发展政策的肯定。随着"全域旅

① 李克强：《让旅游成为世界和平发展之舟——在首届世界旅游发展大会开幕式上的致辞》，新华网，http：//www.xinhuanet.com//politics/2016 – 05/20/c_1118898593.htm。
② 《党建引领全域旅游 宁夏落实发展新方向》，中国共产党新闻网，http：//dangjian.people.com.cn/n1/2019/0619/c117092 – 31168593.html。
③ 李克强：《2017 年政府工作报告》，中国政府网，http：//www.gov.cn/guowuyuan/2017zfgzbg.htm。

游"写进《政府工作报告》，全域旅游遂上升到国家政策层面，推动了社会全面关注与参与。2018 年国务院办公厅出台《关于促进全域旅游发展的指导意见》，提出指导各地全域旅游发展的具体意见，强调"统筹协调，融合发展。把促进全域旅游发展作为推动经济社会发展的重要抓手，从区域发展全局出发，统一规划，整合资源，凝聚全域旅游发展新合力。"

2017 年 6 月 12 日，国家旅游局印发《全域旅游示范区创建工作导则》，明确了全域旅游示范区创建"旅游治理规范化、旅游发展全域化、旅游供给品质化、旅游参与全民化、旅游效益最大化"五大目标以及"创建体制机制，构建现代旅游治理体系；加强规划工作，做好全域旅游顶层设计；加强旅游设施建设创建和谐旅游环境；提升旅游服务，推进服务人性化、品质化；坚持融合发展、创新发展，丰富旅游产品，增加有效供给；实施整体营销，凸显区域旅游品牌形象；加强旅游监管，切实保障游客权益；优化城乡环境，推进共建共享"八大任务，为全域旅游示范区创建工作厘清了行动指南。2019 年 3 月，文化和旅游部出台了《国家全域旅游示范区验收标准（试行）》和《国家全域旅游示范区验收、认定和管理实施办法（试行）》，并组织开展验收首批国家全域旅游示范区。同年 9 月，文化和旅游部验收并公布了首批国家全域旅游示范区。2020 年 10 月文化和旅游部组织验收第二批国家全域旅游示范区。在这期间，全国各省份加强全域旅游推进力度，推动全域旅游向纵深发展，全国大部分省份出台促进全域旅游发展的相关意见或全域旅游示范区管理实施办法等，公布省级全域旅游示范区验收评定工作细则，分别开展省级全域旅游示范区的验收评定工作，在各地引起了社会各界的关注。2022 年 1 月 20 日，国务院印发了《"十四五"旅游业发展规划》，肯定了"十三五"时期"创新推动全域旅游，着力推动旅游业高质量发展"，并提出"十四五"期间"加强典型示范、创新引领、动态管理，推进国家全域旅游示范区建设工作，完善协调机制，提升发展质量"。

（二）全域旅游出现的时代原因

为什么发展全域旅游？发展全域旅游具有重要的战略意义，我们认为可以从政治、经济、社会、环境和区域发展等多角度进行考量。

在政治方面，全域旅游是完整、准确、全面贯彻落实新发展理念的综合载体。在中央提出"四个全面""五大发展理念"和经济社会全面转型发展的大背景下，着眼于国家战略，以全域旅游为抓手，可以实现创新发展、协调发展、绿色发展、开放发展、共享发展，全域旅游是推动旅游高质量发展的重要载体，调动社会经济各个要素资源，以全域旅游为载体推进创新发展，重塑旅游发展动力，实现旅游业的质量变革和效率变革。

在经济方面，全域旅游是推进供给侧结构性改革的重要抓手。发展全域旅游可以着力解决供需矛盾，优化产业结构，增加有效供给，提高供给水平。我们认为发展全域旅游可以"一业牵四化"，是推动整个经济转型升级的重要抓手，可以实现产业三个提升。通过与一产融合，可以直接推动农业向服务业转化、农副产品向旅游商品转化、农民向旅游从业人员转岗，助推乡村产业振兴；与工业融合，可以直接将工业产品转化成旅游产品，在增强工业活力方面发挥重要作用；与服务业融合，可以增强全社会服务业的功能，提升服务业的质量。

在社会方面，全域旅游促进社会文明指数的提升。党的十九大报告明确指出："新时代我国社会主要矛盾是人民日益增长的美好生活需要和不平衡不充分的发展之间的矛盾，必须坚持以人民为中心的发展思想，不断促进人的全面发展、全体人民共同富裕。"随着社会经济的发展，我国人民的旅游需求已经成为刚性需求，成为追求美好生活的重要内容，并且旅游需求已经从简单的对景区、景点的需求，转变为对旅游目的地的全面需求。全域旅游发展可以满足人民群众不断增长的对美好生活的需求，适应大众旅游多样化、多层次的时代要求，推进旅游公共服务、产品供给、管理营销等全域化发展，实现社会服务的阶段演进。全域旅游为人们提供了赏心悦目的旅居生活愿景，倡导现代旅居生活方式，提高人民群众的幸福指数，促进社会和谐发展，在营造轻松氛围中激发人的潜能，提升人类创造力。

在环境方面，全域旅游促进发展环境的提升。发展全域旅游可以把生态环境和旅游结合起来，把资源和产品对接起来，把保护和发展统一起来，大力践行"两山"理论，将生态环境优势转化为旅游发展优势，将绿水青山变成金山银山，创造更多的绿色财富和生态福利，既保护好了生态环境，又发挥了生态环境价值。通过发展全域旅游，把服务的理念全面融入政府管理、社会服务和精神文明建设等各个方面，可以极大地优化发展环境，为全社会干事创业创造良好的社会环境。

　　在区域发展方面，全域旅游是区域战略再定位。积极发挥旅游业在区域经济结构中重要的产业优势和比较优势，以全域旅游为引领，转方式、调结构、稳增长、惠民生、富百姓，推进新旧动能转换，打造区域发展新动能，提升区域自然与人文资源的经济社会价值，打造区域名片，塑造知名度，带动区域整体发展，增进人民福祉。在促进区域统筹发展上，全域旅游已经成为中西部许多地区经济发展的新模式和新亮点，成为东北老工业基地转型升级的重要产业和资源型城市的接续产业，也成为东部地区很多区域统筹城乡发展的重要抓手。

　　总之，发展全域旅游可以发挥牵一发而动全身的作用，全面助推经济社会转型升级和高质量发展，同时通过经济社会转型升级提升旅游发展水平。

二、研究方案

（一）研究目标与研究思路

　　由于全域旅游发展存在省域、市域、县域等不同空间层次的行政空间和跨行政区的旅游空间，各地资源禀赋不同、发展条件不一，不能采取统一的发展模式。本书认为全域旅游发展首先需要在界定自身发展水平的前提下确定适合自身特点的全域旅游发展模式，为此对全域旅游发展模式的分析是本书一个重要的研究目标。其次，全域旅游是在传统旅游基础上提出的一个新的发展理念，要将这种理念深入贯彻于旅游业发展之中，推进全域旅游发展必须建设一条科学合理基于体制机制和旅游自身特点的动力、技术、创新和实践应用层面上的实现路径。

（二）研究内容

　　本书主要包括以下内容：第一，探讨全域旅游概念和内涵的演变，深入解读全域旅游理念。第二，借鉴国内外发展的成功案例，他山之石可以攻玉，笔者重点选择曾经访学一年、最具全域旅游品相的美国夏威夷，以及短期访问的美国阿肯色州、新加坡作为典型案例，解剖它们全域旅游发展的经验以资借鉴；2020 年笔者参与国家全域旅游示范区暗访验收工作，着重分析丽江市、大理市等地全域旅游发展经验，并将泰宁县、中卫市沙坡头区作为典型代表案例。第三，采取实证研究方法提出全域旅游发展水平评价指标体系，并以山东省 17 个地级市和 37 个省级全域旅游示范区为例，测度山东省各城市全域旅游发展水平，探讨全域旅游发展的基础条件。第四，深入分析全国各地全域旅游发展规律和案例经验，总结归纳出全域旅游典型发展模式、创新示范模式和空间模式。第五，分析研究全域旅游发展的动力路径、技术路径和创新发展路径，并以山东省为对象，研究各地级城市和县域全域旅游发展实践路径与策略。附录主要列举了笔者在全域旅游发展概念提出的初期阶段参与制定的《全域旅游示范区创建工作导则》和主持编制的《山东省全域旅游示范市县评定标准》，这两个规范标准有助于读者深入了解全域旅游发展政策的演进。

（三）重点与难点

提出具有战略理念前瞻、符合实际发展需要、易于实践的全域旅游发展模式是本书研究的重点，为此需要进行充分的实践调研，获取一手数据与资料，需要大量细致实际的基础调研工作，并在此基础上进行归纳总结与提炼，这是本书一大重点与难点。

构建一套运行良好、科学高效并具有应用价值的全域旅游实现路径，一方面需要进行理论架构，提出实现路径的假设与构想；另一方面需要着力根据现实情况和具体操作提出有针对性的实践策略，有效指导各地推进全域旅游发展，这也是本书一大重点与难点。

（四）研究方法

一是使用管理学、经济学的理论分析方法、文献分析方法等，分析全域旅游特性；二是应用实证分析方法研究全域旅游发展水平测评；三是通过实地调研、归纳总结等方法研究全域旅游发展模式；四是应用管理分析方法等研究全域旅游实现路径。五是综合应用实地调研、案例研究等多种方法创新性地研究山东省全域旅游发展，使得研究结果具有科学性与实践应用性。

（五）技术路线

本书研究的技术路线如图 1 – 1 所示。

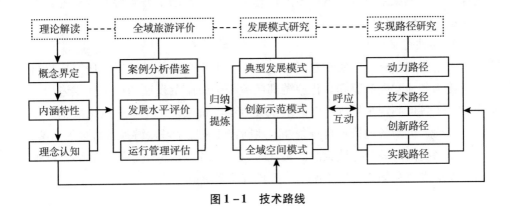

图 1 – 1　技术路线

三、研究特色与创新之处

（一）创新之处

一是研究对象上，在相关学者研究的基础上，对全域旅游内涵进行深入分析与界定，总结出全域旅游的内在价值与特性，提出全域旅游理念导引下的旅游发展观。

二是研究内容上，从发展模式、实现路径的角度来系统研究全域旅游发展，从不同层面提出全域旅游发展典型模式、全域旅游创新示范模式与全域旅游空间结构模式，以及动力、技术、创新发展三大实现路径。

（二）研究意义

1. 理论意义

本书通过对全域旅游特性的深入分析研究，提出全域旅游发展模式与实现路径，研究成果可以丰富旅游发展理论，对于推动全域旅游系统研究具有一定的理论借鉴价值。

2. 实践意义

本书研究具有一定实践意义：一是本书关于全域旅游发展的研究成果可以直接为各地党委政府和文化旅游部门关于全域旅游发展的决策提供咨询参考，对于各地制定全域旅游发展政策具有参考价值；二是本书提出的全域旅游发展模式可为各地依托自身条件因地制宜地发展全域旅游提供直接的借鉴；三是本书提出的关于全域旅游的实现路径对于各地以全域旅游理念为指导推进旅游业发展和创建全域旅游示范区具有参考价值。

四、研 究 进 展

目前国外有全域旅游成功经验，但尚未有全域旅游研究成果。全域旅游概念诞生之后迅速成为网络热点，成为最受互联网关注的旅游热词之一，我们通过百度搜索引擎可知，截至 2022 年 2 月 6 日，全域旅游的搜索结果有 100000000 条，全域旅游示范区的搜索结果有 39100000 条。全域旅游也得到了学术界的广泛关注，2022 年 2 月笔者以"全域旅游"作为篇名在中国知网搜索，显示有 4911 篇文章，以"全域旅游示范区"为关键词进行全文搜索，搜索到 236 篇文章，大部分文章集中于 2015 年之后，说明全域旅游的研究和全域旅游诞生以来的热度是基本吻合的。同时，关于全域旅游的文章以地方报纸报道居多，证明全域旅游在官方层面得到了大力推广与发动。整体来看，关于全域旅游的研究内容与进展主要体现在以下几个方面。

一是全域旅游概念与内涵的阐释。全国各地的学者对全域旅游的内涵进行了解读，对其基础概念的定义、发展意义及方向、与其他相关行业的联动发展等做了较为宏观层面的分析。厉新建（2013）初步界定全域旅游概念，构建全域旅游基本框架。张辉、岳燕祥（2016）曾提出通过完备全域旅游的空间域、产业域、要素域和管理域来推动社会经济发展"旅游化"。石培华（2016、2018）阐述了如何认识与理解全域旅游，并提出了全域旅游的科学原理与理论体系。《旅游学刊》在2016年专门组织了两期笔谈，许多学者从不同的角度对全域旅游的内涵与外延进行了解读。王国华（2017）指出全域旅游的核心内涵是推进当前我国旅游行政管理体制的改革和旅游观念的创新。

二是全域旅游评价研究。目前国内对全域旅游的评价仅有少量学者有所涉及。赵传松等（2018）对在全域旅游背景下旅游产业与区域发展耦合协调的指标体系及权重进行了研究，试图揭示全域旅游提出前后旅游产业与区域发展协调关系的差异。丰晓旭、夏杰长（2018）从空间域、产业域和管理域等层面提出全域旅游评价指标体系，但选取的指标较少。

三是全域旅游发展研究。众多学者对于如何推进全域旅游发展做了分析探讨。吕俊芳（2014）提出城乡统筹视阈下全域旅游发展的范式。喇明英（2016）研究了全域旅游通过整合区域内的资源和要素实现"五位一体"协同发展的可行性。丰晓旭（2018）指出全域旅游可在一定程度上增强旅游业的绿色属性。文传浩、许芯萍（2018）基于系统理论构建了流域绿色发展、精准扶贫、全域旅游三者融合发展的理论框架。陈斯琪、伍世代（2019）分析了全域旅游社会空间营造内涵。此外大量的学者以省、市、县及旅游地具体案例进行了理论分析与实践探讨。

四是全域旅游示范区建设研究。全国各地掀起了全域旅游示范区创建热潮，众多学者对这一现象予以理论反映。王磊、刘家明（2016）对宁夏全域旅游示范区建设的某些问题提出对策。盛毅等（2017）认为民族地区的资源禀赋、行政体制适宜创建全域旅游示范区，应瞄准民族地区供给结构合理化目标，加快推进全域旅游战略创新。赵慧莎、王金莲（2017）发现262个国家全域旅游示范区呈现中东部密集、西部稀疏的空间分布。林明水等（2018）发现全域旅游的发展水平主要受当地经济发展水平、旅游资源以及产业成熟度的影响。石培华（2018）选取中国60个重点旅游城市面板数据，使用双重差分法实证检验全域旅游示范区创建对区域旅游经济发展的影响效果。李经龙等（2018）分析了全域旅游示范区的旅游效率。徐珍珍、余意峰（2019）发现500个国家全域旅游示范区主要形成了江苏、海南、河南、湘赣鄂交汇地区以及四川在内的五个高密度核心区。徐鲲等（2021）借助地级市准自然实验数据分析了国家全域旅游示范区创建的旅游经济效应。

    总之，大量的学者在2015～2021年全域旅游发展最为鼎盛时期发表了数百篇论文，从不同的视角对全域旅游进行了探索性研究，全面丰富和完善了全域旅游理论体系。但从总体上看，学者们的研究以各地全域旅游发展研究居多，全域旅游深层次学术研究和系统性研究成果较少。

| 第二章 |

全域旅游的理论解读

一、相关概念解析与界定

（一）全域旅游

原国家旅游局对全域旅游概念做出的界定是：全域旅游是指在一定区域内，以旅游业为优势产业，通过对区域内经济社会资源尤其是旅游资源、相关产业、生态环境、公共服务、体制机制、政策法规、文明素质等进行全方位、系统化的优化提升，实现区域资源有机整合、产业融合发展、社会共建共享，以旅游业带动和促进经济社会协调发展的一种新的区域协调发展理念和模式。2017年7月国家旅游局发布的《全域旅游示范区创建工作导则》提出："全域旅游是指将一定区域作为完整旅游目的地，以旅游业为优势产业，进行统一规划布局、公共服务优化、综合统筹管理、整体营销推广。"

全域旅游提法起源于我国，官方英文翻译为 all-for-one tourism，国外与全域旅游有相近含义的有 holistic tourism、comprehensive tourism 等，意思为整体旅游、广泛旅游等。全域两字从字面上体现"全""域"两方面，"全"意味着全新理念、全新模式、全面创新、全时空、全行业、全要素、全部门、全社会、全民众、全方位等。"域"理解为包括资源域、空间域、市场域、产品域、管理域、服务域等。在旅游业发展过程中，各行业积极融入其中，各部门齐抓共管，全体居民共同参与，充分利用旅游目的地全部的吸引物要素，为前来旅游的游客提供全过程、全时空的体验产品，从而全面地满足游客的全方位体验需求。

全域旅游示范区是将一定行政区划作为完整旅游目的地，以旅游业为优势产业，统一规划布局，创新体制机制，优化公共服务，推进融合发展，提升服务品质，实施整体营销，具有较强示范作用，发展经验具备复制推广价值，且经文化和旅游部与各地文化和旅游部门认定的区域。

（二）发展模式

发展模式（developing mode）是一个国家或一个地区在特定的生活场景中，也就是在自己特有的历史、经济、文化等背景下所形成的发展方向，以及在体制、结构、思维和行为方式等方面体现出的特点。发展模式是选择突破点的问题，是一种理念或规律，是提出一种解决某一类问题的通用方式，包括主导模式、空间模式、产业模式、经济模式等。全域旅游作为对旅游发展规律的理论把握和凝练概括，是从实践经验中归纳出的知识体系，具备模式的基本特征，满足发展模式的基本要件。从实践角度来说，全域旅游没有统一的发展模式，也不能按照一个模子来建设，各地应根据自身特色积极探索，因地制宜地提炼概括。

（三）实现路径

实现路径可以从两个尺度来衡量，一个是指一定的自然空间和行政区域如何践行全域旅游理念与规律，按照这一理念和规律实现旅游转型升级高质量发展，带动全域旅游发展，实现全域旅游的最大经济、社会与生态价值；另一个是就现实需要来说，如何创建、运营并管理好全域旅游示范区。

二、全域旅游的内涵与特性

全域旅游是什么？根据近年来的实践体会，我们认为全域旅游的内涵具体来说体现在以下几个方面。

（一）全域旅游基本义

全域旅游从字面上的基本义来理解，其内涵体现在"处处、行行、业业、人人、时时"这几个方面。

一是"处处"，即从景点旅游到目的地旅游。以建设完整的旅游目的地为目标，破除景点景区内外的体制壁垒和管理围墙，进行全资源整合、全要素调动、全产业链发展，不一定处处都是景点，但处处环境优雅，具有良好的旅游氛围。

二是"行行"，即从"民团式"治安管理到全域化依法治理，立足现代旅游发展要求，将旅游治理方式从"看家护院"为主要特征的治安管理，提升到各部门各司其职、各负其责、依法治理。从部门抓旅游升级到党政统筹抓旅游，将旅游作为本地区主导产业或支柱产业，由地方党委政府统一部署、统筹规划、合力推进。

三是"业业"，即从封闭式小旅游到开放型"旅游＋""＋旅游"。突破食住行游购娱的传统旅游六要素领域，通过旅游与其他产业的深度融合发展，带动经济社会全面发展，推动各个产业高质量发展。

四是"人人"，即从企业单打独享到全社会共建共享，各界人士广泛参与到旅游发展之中，整个社会掀起热爱旅游、发展旅游的氛围，实现处处都是旅游资源，人人都是旅游形象，全体人民分享旅游成果。

五是"时时"，即从常规的白天旅游向全天经济转变，大力发展夜间经济，实现全天候旅游的目标，努力增加游客停留时间，大力增加过夜游客数量和停留天数。从旅游旺季的单季节旅游逐步向多季节、全年旅游延伸，要科学调控淡旺季旅游时空分配。

（二）全域旅游深层义

要了解全域旅游的深层含义，就必须先了解一个化学概念。1836 年，瑞典化学家雅科比·贝采里乌斯（Jacoby Betherius）在《物理学与化学年鉴》杂志上发表了一篇论文，首次提出化学反应中使用的"催化"与"催化剂"

概念。最早定义催化剂的是德国化学家奥斯特瓦尔德，他认为催化剂是一种可以改变化学反应速度，而不存在于产物中的物质。根据国际纯粹与应用化学联合会（IUPAC）1981 年的定义：催化剂是一种改变反应速率但不改变反应总标准吉布斯自由能的物质，这种作用称为催化作用，涉及催化剂的反应称为催化反应。《现代汉语词典》对催化的解释是："在化学反应中能改变反应速率，而本身的质量和组成在反应后保持不变的物质。能使反应速率加快的催化剂叫正催化剂，反之则叫负催化剂。"王桂茹主编的《催化剂与催化作用》对催化剂的定义为："催化剂是一种能够改变一个化学反应的反应速度，却不改变化学反应热力学平衡位置，本身在化学反应中不被明显地消耗的化学物质"，并认为催化作用具有三个特征：催化作用不能改变化学平衡，催化作用通过改变反应历程而改变反应速度，催化剂对加速化学反应具有选择性。

催化剂的原理可以比附到社会经济领域之中，旅游是一个兼具外向型和市场型的产业，因此旅游能够发生系统性的催化作用。首先，就外向型产业来说，旅游的本质是对异地景观与环境产生的愉悦，一个区域发展旅游有助于增强对外地人的吸引力，加快外部高端消费人员的流入，高端人员进入一个区域必定带来高质量的消费，进而推动社会服务业整体规模与质量的发展，也会提升整个区域的外部形象。其次，从市场型产业来分析，农业、林业、水利、国土、文化等具有计划色彩的公共服务事业缺乏以人为导向的市场导向性，旅游的市场化导入让这些公共资源找到了市场出口，真正找到了服务对象，旅游催化介入让各行各业找到了市场卖点与公共财政供给下举步维艰的突破点。

旅游天生所具有的"催化剂"特性使其具有发挥催化作用和促进相关行业和产业发展的价值，黏合社会资源与力量，发展全域旅游，深入拓展旅游的时空格局能更有效地发挥其对一个区域国民经济与社会发展的整体催化作用，尤其是旅游对外部的吸引功能和对内部的激活能力。因此，全域旅游是内外结合发展，是全域发展，全域旅游不仅是用全域的力量来推动旅游转型升级，而且是用旅游的理念提升全域发展品质，这是全域旅游的深层内涵。

（三）全域旅游特性

我们认为全域旅游作为一种新型的旅游发展理念，不仅仅是指全域的旅游，其内涵与外延已经超越了旅游本身的框架，具有自身的特性。

1. 全面性

全域旅游与传统旅游发展理念的区别在于，不再以点状和孤立的视角来看待旅游，脱离旅游发展立足点限于一隅的僵局，而是站在全时、全季、全境、全业、全社会、全部门、全过程的维度来透视旅游的价值与功能，把旅游业的发展看作是国民经济与社会发展有机体的重要部分，从全局的高度与全新的视角来谋划旅游和构建旅游目的地发展体系。

2. 差异性

我国各地自然禀赋、文化底蕴与社会经济结构不尽相同，旅游发展现状和基础条件也不尽相同，因此全域旅游发展的起点、条件与内涵存在一定的差异性，发展模式与实践道路自然千差万别。全域旅游需要审慎考虑这些地域差异性，因地制宜地结合自身条件来进行研判，采取适合自身特点的创新方式方法来推动旅游业个性化发展。

3. 引领性

发展全域旅游意味着旅游业在区域社会经济体系中居于引导地位，或为优势产业，要发挥旅游业的引领带动作用，以旅游业引领和促进区域经济社会全面发展，即全域旅游推进全域发展，提升社会经济各个方面的层次与质量，旅游业起着"领头雁"的重要作用。

4. 关联性

全域旅游涉及的要素多元，与社会经济各个部门发生关联效应，是旅游与区域内的各种要素、相关组织与多种产业的有机关联与融合，可与农业现代化、新型工业化、服务业现代化、新型城镇化等形成一体化发展的格局。因而，全域旅游需要全域联动，所在地社会各界要积极配合协调来共同完成这一系统工程。

5. 依托性

旅游业是一个本体面不宽但依托性很强的产业，旅游业的发展不仅要依托一个地方所拥有的旅游资源，而且更要依托于当地工业、交通、社会和城乡基础设施，也就是全域旅游的成熟度是建立在当地社会文明指数之上的，是国民经济与社会综合实力的集中反映。

6. 整合性

全域旅游需要整合区域内自然、人文、产业、社会等各种资源，以旅游为视角进行深度融合发展。基于全域旅游这一特性，各地全域旅游发展模式形式相殊、内涵各异，全域旅游发展征程不尽相同，必须走一条既引领全局，又整合多元要素的渐进发展之路。

7. 适配性

全域旅游应在以旅游产业为优势产业的区域开展，因而全域旅游并不适合所有地区，需要一定的适配条件。现实资源条件决定了经济综合实力较强的城市、都市圈范围内市场条件优越的城市、行政区域范围较小的城市、旅游资源全域均质分布的城市、自然环境良好的城市相对来说适配性强，容易推进全域旅游发展。

三、全域旅游发展观

全域旅游作为一种新的旅游发展理念，实质上是在全域旅游发展理念导引下实现旅游发展观念的更新，要在资源观、战略观、产品观、营销观、服务观、管理观等方面锐意创新，以全域的视角来谋划和推动旅游发展。

（一）全域资源观

传统观光资源，如山水河湖林海、寺庙塔观阁楼、古村古镇古城等，多为大自然创造和老祖宗遗留下来的自然与文化遗产资源。我们认为，要打破原有的对旅游资源的定义框架，重新审视全域资源为旅游发展所用，主要包括以下几个方面：

一是景观资源，除了传统山水庙宇、建筑单体具象资源之外，还应该包括山水林田湖草、花石洞沙泉海、城乡村街居坊等组合形成的一个区域整体自然生态与社会人文系统，它们是重要的旅游吸引力元素，在有些区域可能是决定性的吸引因素。

　　二是农林牧副渔工的产业资源，既包括农业、工业、服务业发展的成就，如热闹的集市、兴旺的大地农业、新型工业园区等，也包括产业升级带来的衰落产业资源，如农耕文化遗产、不再使用的渡槽水利设施、破败的老村旧宅、老旧的生产厂房、残破废弃的矿坑与塌陷地等都可以被旅游发展所用。

　　三是环境资源，宜人的天气就是最大的旅游资源，可以发展避暑与避寒旅游；洁净的空气对大都市深受雾霾污染的人群来说具有很强的吸引力，因而大气负氧离子含量高、空气质量等级优（PM2.5浓度极低）的地区都会吸引一批外来的游客；洁净的水资源指的是地表地下水资源丰富、品质优良，溪流潺潺、泉水叮咚、温泉汩汩也是吸引现代游客神往的重要元素。

　　四是社会资源。各种非物质文化遗产，如各种民间手工艺、独具韵味的地方曲艺、丰富多彩的传统习俗；稀有的社会生活方式，如四世同堂、五世同堂的家庭结构；独特的社会遗产，如山区的农耕场景、封闭的传统民族社区等，都能彰显一种乡土记忆，给游客带来返璞归真之感。

　　五是精神资源，当地历史流传下来或者是正在发挥作用的特殊精神文化，如山东各地有很多地方精神文化资源，如泰山挑山工精神、沂蒙山区红嫂精神、厉家寨精神与九间棚精神等，对于特殊人群具有深刻的影响力和吸引力。

　　四川省攀枝花市是个典型案例，从传统旅游资源角度来分析攀枝花旅游资源不占多少优势，但其属于南方亚热带为基带的立体气候类型，河谷地貌造成年均气温20摄氏度，年日照约2574小时，全年阳光明媚、气候宜人、四季可游，被誉为天然的“大温室”。由于温度高能种植杧果、枇杷、鸡血李、莲雾、火龙果、凤梨等亚热带水果，日照时间长，产出的水果甜度高、口感好。因此，从全域旅游视角出发，攀枝花依据自身旅游资源特点，创造性地提出全域旅游6度资源——温度、湿度、高度、洁净度、优产度、和谐度，重新界定其独特的康养旅游资源，确立大西南阳光康养度假胜地的定位。

　　以全域旅游理念来观照全域社会经济文化资源，旅游资源已超出了传统既定的框架，我们可以发现旅游资源无定式、旅游资源无边界、旅游资源无穷化，但是关键在于要用全域的眼光依据市场特性来发现资源、对接需求和创意产品。

（二）全域战略观

全域旅游时代旅游发展战略不能仅仅停留在旅游产业自身，新的全域战略观指的是全局谋划、全业融合、全员参与，主要体现在全域统筹旅游要素，实现旅游产业的跨界发展。

"全局谋划"首先意味着区域空间都能体现旅游元素，并不意味着要全部空间都发展旅游，而是要全城环境宜人、处处皆有景致，这就需要旅游空间布局实现多规融合，与国土空间规划（城乡规划、土地利用规划、国民经济与社会发展规划三规合一之后的规划）、环保规划、交通规划、农林水利规划、文化文物规划等有机融合，既要符合上位与相关规划的要求，又要在景区、城市、乡村、廊道、园区等空间上彰显旅游所秉承的特色元素。"全业融合"就是通过创新协作共赢机制让社会各行各业参与到旅游发展之中，由于旅游是个灵动性的外向元素，是激发各行各业尤其是传统资源型行业走向市场的重要催化剂，因而可以实现产业深度融合发展，实现合作共赢。"全员参与"就是要加大旅游宣传力度，发挥社会各界人士的力量，如旅游志愿者、旅游义工、旅游监督员等，多种形式参与到旅游发展之中，营造"人人都是旅游形象"的氛围，提升社会对旅游的满意度。例如，济南市由旅游部门与《济南日报》通过"政媒携手"共同成立了一支旅游服务质量社会监督员队伍——济南"旅游啄木鸟"。该队伍自 2016 年 4 月启动，目前已发展成员 1011 人，建立了 20 个工作站，工作站覆盖济南市主要的旅游区、景点、交通枢纽等。济南"旅游啄木鸟"创新推出的"行政监管＋社会监督＋媒体共建＋行业自励＋游客自觉"五位一体运行模式，开创了全域旅游时代社会参与旅游行业治理的崭新机制。

（三）全域产品观

在旅游产品类型上，除了传统的观光产品之外，要大力发展休闲度假产品和新业态旅游产品，增加旅游产品的新供给，如亲子研学、康体养生、休闲垂钓、文化创意、旅游演艺、户外探险、低空飞行、精品民宿、汽车露营、野外狩猎等。特别注重研究"90后""00后"等新生代游客的消费模式与需求特点，策划开发沉浸式体验、网红打卡等一批时尚类旅游产品。

在旅游产品品质上，要从以前的粗放式规模化开发向高质量精品化开发转变，精细化精致化打造一批景区、度假区、餐饮、演艺、购物的精品产品与精品线路，满足日益增长的现代游客需求，实现旅游产业效益倍增。

在时间旅游产品上，除了春季观花踏青、夏季避暑戏水、秋季康体健身、冬季滑雪嬉雪等民俗体验之外，要挖掘资源亮点，根据各地不同的自然与文化特性设计四季旅游产品，增加淡季的产品供给，弥补淡季消费短板。策划夜间项目与活动，塑造城市夜间魅力，平衡游览时间的昼夜搭配，丰富游客夜间生活，做活夜间旅游经济。

（四）全域营销观

从客源市场群的角度来说，随着经济收入的提高和交通的变革，尤其是高速铁路网的形成，全社会人口的流动性增加，异地交往的频率加快，人们离开居住地的时间增多，为各地带来更多的旅游流动人口。因而对旅游市场的分析与定位要超越传统观光旅游市场的模式，要从旅居生活的范畴考虑全社会流动人群的目的地选择、消费倾向与消费热点。

从市场营销资源的角度来说，传统旅游营销的视野局限于旅游行业内部，多从旅游角度打造旅游形象和推广旅游产品。而全域旅游时代要放宽到全域视野整合地方的宣传、广电、外事、工信、文化旅游等各个部门与企业的营销资源，加入地方融媒体之中，发挥各界营销资源对旅游品牌的支撑作用，全域统一品牌形象，统一开展市场营销，一个形象、一种声音对外统一发力，以达到事半功倍的旅游营销效果。

（五）全域服务观

全域旅游服务不同于传统的旅游行业服务，应该是超越旅游行业服务的范畴进而提升到更广层面与更高层次的全域服务。一是政务服务中心、商场、超市、汽车站、火车站、飞机场、高速公路服务区等社会服务窗口要按照游客服务的要求来进行高标准提升，做好热情服务，使得游客来到一地之后有宾至如归的感觉。二是依据地方文化特色，设计并实施一套系统的地方特色旅游服务礼仪，包括旅游形象标识、旅游吉祥语言（类似于西藏的"扎西德勒"）、服务体态语（如特色欢迎手势）、特色旅游服装（如海南岛的"岛服"）等，在全社会各个服务窗口应用，可以进一步提升旅游服务的满意度。三是公共服务设施建设要从单一地满足居民角度向满足居民与游客的双重角度来考虑，使城乡环境实现宜居宜游有机结合，交通实现通勤与通游并行不悖，信息服务实现导览与导游一体发展。

（六）全域管理观

从全域视角来看，全域旅游涉及全社会各个行业众多部门，不能把全域旅游发展重任全部归到文化和旅游部门，文化和旅游部门应该着力于策划打造旅游品牌、旅游市场营销和制定实施旅游服务标准等软性工作，涉及全域旅游的项目开发建设、产业融合发展、公共服务设施建设、基础设施建设、政策资金配套、社会环境营造等诸多硬性和软性工作需要在政府领导下社会各个部门与企业进行通力协作。因而，对全域旅游的管理要从部门管理上升到全社会综合治理层面来进行顶层设计，以保证全域旅游能实实在在发展管理到位。

从创新示范来看，全域旅游不是一种固定化、教条化的范式，而是各地根据自身发展条件进行管理创新，在品牌建设、项目开发、产品打造、市场营销、文旅融合、体制机制、企业发展、旅游扶贫等方面择其一样或几样另辟蹊径、身先示范、独树一帜，走出一条特色化全域旅游发展模式创新之路，并总结出一套模式与经验，不但以此聚焦发展合力持续推动本区域全域旅游发展，而且能够起到向全国示范以带动后进者学习的作用。

四、全域旅游的理论解析

作为一种新的旅游理念和发展模式，全域旅游可以从哲学层面的认识论、本体论、价值论、主体论、运行论等视角来进行理论解析，依托于原有的旅游理论与新的理论来源架构全域旅游的理论分析框架，确立全域旅游理论体系的地位，构建富有特色的全域旅游理论体系。具体如图 2-1 所示。

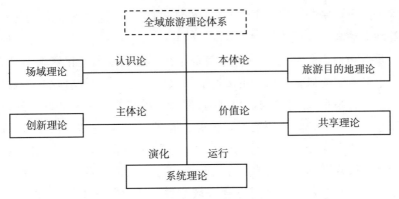

图 2-1　全域旅游理论体系框架

（一）认识论视角：场域理论

在认识论的层面，全域旅游可用法国著名哲学家和社会学家皮埃尔·布尔迪厄提出的"场域"理论来阐释。何谓"场域"？布尔迪厄认为"从分析的角度来看，一个场域可以被定义为在各种位置之间存在的客观关系的一个网络，或一个构型。正是在这些位置的存在和它们强加于占据特定位置的行动者或机构之上的决定性因素之中，这些位置得到了客观的界定，其根据是这些位置在不同类型的权力（或资本）"。

布尔迪厄指出，"场域"首先是一种具有相对独立性的社会空间，相对独立性既是不同场域相互区别的标志，也是不同场域得以存在的依据。布尔迪厄认为社会空间中有各种各样的场域，场域的多样化是社会分化的结果，他将这种分化的过程视为场域的自主化过程。自主化实际上是指某个场域摆脱其他场域的限制和影响，在发展的过程中体现出自己固有的本质。借用布尔迪厄的理论，旅游场域是客观存在的，是其成员按照特定的逻辑要求共同建设的，是充满力量的和具有弹性的。从这点来理解，旅游场域是一种意义空间的扩张，即旅游场域内部各种力量相互作用，以旅游为核心，不断向外辐射，促进个体间互动，进而确定场域的扩张边界。全域旅游作为一种旅游发展新模式，并非重在求"全"，即人们认为的一般意义上的"全空间""全时空""全要素"之类，而是意在摆脱各种桎梏，获取广泛的社会资源，走出传统景点旅游老模式，开拓更加广阔的发展空间，推动"+旅游""旅游+"

21

更为深入的产业融合，建立更为有效的管理制度，从而最大程度地发挥旅游业的关联带动与黏合催化作用。其次，"资本"是布尔迪厄"场域"理论中的一个重要概念，他将资本分为经济资本、社会资本与文化资本，"资本"不是一个经济学的概念，意为更接近于"权力"，意为"社会权利关系"。这种社会权利关系系统，是由社会成员按照特定的逻辑要求共同建设的，是社会个体参与社会活动的主要场所。政府、居民、游客、投资者、经营者都展开了对"资本"的追逐，于是就有了"场域"内的运动。上一级文化和旅游部门借助全域旅游示范区引起所在"旅游场域"政府的重视，于是政府、游客、投资者、经营者、居民围绕着全域旅游带来的资本价值开展了一场场"旅游场域"运动。地方政府谋求一个新的品牌称号，并以此引导社会企业投资开发旅游业，形成一种政绩资本；游客当然不会因为全域旅游示范区的称号形成旅游决策，但全域旅游带来的环境改变会潜在影响游客，形成一种旅游价值资本；投资者会因为全域旅游的政府背书和旅游环境改善，把旅游投资看作一种基于物态估量的增值资本；经营者因为地方有个新的品牌而在经营中自然将其转化为一种夸耀的经营资本；居民因为家乡情结而形成一种地方自豪感的精神资本。

（二）本体论视角：旅游目的地理论

2017 年 7 月国家旅游局发布了《全域旅游示范区创建工作导则》，2018 年国务院办公厅发布了《关于促进全域旅游发展的指导意见》，这两个指导文件中都提出："全域旅游是指将一定区域作为完整旅游目的地，以旅游业为优势产业，进行统一规划布局、优化公共服务、推进产业融合、加强综合管理、实施系统营销等"。因此，从本体论视角对全域旅游进行考量，全域旅游实质上是一种旅游目的地形态，因而可以用旅游目的地理论来进行阐释。

学者们对旅游目的地的定义为："一定地理空间上的旅游资源同旅游专用设施、旅游基础设施以及相关的其他条件有机地结合起来，就成为旅游者停留和活动的目的地，即旅游地。旅游地在不同情况下，有时又被称为旅游目的地，或旅游胜地。"国外对于旅游目的地的系统研究起步于 20 世纪 70 年代。如美国学者岗恩（Gunn，1988）在其论著《旅游规则》（*Tourism Planning*）中，提出了目的地地带（destination zone）的概念。他认为目的地是由吸引物组团、服务社区、中转通道和区内通道等几部分构成的。巴特勒认为旅游目的地的演化要经过 6 个阶段：探索阶段、参与阶段、发展阶段、巩固阶段、停滞阶段、衰落或复苏阶段。

　　发展全域旅游实质上就是推进旅游目的地转型发展，拆掉景点景区"围墙"，实现景点景区内外一体化，以游客体验为中心，以提高游客满意度为目标，按照全域景区化的思路进行建设和提升服务，推进多规合一，整体优化环境、优美景观，优化旅游服务的全过程。旅游业从封闭的"点—线"状空间，向开放的、以目的地为依托的板块状旅游空间体系转变，由以景区景点为重心的"点—线"旅游空间系统，转向以旅游目的地为重心的板块旅游地格局。这种板块格局打破了传统行政区域的限制，将先前游离于点线之外的旅游相关产业、旅游空间纳入进来，旅游发展效益惠及社会与区域整体，构建一种新型旅游目的地。具体如表 2 - 1 所示。

表 2 - 1　　　　　　　　　　　　旅游目的地转型发展

类别	原有特征	方向转变
旅游地性质	观光景区点	旅游目的地
旅游运行模式	数量型	数量型与质量型结合
旅游产品性质	观光	观光休闲、养生度假及专项多元化产品
游客组织方式	团队为主	自助游、自驾车、互助游、团队等
旅游产业形态	小企业	企业集团、产业集群
旅游经济模式	门票经济为主	产业经济主导
旅游管理体系	资源管理、部门管理	政府宏观管理、产业管理
城镇发展建设	功能性为主	建设特色城镇，发展地方性旅居生活
旅游发展动力	景区、个体、企业	城市驱动、社会联动
旅游发展效益	企业效益、部门利益	社会综合效益、区域整体效益

（三）主体论视角：创新理论

　　从主体论视角来看，全域旅游发展的成败主要取决于特色与比较优势，　　*23*

而照搬别的模式，就谈不上优势，因而需要创新，具有创新竞争意识，培育创新机制。创新竞争就是利用新的思维、新的观念和新的方法创造性地挖掘资源形成主题，将其转化为全域旅游核心竞争力的过程。

全域旅游发展创新的主体是企业与政府。孔茨（Kuntz）说过："人的知识不如人的智力，人的智力不如人的素质，人的素质不如人的思想。"因此，在全域旅游发展中主体角色是各个政府机构与各种类型的旅游企业，它们应具有创新的思想，能敏锐地把握旅游市场的脉搏，能将"资源—产品—市场—形象"进行对接，不断推出富有创意的旅游产品，开辟新的市场，壮大旅游企业组织，实现旅游经济的可持续增长。同时，它们的创新程度引领着旅游创新发展的方向，它们的创新力度决定了全域旅游所能达到的广度，并相应影响相关机构的创新。

全域旅游发展创新带动整体利益的增加。旅游发展各个主体在旅游线路设计、旅游产品开发、旅游企业经营、旅游服务等方面的创新不仅有利于单个主体的发展，而且有利于一个旅游整体的发展，创新思想、思路与方法具有传递性，可以带动整体进步。

全域旅游发展需要有机式的创新生长。根据熊彼特（Schumpeter）的创新理论，改变社会面貌的经济创新是长期的、痛苦的"创造性破坏的过程"，它将毁掉旧的产业，让新的产业有崛起的空间，但是，人们有必要努力避免因旧产业的突然崩溃而导致的混乱和萧条，要"变成有秩序的撤退"。这是一个很重要的具有强烈的实践参考性的观点。一方面，充分利用传统产业的资源基础，融入创意性旅游产业，推行传统产业"创新"式有机生长；另一方面，现代信息产业、服务经济发展要具有创新发展思维，与旅游发展融合，使得旅游业与新兴产业、新兴企业相互渗透、相得益彰，在保持现代产业发展基础上，促进旅游的勃兴，并提升原有产业的品位，延伸原有产业的功能。

基于创新理论可以看出全域旅游主体要有创新思维，能够根据旅游市场特征和管理需求在体制机制、政策保障、产品创意、业态融合、公共服务、市场营销等多方面进行实践创新，示范引领全域旅游进入一个高质量发展层面。

（四）价值论视角：共享经济理论

从价值论视角来看，全域旅游体现了共享经济的多重共赢价值。共享经济其意在于在开展经济活动的前期，作为经济活动的主体具有共同理念、共同投资、共担风险的共识，而在经济活动开展的过程中具有共同开发、共同研究、共同生产的原则，在经济活动最后界定即成果的占有上则表现出共同分配、共同利用、共同享有的机制。即共享经济在开展经济活动的思想认知上具有共时性，在经济活动过程中具有共同管理的原则，而在经济活动的成果占有上具有共享性的处置方法。显然全域旅游发展既需要投资者、政府部门参与，更需要广大游客、居民共同参与；既要考虑让游客游得顺心、放心、开心，也要让居民生活得更方便、更舒心、更美好。只有促进旅游发展成果为全民共享，增强居民获得感和增加居民实际收益，才能促进居民树立人人都是旅游形象的意识，自觉把自己作为旅游环境建设的一分子，真正树立主人翁意识，提升整体旅游意识和文明素质，把所在区域建设成为全域旅游品质地。就透视全域旅游愿景来说，全域旅游发展会形成一种"旅居社会"，是一种以旅游生产为主、以旅居民为主、以旅居生活为主的"地理、经济、社会、文化和生态"五位一体的社会形态，主要表现为"游客规模"远远大于"居民规模"的旅游目的地。这种旅游目的地是一种本地居民与外地游客共享的社会空间，也是全域旅游的核心价值所在。

（五）运行演化视角：系统理论

从运行演化的视角来看，全域旅游可用系统理论来进行阐释。旅游业发展涉及的层面广泛，有时还十分复杂。旅游学家杰佛利（Jafari）指出："为理解旅游业，有必要将其作为一个整体或作为一个系统来研究"。岗恩提出旅游功能系统（the functioning tourism system）的概念，它由需求板块和供给板块两个部分组成，其中供给板块又由交通、信息促销、吸引物和服务等部分组成，这些要素之间存在强烈的相互依赖（interdependence）。仅就旅游活动的经济性质来看，旅游业的产业关联度极大，与许多其他行业的发展密切相关。世界旅游组织曾经建议用"旅游活动国际标准分类（Standard International Classification of Tourist Activity，SICTA）"将旅游活动划分为完全属于旅游业的产业部门和部分涉及旅游业的部门两种情况。很显然，这些活动特征方面的高关联性和复杂联系，要依靠系统理论来解决。系统理论为我们正确认识全域旅游提供了科学的理论与方法。

全域旅游比起传统旅游来说涉及的要素更广、更深，影响因素也更为复杂，包括社会、经济、文化、技术等方面的内容，其理论基石就是系统科学，系统理论的基本观点构成了全域旅游运行的理论依据。运用系统理论来分析全域旅游运行发展，就会发现全域旅游就是空间全景化的系统旅游，推动全域旅游发展的各种因素具有系统性，是由内外各种动力因素组合构成动力因素，这些动力因素之间的相互依存、相互制约、互为条件，并受到许多主观与客观条件的制约。全域旅游最终演化成为一个相当复杂的经济社会系统，该系统包括多个子系统，它随着系统各要素的变化，自然、社会、经济环境的变化，各要素之间的联系以及要素与环境间相互联系的变化而变化。

| 第三章 |

国内外全域旅游发展经验借鉴

本章选择国内外全域旅游发展的成功案例进行解读，分析其在不同维度上的成功经验，以期为各地全域旅游发展提供有益的借鉴与启示。

一、国外全域旅游发展成功经验

（一）夏威夷全域旅游发展经验与启示

夏威夷州（Hawaii State）是美国唯一的群岛州，旅游业在夏威夷的经济中占有举足轻重的地位。作为世界著名的度假旅游目的地，夏威夷不仅具有"太平洋之心"的优越区位、年均气温 26℃的气候资源和海洋旅游资源的优势，而且其在度假旅游目的地发展上有着一套独有的模式与经验，对于我国沿海旅游目的地与旅游度假区建设，乃至相关旅游目的地和全域旅游发展具有重要的借鉴价值。

1. 城市建设服务于旅游发展

旅游城市建设不仅要考虑面向本地居民的功能化设施建设，而且要更多考虑服务于旅游发展的功能、元素与布局，这点夏威夷做得非常好。

首先，城市中有专属的旅游商业区，檀香山市（Honolulu）专门划分出海滨空间区域发展度假旅游，与居民生活区分离开来，这就是世界著名的威基基海滩及其旅游商业区，在这个区域内，度假酒店、旅游街区、休闲公园、游艇码头和购物超市在空间上鳞次栉比、有机布局，并且为了改善度假旅游条件，专门从海外引进了优质海岸沙子，修建了阿拉外运河营造水景；檀香山市中心区域另开辟有一片专门的购物区——阿拉木阿购物区作为外地游客的购物场所。

其次，精心营造支撑旅游发展的城市环境。城市中配置建设了各种各样的植物园和社区公园，嵌入各个社区之中和旅游景区周边；寸土寸金的威基基（Waikiki）旅游商业区保留有占地面积达 1800 余亩的卡皮欧拉尼公园，营造出一种身心放松、惬意自然的热带旅游休闲环境。[①]

最后，城市文化的保护与彰显有利于塑造城市的个性。夏威夷王国的文化古迹保留完整，道路、学校、建筑的名称很多采用夏威夷王国国王与王后的名字，虽然名字拗口但很地方化，间接地传播了旅游地的特质形象。

2. 建立了以人为本的旅游公共服务体系

就旅游信息服务来说，夏威夷在机场、商业区、度假区等为游客提供了英语、日语、中文、韩语等各种版本的旅游手册，每周更新一次，不仅有综合性的旅游手册，还有餐饮、旅游活动、购物等专项手册，种类繁多，内容翔实，信息量大，为各个国家的游客提供了极大的便利。

就人性化服务来说，度假区、露营地、社区公园处处都有免费饮水处和洗手间，海滩周边恰到好处地配备了冲洗设备、救生人员、换衣间等，即使很偏僻的乡村也通水电气，道路、厕所等设施十分完备，方便了自驾游客的环岛旅游。

就解说系统来说，高速公路和其他道路标识牌清晰，道路里程和前方景点指示明晰，公路两侧的观景点、观景台众多，并配备齐全的停车场，但却没有影响视觉感官的商业广告牌和宣传标语。

就服务行业从业者来说，不要说顶级的旅游购物中心，就是普通百货公司、快餐店，店员的服务态度也表现出夏威夷人的热情、友善与诚挚，让游客感觉到了旅游胜地的人文之风。

3. 旅游景区开发有独到之处

一是建立了庞大的旅游景区与休闲景观系统。这一系统由 8 个国家公园、国家纪念碑、国家历史公园、国家历史遗址、国家古道等组成的国家公园体系，52 个州立公园、州立历史遗址公园、州立历史公园、州立纪念碑、州立

---

① 王旭科：《夏威夷旅游发展的经验与启示》，载于《中国旅游报》2014 年 9 月 12 日。

休闲区、州立历史纪念地、州立娱乐区等组成的州公园体系，加上众多露营地、沙滩公园、冲浪地、徒步线路、高尔夫球场，以及48处州立野生生物管理区等构成，不仅满足了外地游客的旅游需求，而且为当地居民提供了休闲度假场所。[①]

二是夏威夷主要景区点位于瓦胡岛、茂宜岛、可爱岛、夏威夷岛、拉奈岛5个主要岛屿上，各个岛屿旅游主题不同，各有分工与侧重，避免了同质化竞争。瓦胡岛作为"汇聚之地"定位为旅游度假中心和交通集散地，集聚大量度假宾馆与购物设施，旅游功能齐全、对外交通便捷；夏威夷岛作为火山岛突出火山旅游，展现自然奇观；茂宜岛作为"山谷之岛"定位为度假观鲸旅游；可爱岛依托优越的自然条件定位为"花园之岛"，侧重发展生态度假旅游；拉奈岛作为"菠萝之岛"则是突出农业休闲旅游，适度发展度假旅游。[②]

三是注重把酒店与旅游活动融合在一起进行规划建设，把酒店打造成旅游吸引物。如夏威夷岛上的维克拉希尔顿度假村酒店通过小火车、水上游船将三处酒店群连接起来，辅之以开放式休闲廊道式博物馆，并将海豚表演活动融入酒店泳池之中，酒店本身成为一处可游览、可体验、可住宿、可娱乐、可度假的旅游景区。卡拉纳帕利沙滩是茂宜岛上一段银色沙滩，有由阿马法克公司创意设计的六座大饭店，地标性的酒店体现自然和人工的完美结合，成为沙滩周边特色旅游吸引物。

四是很好地处理了有为与无为、人工开发与自然点缀的关系。如夏威夷火山国家公园作为世界自然遗产地，其旅游开发除了修建必要的公路之外，多是通过解说标识牌、博物馆、生态游径等多种形式来展示火山景观与遗址，突出自然本色之美，让游客获得原真性的自然体验。

五是创设了众多特色旅游项目。夏威夷岛上的波利尼西亚文化中心是世界民俗文化村主题项目的首创地，在该中心可以走访7个太平洋不同种族的村落，观赏各个民族具有代表性的舞蹈及技艺，体验他们的文化、历史及热情。卢奥大餐"Luau"是传统的夏威夷式宴会，丰盛大餐包括分享烤猪大餐、Laulau（用芭蕉叶包裹起来蒸熟的牛肉、猪肉、鸡肉或鱼肉）和Poi（用

① 夏威夷旅游局网，https：//www.hawaiitourismauthority.org。
② ［美］赵小华：《天堂之岛夏威夷》，中国旅游出版社2000年版，第7页。

29

芋泥制成的波利尼西亚风味主食），为增强娱乐性还邀请了具有太平洋群岛各部落文化特色的萨摩亚火舞者和大溪地舞者为游客助兴，突出了波利尼西亚风情，让游客如同走过时光隧道，穿越到古老的夏威夷。

4. 从地域文化中捕捉与演绎旅游业的闪光点

夏威夷是多种文化汇集交融的大熔炉，因此在旅游发展中强化文化对旅游业的支撑作用，旅游业体系中的各个要素方方面面都渗透着浓郁的地域文化元素，旅游的地方性体现得淋漓尽致。

在旅游形象传播上，将夏威夷文化中的符号、色彩、造型、轮廓等渗透融入服饰、餐饮、礼仪、舞蹈、雕塑等各个方面，创新了草裙舞、夏威夷衫等特征性的旅游元素载体，阿罗哈（Aloha）精神及其语言符号的创意与传播更是成为全世界旅游地学习的典范。

在旅游活动开发上，旅游景点、商业区、酒店、游船等各个空间一年四季演艺活动不断，每天都有夏威夷土著人动态化的草裙舞表演，沿海旅游大道经常有大型旅游演出和节日游行活动。

在酒店建筑个性化塑造上，夏威夷属于火山地貌，众多酒店、度假村、景区建筑都以火山石作为外立面材料，现代气息的度假旅游地处处透露出地域自然元素的剪影。

在购物品开发上，不仅利用农业优势开发了夏威夷果、咖啡、菠萝、巧克力等多种类型多个系列的旅游购物品，而且将地域文化符号创意为旅游纪念品，如阿罗哈衫已经成为热带地区旅游者的标准装束，彩虹州汽车牌也开发成为游客采购的旅游纪念品等。

5. 把环境保护作为旅游发展的一项重要任务

因为地处海岛的特殊地理环境，夏威夷生态系统非常独特，也非常脆弱。夏威夷以前有一个别称是"物种灭绝之都"（The Extinction Capital），所以夏威夷对生态环境保护采取了严厉的措施。

为了防止环境污染，夏威夷杜绝一切现代工业，并借助自然优势成为美国空气质量最好的州；夏威夷海域面积巨大，但滨海区域禁止商业捕鱼，并放弃了近海养殖业；夏威夷港口不准停靠大型运输船，瓦胡岛和主要岛屿之间不通行大型游船，在一定程度上避免了海水污染。

对沙滩采取全民开放的政策，规定所有沙滩都是公众的，严禁私人占有，即便是有私人地产隔开了沙滩的情况下，政府也会要求提供通往沙滩的路，这样很好地保护了一线海景资源。旅游活动中渗透着环境保护意识，如恐龙湾第一个旅游项目是观看一段环境保护的影片，让游客了解景区生物品种的稀缺性与珍贵性。夏威夷严禁游客危害野生动物，如触碰海龟是违反夏威夷州法律的，可爱岛规定所有建筑不能高于椰子树。

正因为对自然环境采取非功利性的保护措施，所以夏威夷溪流中鱼翔浅底，近海乘船可观看游弋的鲸鱼，使得环境成为旅游吸引力的一部分，为度假旅游增添了丰富的生态内涵。

6. 重视交通运输对旅游发展的支撑作用

夏威夷特别注重交通运输对旅游业的支撑作用。不仅表现在架构从外部进入夏威夷和夏威夷主要岛屿之间的完备航空运输网络和旅游地内部发达而缜密的环岛公路运输网络，而且将交通运输与旅游发展紧密融合在一起，交通运输工具成为特色鲜明的旅游项目和重要旅游吸引物，如游艇、游船、旅游潜水艇、观光巴士、观光直升机、滑翔伞等。其中依托观光巴士的城市观光旅游，依托游艇和游船的观鲸旅游，依托观光直升机的夏威夷活火山观赏，依托旅游潜水艇水下观鱼等成为夏威夷最具吸引力的特色旅游项目之一。

7. 旅游教育彰显实践性特征

夏威夷的主要大学夏威夷大学（包括马诺阿分校、茂宜分校和希洛分校）、太平洋大学、杨佰翰大学（夏威夷分校）以及社区学院等都开设了旅游管理专业，选择旅游管理与酒店管理专业的学生较多。各个大学都对师生的行业实践经验有所要求，如夏威夷大学马诺阿分校旅游业管理学院就要求入职教师必须有旅游行业从业经验才能从教，要求本科学生大学期间必须有足够量的实习经历才能毕业；波利尼西亚文化中心大部分服务人员都是来自杨佰翰大学（夏威夷分校）的学生，他们在景区工作挣自己的学费和生活费，并获得社会实践经验。正因如此，夏威夷的旅游管理高等教育具有显著的实践针对性，产学之间、校企之间建立了良好的互动关系。

当然，夏威夷也存在物价高起、ABC 购物店过多的商业化与同质化等问题，但瑕不掩瑜，其全域旅游与社会经济、文化环境一体化融合发展模式值得我们学习和借鉴。

（二）阿肯色州全域旅游之路^①

美国阿肯色州（State of Arkansas）位于美国中南部，地形地貌千姿百态，拥有平原、河流、森林、湿地、湖泊、丘陵、山地、温泉等多样性资源。但作为美国一个非主流旅游目的地，阿肯色州拥有的顶级遗产资源不多，国家公园数量较少，仅有美国最小的温泉国家公园（Hot Spring National Park），其他属于国家公园体系内的主要有布法罗国家河流（Buffalo）、阿肯色邮局国家纪念馆（Akansas Post）、史密斯堡国家历史遗址（Fort Smith）、小石城中心高中国家历史遗址（Little Rock Central High School）、豌豆岭国家军事公园（Pea Ridge）、克林顿总统出生地国家历史遗址（President William Jefferson Clinton Birthplace Home）、眼泪之路国家历史道路（Trail Of Tears）等，除了布法罗国家河流之外每个规模都较小，知名度不高，对远程游客的吸引力不强。

阿肯色州在塑造"自然之州"形象的同时，立足于资源实际情况将州立公园建设作为旅游发展的重要路径。1923年，阿肯色州诞生了第一个州立公园——佩蒂特牛仔山（Petit Jean Mountain），从20世纪30年代开始，州立公园得到了快速发展，到2019年已建成了52个州立公园，占地面积达到54400英亩，拥有1800个营地、208个度假小屋，每年接待游客800万人次。1996年，阿肯色州的选民通过了一项宪法层面的保护销售税，75号修正案使得州立公园和三个保护代理处获得资金支持。今天阿肯色州立公园被认为是美国最具权威性的州立公园系统之一。其建设与发展具有以下特征。

1. 建立全域布局和类型多样的州立公园体系

依据空间地理特征与资源特性，阿肯色州将全州分为中央区、中北区、上三角州区、下三角州区、西南区、西北区六个区，利用自身的特定自然与文化条件建立了多样性的州立公园，全州每个区都布局不同种类的州立公园，基本上达到全域配置的格局。

阿肯色州立公园总体上划分为湖泊类、河流类、山地类、地质类、森林类、博物馆类、历史类等多个类型，每种类型依据其特征配置相应的服务设

---

　　① 《发现阿肯色州立公园》：阿肯色州立公园网，https：//www.arkansasstateparks.com/parks。

施和活动项目，充分展示本地自然人文魅力（见表 3 – 1）。

表 3 – 1　　　　　　　　　阿肯色州立公园体系及其分类

基本类型	细分类别	州立公园名称
自然类	湖泊类	德格雷湖州立公园、福特湖州立公园、羊毛谷州立公园、查尔斯湖州立公园、弗里森湖州立公园、波因塞特湖州立公园、奇科湖州立公园、黛西州立公园、凯瑟琳湖州立公园、瓦希塔湖州立公园、米尔伍德州立公园、白橡树湖州立公园、达达尼尔湖州立公园、史密斯堡湖州立公园
	河流类	牛滩白河州立公园、藤溪州立公园、猛犸泉州立公园、密西西比河州立公园、科萨托河州立公园、摩罗湾州立公园、怀特罗泉州立公园
	山地类	杂志山州立公园、尖顶山州立公园、尼波山州立公园、佩蒂特牛仔山州立公园、威廉敏娜女王州立公园、乡村溪州立公园、丹维尔巢穴州立公园、霍布斯州立公园
	地质类	钻石坑州立公园
	森林类	克劳利山脊州立公园、洛格利州立公园
	植物类	南阿肯色州植物园州立公园
人文类	博物馆类	阿肯色州自然资源博物馆州立公园、阿肯色州邮政博物馆州立公园、种植园农业博物馆州立公园、汉普森考古博物馆州立公园、下白河博物馆州立公园、阿肯色州自然资源博物馆州立公园
	历史类	华盛顿历史州立公园、奥扎克民俗中心州立公园、帕金考古州立公园、托尔特克土堆考古州立公园、戴维森维尔历史州立公园、赫尔曼戴维斯州立公园、杰克逊波特州立公园、波瓦坦历史州立公园、路易斯安那州购买州立公园、康威公墓历史州立公园、红河战役州立公园、草原格罗夫战场州立公园
	遗产道路类	三角洲遗产路州立公园

资料来源：根据阿肯色州立公园网站上提供的资料进行归纳整理。

2. 开发适合自身地理环境的旅游产品

阿肯色州自然环境优美，属温带气候，四季分明，夏天长冬天短，地势西、北高，东、南低，无高山，低地包括东部的密西西比河冲积平原和南部的西海湾平原。阿肯色州缺乏像落基山脉那样高大奇险、波澜壮阔的山岳资源，适应低山平原兼具的地貌与气候条件，重点发展狩猎、登山徒步和垂钓等户外康体旅游产品。

3. 拥有完善的旅游设施和多样性的活动

美国各州的州立公园都允许建设一定数量的旅游设施，既服务于游客的需求，又能获得一定的商业赢利。阿肯色州立公园也体现了这一点，各个州立公园根据自身的自然与文化条件建设了多样性的旅游服务设施，如方便游客的房车露营地，数量充足的停车场，醒目健全的咨询服务中心，简朴实用的餐饮卫生设施，便捷的免费网络，以及医疗救护、安全警告设施等，游客可以在公园内开展散步、赏景、休憩、露营、野餐、烧烤、骑马、跑步、徒步、高尔夫、自行车、划船、游泳、垂钓、狩猎、越野、攀岩、摄影等多种类型的旅游活动，满足游客的各种需求。

4. 开发具有独特吸引力的旅游项目

钻石坑州立公园（Crater of Diamonds State Park）是一座对公众开放的钻石矿公园，1972 年，阿肯色州政府决定将其买下，设立为公园。公园占地 15 公顷，地下原是 9500 万年前的一个火山通道，火山爆发时地下的钻石被抛到熔岩的上部，因此这个公园的地表下埋藏了大量钻石。据公园的官方网站介绍，从公园正式面对游客开放起，这里已经发现了大约 25714 颗钻石，其中超过 700 颗钻石达到 1 克拉以上，1975 年该公园发现的最大颗粒为 16.37 克拉的白钻。在公园中游客自己所挖掘的钻石全部都是免费送给发现者，并且还有专门的宝石鉴定师为游客免费鉴定钻石。① 因此这里成为很多人向往的旅游胜地。各个州立公园内的狩猎、考古等特色旅游项目也受到游客们的欢迎。

5. 突出以当地居民为主要服务对象

阿肯色州立公园从开始建设起就树立了公园的主要宗旨是为当地居民提供休闲度假场所，阿肯色州立公园和旅游局在其官网主页上就表示："创建州立公园的主旨就是通过优质的户外活动提升居民的生活质量。"体现了休闲旅游发展的主要目的是当地社区居民与游客的共享，州立公园为广大居民和游客提供一种独特的户外生活方式。实际上这一点非常符合我国全域旅游提出的宜居宜游原则，即在满足本地社区居民的前提下，也能吸引外地游客。

---

① 《阿肯色钻石坑州立公园》，阿肯色州立公园网，https://www.arkansasstateparks.com/parks/crater‑diamonds‑state‑park。

6. 注重自然环境和历史文化的保护传承

阿肯色州立公园注意生态资源与环境的保护，自然植被几乎都处于原始的自然状态，公园内空气清新、古木参天、长藤缠绕、野花遍布，河流、溪水、湖泊清澈见底，鸟语花香、鱼翔浅底、松鼠嬉戏、山涧鸟鸣，呈现出一派人与自然和谐相处的美好画卷。州立公园内不建立基站、电视塔等现代设施，强调生态自然环境的原状态。阿肯色州的印第安人文化、路易斯安那购买、美国南北战争等历史文化底蕴深厚，保留下来众多历史遗址与文物，基于此建设了多个以军事、考古、名人、民间文化等为主题的州立公园予以系统保护展示，强化了当地文化的传承与弘扬。

7. 内外部交通便捷，可进入性强

阿肯色州立公园一般都规划在毗邻居民社区附近区域，通往州立公园的道路标准高，即使是居住在较偏僻的本州居民，驾车也能在半个小时内方便到达。大部分州立公园内有便捷的道路体系，修建了环行整个公园的道路体系和停车区域，游客可以很方便地到达任何一个景点、观景点和休息处。公园内还规划建设有徒步漫道，可以开展多样性的徒步野营等旅游活动。

（三）新加坡全域旅游创新之举[①]

新加坡是东南亚发达国家，被誉为"亚洲四小龙"之一，凭借着地理区位优势，成为亚洲重要的金融、服务和航运中心之一。新加坡被誉为"花园城市"，整个城市环境与卫生效果显著，宜人清洁，很早就贯彻了"城市即旅游"的全域发展理念，在旅游项目创意、城市旅游环境营造和基础设施与旅游一体化建设上别出心裁，独树一帜。

1. 时空转换夜间动物园

旅游是个典型的时间经济，如何延长游客时间，发挥夜间经济效应，打造全时经济是全域旅游的一个重要任务。新加坡动物园白天开放，夜间又有独特的夜间野生动物园，很好地体现了当地大力发展夜间经济的创举，将夜间也变成旅游消费时间，这个全球首家在夜间开放的野生动物园以其独特的体验成为诸多旅游指南上的常客。它不同于世界上其他夜间有照明的普通动

[①] 《新加坡旅游观光游览》，新加坡网，https://www.visitsingapore.com.cn/see-do-singapore。

物园，也不同于那种可在其他动物园见到的现代化夜间生物馆。其主要特点在于：一是它综合运用表演、布景创造了一种文化语境。因为猫头鹰、豹子等不少动物夜里眼睛会发出黄绿色的光，所以游客会看见十几双眼睛在移动；在路上、树间置以灯光，有的地方则是完全漆黑，配上动物夜晚的叫声、若隐若现的丛林，辅以动物神秘莫测的行踪，大大增强了夜间动物园的神秘体验感。二是规划特色的夜间游览线路。夜间动物园规划了东南亚雨林、非洲稀树大草原、尼泊尔河谷、南美洲潘帕斯草原、缅甸丛林等地理区域。在雨林中设计了渔猫小径、巨木森林小径和花豹小径等步行小径和游览车环路。三是极具特色的夜间体验。游客可在热带丛林中观赏夜间的野生动物，白天动物园里面的围栏、水沟在夜幕中隐去了，人们会感到和动物更加亲近，从而获得独特的游览体验。

2. 平地起景滨海湾花园

新加坡东部滨海湾海滨最高处仅有 163 米。基于此，新加坡创意建设了滨海湾花园，由滨海湾南花园（Bay South Garden）、滨海湾东花园（Bay East Garden）和滨海湾中央花园（Bay Central Garden）这三座特色鲜明的花园组成，占地面积超过 101 公顷。滨海湾南花园的花穹是全球最大的玻璃温室，这里汇聚了来自五大洲的花卉植物，如拥有数千年历史的橄榄树、玉兰、胡姬花等，各种植物应有尽有；奇幻花园四大特色鲜明的区域均从童话故事和传说中的巴比伦空中花园中汲取灵感，创造了洞穴式空间、精美浮木雕塑和花卉艺术作品；云雾林恰到好处地展现了由珍奇稀有植物和壮丽景色组成的云雾缭绕的景观，35 米高的云山上云雾缭绕且长满了葱郁植物，高耸在冷室内的蕨类植物和地表植物之上。夜幕降临，建筑点亮，上演绚烂多彩的灯光秀，登上 50 米高的擎天树观景台，滨海湾美景一览无遗，游客可以尽情欣赏新加坡的天际线。花园自 2012 年首次对外开放以来赢得众多奖项，这些奖项包括 2013 年的世界建筑新闻网大奖（World Architecture News Awards）颁发的"景观奖"、2015 年《旅游周刊》颁发的"亚太地区最佳景点"奖和 2019 年新加坡旅游奖颁发的"最佳观光体验"奖，充分说明滨海湾花园在景观创意与特色旅游打造上独树一帜。

3. 产业集聚圣淘沙

圣淘沙岛位于新加坡本岛以南 500 米处，面积为 3.47 平方千米，是新加坡本岛以外的第三大岛。新加坡政府将圣淘沙岛定位为一个旅游娱乐度假岛，修建了圣淘沙捷运、缆车与轮渡将新加坡岛与圣淘沙岛有机连接起来，方便游客进出。长达 3.2 公里的西罗索海滩、丹戎海滩和英国殖民者建设的西罗索炮台保护良好，提供了各种各样的水上与地面活动；引入建设了主题乐园、环球影城、海底世界、鱼尾狮塔、度假酒店、博物馆、蜡像馆等高端项目，设计建成了天空之塔，作为新加坡最高的瞭望台可以观赏新加坡的全景并眺望马来西亚、印度尼西亚；规划建设了有多种飞禽动物的英比亚山天然保护区，用自然小径、龙迹小径和龙道等游径串联，游客可以感受大自然的雨林和动物生活环境。同时，每年举办新加坡时装节、新加坡美食节、新加坡电影节以及各种夜间娱乐活动。经过多年的发展，圣淘沙岛已经成为新加坡最有特色的集主题乐园、热带度假村、自然公园和文化中心于一体的娱乐度假地。

4. 把转机变成度假

樟宜机场为飞往全球约 100 个国家和地区、380 个城市的 120 多家国际航空公司提供服务，每星期起飞抵达 7400 次航班，为当今世界第七大繁忙的国际机场。该机场和我们通常概念里的机场不一样，除承载航班外，机场还设有多个主题花园免税商品区、小睡区，以及多个机场影院和高 12 米的室内滑梯。核心位置是"星耀樟宜"，占地 13.57 万平方米，由全球著名建筑设计师萨夫迪（Moshe Safdie）设计，以独特玻璃屋顶以及钢材外观设计为亮点，是一座集机场设施、景观花园、购物休闲、酒店餐饮等多功能于一体的综合性建筑，高悬惊奇的瀑布、郁郁葱葱的室内森林、琳琅满目的时髦商店与餐厅、迷人奇幻的声光秀让人感觉走进了一个现代室内游乐园。游客可以在屋顶向日葵花园闲坐，欣赏热带保护区内的蝴蝶；可以到 24 小时营业的电影院内观看免费电影、玩复古的街机游戏、观看从屋顶天窗凌空而下的高悬瀑布为主角的声光秀；可以在绚烂壮丽的星空背景下就餐，一边大快朵颐，一边欣赏瀑布灯光秀；可以飞速溜管道滑，探索和室外一样生机勃勃的"室内走道"。游客完全不必担心较长的候机或转机时间，因为机场本身就是一处规模庞大的景区。

5. 医疗旅游享誉全球

新加坡被世界卫生组织列为亚洲拥有最佳医疗系统的国家，凭借先进的医学科技和赏心悦目的城市风光，新加坡的医疗旅游正在被越来越多国家的游客所青睐。近年来，许多富商甚至每年定期到新加坡住院一个星期，接受健康检查，医疗旅游有演变成医疗度假的趋势。新加坡私立医院拥有完善的医疗大楼、病房、手术室、放射室等硬件设施，诊室楼层有花店、水果店、便利店、面包店和咖啡屋，舒适的装修和配套设施让医院感觉更像是写字楼或宾馆，优雅的环境和人性化的服务可以有效减轻病人的焦虑和不安情绪。

二、国内全域旅游发展成功经验

本部分选取笔者曾经考察调研过的国家全域旅游示范区代表案例——丽江古城区、大理市、泰宁县和中卫沙坡头区进行分析。

（一）丽江古城区①

丽江古城区地处滇、川、藏交通要冲，是"南方丝绸之路"和"茶马古道"重镇，是丽江市政治、经济、文化中心。古城区四季如春，气候宜人，境内名胜古迹星罗棋布，自然景观多姿多彩，民族文化璀璨夺目，拥有丽江古城、纳西东巴古籍文献、"三江并流"三项世界遗产以及"音乐活化石"——纳西古乐。丽江古城区全域旅游发展具有以下特点。

1. 遗产保护筑根基

坚持在开发中保护，在保护中开发。在全国率先对古城古镇类世界文化遗产进行行政立法，科学制定《丽江古城保护条例》。古城民居修缮工程荣获"联合国教科文组织亚太地区遗产保护优秀奖"。文化遗产保护与旅游产业共同发展的经验被联合国教科文组织誉为"丽江模式"。

2. 景城一体促融合

坚持"全景古城"的发展定位，将丽江古城、束河古镇景区纳入城市空间规划布局，城市产业、景观、旅游服务等功能相互交融，景区与中心城区互相映照自然过渡，"处处是景点、户户见雪山"。

---

① 《丽江市古城区成为国家全域旅游示范区》，云南省人民政府网，http：//www.yn.gov.cn/yngk/lyyn/lydt/202012/t20201217_214438.html。

3. 推进商旅并举

依托旅游资源,"政府搭台、企业唱戏、民众参与",带动酒店客栈、酒吧餐饮、商贸物流、文创产品、民族手工艺品等发展,成为中国民宿产业高质量发展的标杆地区之一。

4. 用文化浓度稀释商业密度

收回丽江古城公房用于民族文化保护传承,建设各类公共文化院落,常年举办"一乡一品"民族文化活动,让民族文化"活起来"。建成纳西创世纪、徐霞客纪念馆等特色文化场馆,建立非物质文化遗产名录体系、传承人谱系。东巴经手抄本、《黑白战争》连环画分别被国家博物馆、国家图书馆永久收藏。

5. 共建共享创造服务特色

建立了一站式游客集散中心,常态化开展旅游志愿服务,组建女子民兵分队、民间微型消防站、打更巡逻队,构建共建共享的旅游服务体系,丽江古城志愿活动项目荣获国家"旅游志愿服务先锋项目"称号。

6. 智慧应用推动旅游服务创新

智慧小镇建设,智慧消防、智慧支付、"明厨亮灶"、智能急救站、智慧停车场、无人扫地车、无人巡逻车等应用场景纷纷落地,大数据应用使"预约、错峰、限流"的出行方式直达每一位游客,丽江古城管理服务更加智慧。依托"一部手机游云南"促进旅游业快速发展,被国务院第五次大督查给予通报表扬。

7. 品牌营销塑造特色形象

依托全媒体渠道,构建省、市、区、企业四级营销格局,擦亮"大美丽江·和美古城"全域旅游品牌。影视剧《木府风云》在多个国家和地区热播,《一滴水经过丽江》入选国家义务教育教材,打造了《遇见丽江》《丽水金沙》等优秀民族演艺品牌和纳西族三多节、火把节等民族节庆活动,连续举办格兰芬多国际自行车赛等品牌赛事,承办第四届海外华文新媒体高峰论坛和2019国际旅游小姐中国总决赛等活动,城市宣传片《丽江欢迎你》登上美国纽约时代广场。

8. 联合监管推动旅游治理能力创新

建立综合调度指挥中心、旅游警察、旅游巡回法庭、退货监理中心、联合巡逻队、司法调解中心、各涉旅部门、旅游执法履职监督办公室的"1+

5 + N + 1"全新综合监管模式。完善市场准入退出管理机制，制定《丽江古城内经营项目目录清单》，30 天无理由退货机制在全省推广，在云南省率先构建政府、商户、游客"三位一体"诚信评价体系。

（二）大理市

大理市是云南省大理白族自治州的地级行政区首府，地处云贵高原上的洱海平原、苍山之麓、洱海之滨，是古代南诏国和大理国的都城，作为古代云南地区的政治、经济和文化中心，时间长达五百余年。其全域旅游发展表现在以下几个方面。

1. 旅游业市场化程度高

大理市旅游业起步早，走出了一条市场化发展道路，依托市场投资建设苍山洱海、天龙八部影视城、大理海洋世界等一系列旅游吸引物，"苍山洱海""洋人街""蝴蝶泉"享誉中外。建设有国际大酒店、拾山房苍海高尔夫酒店、云中隐、五彩云、英迪格、海湾国际、希尔顿、漫湾大酒店等一批五星级酒店，星级酒店和民宿床位规模庞大，各种旅游休闲业态充足。

2. 环洱海全域环线富有特色

规划形成"一核、两带、八片区"的旅游空间布局结构。一核：以洱海保护为核心发展大理市的旅游；两带：洱海以东休闲度假带及洱海以西文化景观旅游带；八片区：包括喜洲白族民俗文化旅游区、古城历史文化旅游区、海西生态农业旅游区、海东高原休闲度假旅游区、太邑大红河源额骨阿宝旅游区、苍山旅游区、上关花旅游形象门户区、旅游综合服务区。[①] 环绕洱海形成了自然环境优美、接待设施配套、资源有机整合的旅游集聚区和旅游环线，沿线集聚了大理古城、崇圣寺三塔、蝴蝶泉公园、上关花、喜洲古镇、南诏风情岛、双廊古镇、金梭岛、洱海公园等，环线两侧旁苍山洱海自然景观独具特色，乡村人文特色鲜明，创意农业、田园艺术景观、休闲农业等各种业态相伴左右。

---

① 《大理市旅游总体规划（2020—2035）》，大理市人民政府网，http://www.yndali.gov.cn/dlszf/c103338/202006/b3a553cbf1bb438180710dc1d6a805c0.shtml。

3. 旅游品牌形象鲜明

"下关风、上关花、苍山雪、洱海月"是大理著名的"风花雪月"四景，大理依据此推出了"风花雪月、自在大理"的旅游品牌形象，推出"那一场风花雪月的事"宣传口号，特色鲜明，形象清晰，获得了良好的市场营销和品牌推广效果。

4. 民族风韵历久弥新

大理市在城乡建设中保留和传承了浓郁的白族民族风情，全域处处皆有民风淳朴的村舍、白墙青瓦的民居和秀美的田园风貌，三坊一照壁、四合五天井的民居文化内涵深刻，"一苦、二甜、三回味"的白族三道茶品位悠长。

5. 环境保护治理堪为典型

1996 年大理就提出"像保护眼睛一样保护洱海"。2016 年开展环湖截污、生态搬迁、矿山整治、农业面源污染、河道治理、环湖生态修复、水质改善提升等"八大攻坚战"，努力让"苍山不墨千秋画，洱海无弦万古琴"的自然美景永驻人间。在生态环境部关于 2018 年全国地表水环境质量状况的通报中，洱海全年水质为优。"大理州全面打响以洱海保护治理为重点的水污染防治攻坚战"被国务院第五次大督察作为典型经验予以推广。[1]

（三）泰宁县[2]

泰宁县位于福建省西北部，闽赣交界线上武夷山支脉——杉岭山脉东南面，华夏古陆武夷隆起的中心部位，是中国东南沿海诸省丹霞地貌面积最大的一个县，红层盆地面积 215.2 平方千米，泰宁县的丹霞地貌具有分布面积大、类型全、奇峰异石多的特点，尤其以"水上丹霞"独具特色。泰宁素有"汉唐古镇、两宋名城"之美誉，更有"隔河两状元，一门四进士，一巷九举人"之盛况，历史上共出了 2 位状元、54 名进士、101 位举人，具有深厚的历史文化底蕴和颇富特色的闽西北客家风情。泰宁全域旅游走出了一条特色化路径。

---

① 《洱海保护治理翻开新篇章踏上新征程》，大理州人民政府网，http://www.dali.gov.cn/dl-rmzf/c101530/202001/23edef0c214c4dbea778088506b80dc4.shtml。

② 《泰宁：2019 年接待游客 671.3 万人次，比增 21.3%》，泰宁县人民政府网，http://www.fjtn.gov.cn/zwgk/gzdt/xjdt/202001/t20200116_1467436.htm。

1. 把旅游业定位为全域发展的生命产业

20 年以来，泰宁坚持走"旅游兴县"的路子不动摇，历届党政领导主导，把旅游产业作为生命产业来抓，一把手亲自抓、一把手接力抓，一任接着一任干、一张蓝图绘到底，提出了打造"中国旅游主导型县域经济样板区、世界级丹霞旅游目的地、国际安养休闲小城"战略目标，连续 17 年县委县政府每年研究的第一项工作是旅游工作。

2. 创新提出打造泰宁路径

泰宁提出并深化打造县域旅游发展模式——"泰宁路径"。作为"老区、山区、边区（福建省与江西省交界）"的县域，泰宁县面临发展旅游产业的地处"行政边缘、区位边缘、市场边缘（地处两大三角洲的边缘地带，是长三角和珠三角两大客源地遗忘的角落，远离京津唐客源市场，客源容易被截流）、交通边缘"的不利边缘化等先天劣势条件。通过借助外部有利时机，泰宁县找到自身重要的特色和独特性卖点，主动出击先打造专项品牌——2005 年被评为世界地质公园，挖掘市场潜力，实现专项突破，获得市场的初步启动与一定范围的知名度。2010 年 8 月 1 日，中国丹霞申报世界自然遗产成功，泰宁丹霞作为青年期丹霞的典型代表和湖南莨山、广东丹霞山、江西龙虎山（包括龟峰）、浙江江郎山、贵州赤水六处丹霞遗产地共同入围。① 随后成功申报国家 5A 级旅游景区、国家级风景名胜区、中国优秀旅游县、中国十佳魅力名镇、中国最值得外国人去的 50 个地方、中国生物圈保护区网络成员单位、国家森林公园、全国重点文物保护单位、国家自然保护区等国家级品牌，景区已经占县域面积的 1/3 以上。从打造旅游目的地着手，坚持把县城当作景区建、把景区当作饭店管、把乡村当作园林画，进行旅游产业的全方位转型与升级。

3. 激活做大旅游市场主体

按照"一个目的地、一个品牌、一个集团"一体化经营管理目标，通过重组、收购、参股、注资等多种形式，整合公司、景区交通、游船、酒店、竹筏等优质资产组建做大旅游集团公司，加快推进旅游龙头企业上市，创新旅游投融资机制，深化政府与金融部门的合作，推动旅游资源资产化，建立

---

① 《中国丹霞成功申遗，泰宁攀折世界遗产顶级桂冠》，中国新闻网，https：//www. chinanews. com. cn/cul/2010/08 - 02/2440282. shtml。

评估体系，设立担保基金，完善小微旅游企业联合担保机制。

4. 推行全民系统化旅游营销机制

随着旅游市场认知度提升、游客增长达到一个极限值后，泰宁通过对主要目标市场的全民系统化旅游营销来进一步带动客源规模与客源质量的提升。整合景区、旅行社、酒店、游船公司等旅游企业营销资源，成立全域旅游营销中心，探索景区营销策划指导托管专业团队，选派干部、景区营销员、旅行社驻外地办公室奔赴目标市场协同作战；每年安排专项资金，支持各类群体协会对上对外联系，共同举办活动，扩大宣传影响，畅通旅游渠道。按照"人人都是旅游宣传员"的要求，发动全民添加泰宁旅游微信宣传推广泰宁，提升泰宁新媒体在旅游界的排行影响力。"泰宁路径"运行机制如图 3 - 1 所示。

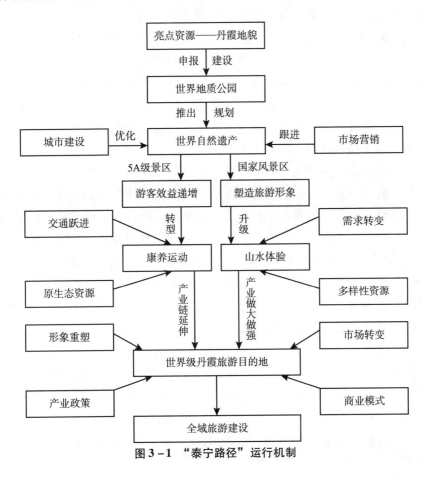

图 3 - 1　"泰宁路径"运行机制

（四）中卫沙坡头区^①

中卫市沙坡头区位于宁夏回族自治区中西部，地处宁夏、甘肃、内蒙古三个省份交界地带，是宁夏最年轻的市辖区，也是中卫市的政治、经济、文化中心，全区国土总面积 6877 平方公里。沙坡头区在自然区位上是多种地貌——黄河、沙漠、绿洲、平原、山地、台地的交汇点，处于 200 毫米等降水线上，是半干旱向干旱地带、季风性气候与大陆性气候、草原向荒漠地带、中温带与干旱中温带交界处。这种枢纽性的地理位置和险要的自然形势，又使得沙坡头自古被誉为"左联宁夏，右通庄浪，东据大河，西据沙山，后接贺兰之固，前有大河之险"的边陲要路，成为战略地位重要的历代兵家必争之地，是沟通东方与西方的"丝绸之路"北路必经之地。沙坡头区充分整合沙漠、黄河、高山、绿洲等资源，不断创新体制机制、管理模式、用地政策等，变劣势为优势，推进产业融合，构建了独具风情的沙漠旅游、黄河旅游、城市旅游、乡村旅游、休闲农业旅游为主的复合型旅游产业体系。其全域旅游发展有以下特色举措。

1. 推进治沙成果转化，开辟沙漠旅游新篇章

以"麦草方格"治沙为核心的沙坡头"五带一体"治沙成果，荣获国家科技进步特等奖，开发建设了沙坡头、腾格里金沙岛、金沙海等一批融历史文化内涵和自然风光为一体的特色景区；策划了沙海冲浪、沙漠乘驼、沙漠宿营等 30 多种旅游体验项目，推出了休闲度假、婚纱摄影、亲子活动、研学教育、沙雕沙画等旅游产品，初步形成了一个沙漠文化旅游产业链，走出了一条沙漠边缘城市治沙用沙、点沙成金的旅游发展新路径，被原国家旅游局评为"全国旅游业改革创新典型案例"。

2. 突显现代生态农业优势，构建旅游扶贫典型

沙坡头区鸣沙村、南长滩村、长流水村、永新村等成为旅游扶贫示范村，特别是鸣沙村已经成为沙坡头区旅游扶贫的一张靓丽名片。鸣沙村是一个移

---

① 《沙坡头区：星星故乡　沙漠水城》，宁夏新闻网，https：//www.nxnews.net/zt/2020/swl-sypcxf/wztt/202009/t20200928_6873160.html。

民村、贫困村，为确保"搬得来、稳得住，能致富"，沙坡头区委区政府确定了旅游扶贫的基本思路。鸣沙村毗邻 5A 级旅游景区沙坡头、4A 级旅游景区通湖草原和金沙岛。针对这一优势资源，沙坡头区实施"旅游＋产业"，把发展乡村旅游作为鸣沙村精准扶贫的重要途径，充分挖掘民风民俗民居，引导移民群众发展特色农家乐，建设"前店后厂"、合作社带动的剪纸刺绣专业村、专业户，找准了发展路子。

3. 浑然天成建设民宿集群，彰显地域文化特色

民宿集群位置坐落在黄河与腾格里沙漠之间，由南岸、西坡、大乐之野、墟里和飞茑集五家品牌民宿组成的黄河·宿集项目，遵循与延续本地建筑风格，诠释原生态及有机设计理念，复原有温度的乡村传统生活，配备具有生活气息的软装配饰，保留移植当地的植物，艺术馆、书店、文创店、杂货铺、美术馆、咖啡馆、茶室、面包房，手抓羊肉铺、地方特色餐厅，居酒屋、法国餐厅以及温泉浴池等，满足不同层次游客多样化的住宿需求。

4. 强化社会环境保障，优化全域旅游发展环境

实施优化旅游发展资源环境的"退二进三"工程，积极引导沙坡头、金沙岛等核心景区周边低效利用、产能落后和布局不合理的 32 家工业企业退出旅游发展区域，并在该区域规划建设了沙坡头旅游新镇、沙坡头娱岛文旅小镇等一批特色旅游小镇和创新创业平台，有效推动了旅游、文化、商贸、康养等产业的深度融合发展。把"以克论净"城市深度保洁模式向乡村旅游环境整治延伸，推动城旅一体化、城市景区化。通过美丽乡村建设，实施"幸福宜居""生态环保""文明和谐"三大工程，建设美丽村庄 42 个、美丽小城镇 8 个，打造了 6 镇 36 村的环境卫生整治示范区，迎水桥镇姚滩村被命名为"全国改善农村人居环境整治示范村"。

5. 开展"晒文旅·晒优品·促消费"文旅推介活动

设计"两晒一促"沙坡头区云上文旅馆，内容有 8 分钟专题宣传片、60 秒沙坡头区景观特色炫彩视频，有沙坡头苹果、香山软梨子等特色物产，有扁豆子面、素杂烩、蒿子面等特色美食，游客可以从视频中领略沙坡头盛典、星星酒店、黄河宿集的魅力，提升旅游品牌影响力。

三、国内外全域旅游发展成功案例的启示

（一）确立可行的发展模式

国内外全域旅游发展成功之地都有着独特的发展模式，有的以环境立区，强化整体环境保护，凸显生态旅游价值；有的以文化为魂，突出文旅融合发展，挖掘文化魅力；有的以景区发展为主导，推进全域整体开发，打造系列旅游吸引物；有的突出资源产业优势，推进全域产业融合，打造特色亮点；有的强化城市建设地位，强化区位经济优势，实现城市资源旅游化转化，都确立了适合自身实际的发展模式。

（二）选择清晰的特色发展路径

全域旅游发展成功区域都不是全面开发，而是选择一个突破点作为自己的发展路径，或市场主导在空间上由点到线开发项目吸引物，引领带动全局发展；或主要领导重视，发挥部门力量，推进全域产业融合发展；或政府、企业双管齐下，选择一个突破点，以此为抓手打造建设成亮点，推广发展带动全域；或发挥外部力量，引入变量带动内部变革，驱动旅游走向前沿。

（三）注重开辟创新性之举

全域旅游强调改革创新，不同区域挖掘自身潜力，强化主体意识，依据现实需要在体制机制改革、保障政策出台、重大项目开发、文旅融合发展、"旅游厕所革命"、资源环境保护、市场开发、品牌推广、扶贫富民等多方面另辟蹊径，谋划特色，开辟旅游创新发展新领域、新平台、新格局，塑造旅游锐意进取的新动能、新模式、新方法。

| 第四章 |

全域旅游发展水平测评

一、全域旅游发展水平评价

为了全面客观地反映全域旅游发展水平，并根据此因地施策，我们选取发展环境、公共服务、发展效益、旅游竞争力、融合发展、保障体系等构建全域旅游发展水平评价指标体系，并利用"统计产品与服务解决方案"（SPSS）分别选择山东省 17 个地级城市和 37 个省级全域旅游示范区进行评价分析，分析山东省各地全域旅游发展水平及特征。

（一）地级城市全域旅游发展水平评价

1. 评价指标体系选取与构建

（1）评价指标选取。我们参考国家旅游局发布的《全域旅游示范区创建工作导则》和山东省旅游局发布的《山东省全域旅游示范市县评定标准》，并综合吸纳专家的意见，将生态环境、公共服务、发展效益、旅游竞争力、融合发展和保障体系六个要素作为全域旅游发展水平评价指标体系的要素层指标。旅游业实际上是一个地方国民经济与社会发展综合实力的体现，评价指标应体现整个社会的发展实力，所以更多社会经济的指标体现在全域旅游发展水平评价指标之中。

在生态环境上选择三个指标来进行度量，分别是湿地面积、森林覆盖率、年均旅游适宜天数。湿地是天然的蓄水池并且能够维持生物的多样性，是衡量一个区域全域旅游发展环境的重要指标。森林是"地球之肺""天然氧吧",能够净化空气,在湿地面积与森林覆盖率较大的地区可以为游客提供天然的休闲疗养环境,为游客提供放松身心、观赏自然的休闲场所。年均适宜旅游天数可以衡量旅游目的地的温度适宜情况,全域旅游全在全时空,温度适宜天数较多的地区适合发展全域旅游的概率较大,本书根据《山东统计年鉴》中的数据,以山东各地市月平均温度在18℃~25℃的天数作为指标。

公共服务指标选择航客运、铁路客运人数与高速公路通行量作为二级指标,完善的基础设施能够提高旅游目的地的可进入性。全域旅游环境下,自驾游将会成为更多游客的选择,由铁路、机场、公路、景区组合成的交通网络是全域旅游发展的先行条件,从客源地到目的地换乘方便,出入畅通的外部交通条件将会吸引更多的游客。同时,便捷的交通服务兼顾了当地居民与外来游客的需要,体现了全域旅游下倡导的共建共享理念。

发展效益指标选取了旅游业消费总额、国内游客人数、国内游客消费、国外游客人数与国外游客消费,旨在衡量当地旅游综合吸引力与旅游业的经济贡献力。传统旅游主要依靠门票等方式获取单一收入,全域旅游应该推进产业融合,建设高品质高效益产业体系,为当地的经济社会发展做出贡献,引导当地经济转型升级。

旅游竞争力指标由四星级及以上酒店数量、4A级及以上景区数量、省级及以上旅游度假区数量构成,这些指标是保障游客在旅游目的地获得充实愉悦旅游感受的基础性指标。全域旅游虽然强调处处皆景,宜居宜游,但旅游目的地的核心竞争力是酒店、景区与度假区,是旅游发展水平的本质体现。

旅游业占服务业比重构成旅游融合发展指标,全域旅游倡导"旅游+"和"+旅游",推进产业深度融合发展,旅游业占服务业的比重能够很好地体现旅游业在服务业中的地位与融合程度。

保障体系指标将目的地的手机浸入数量、中专及以上学校数量作为二级指标,手机浸入数量是利用大数据来监测旅游目的地外来游客的特征,中专及以上学校数量衡量目的地的旅游人才水平,这些都是推动全域旅游发展的重要保障力量。

(2)评价指标体系构建。地级城市全域旅游发展水平评价指标体系根据以上选取原则,具体选用湿地面积、森林覆盖率、年均旅游适宜天数、航客运、铁路客运、高速公路通行量、旅游业消费总额、国内接待人数、国内旅游花费、入境游客人数、入境游客消费、四星级及以上酒店数量、4A 级及以上景区数量、省级及以上旅游度假区数量、旅游业占服务业比重、手机浸入数量、中专及以上学校数量来建立该指标体系。具体如表 4 – 1 所示。

表 4 – 1 山东省地级城市全域旅游指标体系

要素层	指标层
生态环境	湿地面积（千公顷）
	森林覆盖率（比率）
	年均旅游适宜天数（天）
公共服务	航客运（万人次）
	铁路客运（万人次）
	高速公路通行量（万辆）
发展效益	旅游业消费总额（亿元）
	国内接待人数（万人次）
	国内旅游花费（亿元）
	入境游客人数（万人次）
	入境游客消费（万美元）
旅游竞争力	四星级及以上酒店数量（个）
	4A 级及以上景区数量（个）
	省级及以上旅游度假区数量（个）
融合发展	旅游业占服务业比重（比率）
保障体系	手机浸入数量（万人次）
	中专及以上学校数量（所）

2. 模型构建

（1）聚类分析模型。聚类分析是一种建立分类的多元统计方法，能够将一批样本或者变量数据根据其诸多特征，在没有任何经验的情况下，按照其在性质上的相似性程度进行自动分类。常见的聚类分析方法有层次聚类和 K – means 聚类，本书采用层次聚类中的 R 性聚类对数据进行分析，层次聚类方法为凝聚方式聚类，即首先每个个体自成一类，然后按照某种方法计算距离最近的两个个体成为一小类,形成 n – 1 个类,不断重复该过程对 n 个个体进行 n – 1 次凝聚成为一类。

①度量标准——欧式距离(Euclidean)。

$$Euclidean = \sqrt{\sum_{i=1}^{k} (X_i - Y_i)^2}$$

②聚类方法。本次聚类选择组间链接方法,即个体与已经形成的小类之间的距离是该个体与小类中每个个体距离的平均值。

(2)因子分析模型。因子分析以最少的信息丢失为前提,针对大量数据和数据间存在线性相关的情况,对变量降低维数的处理以得到新的变量,得到的新的相关度较低的变量远远少于原有变量个数,且能够反映原变量的大部分信息。

①因子分析的数学模型。假设原来有 p 个变量,X_1,X_2,X_3,$\cdots$,X_p,并且每个变量都经过了标准化处理,均值为 0,方差为 1,因子分析的数学模型如下所示:

$$X = \begin{bmatrix} a_{11} & \cdots & a_{1k} \\ \vdots & \ddots & \vdots \\ a_{p1} & \cdots & a_{pk} \end{bmatrix} \begin{bmatrix} f_1 \\ \vdots \\ f_k \end{bmatrix} + \begin{bmatrix} \varepsilon_1 \\ \vdots \\ \varepsilon_p \end{bmatrix}$$

即 $X = AF + \varepsilon$,其中 F 为公共因子,A 为因子载荷矩阵。

②因子分析步骤。在操作中,因子分析需要进行以下步骤:

步骤 1:因子分析的前提条件。因子分析是对相关变量之间进行浓缩,将原有变量之间信息重合的部分提取成为公共因子,进而减少因子的数量。这就要求原有因子之间有强烈存在的相关关系。本书选择根据相关系数矩阵(R)和反映像相关矩阵(MSA)来分析因子分析是否合适,反映像相关矩阵主要包括负的偏斜方差和负的偏相关系数,偏相关系数是在控制了其他变量对两变量影响的条件下计算出来的净相关系数。其中,

$$R = \begin{pmatrix} \rho_{11} & \cdots & \rho_{1k} \\ \vdots & \ddots & \vdots \\ \rho_{k1} & \cdots & \rho_{kk} \end{pmatrix} \rho_{ij} = cov(X_i, X_j) / \sqrt{DX_i} \sqrt{DX_j}$$

$$MSA = \sum_{i \neq j} R_{ij}^2 \Big/ \sum_{i \neq j} R_{ij}^2 + \sum_{i \neq j} P_{ij}^2$$

R_{ij} 是变量 X_i 和其他变量 X_j 的简单相关系数,P_{ij} 是变量 X_i 和其他变量 X_j

在控制了剩余变量下的相关系数。在反映像矩阵中，除了对角线接近于 1，其他大多数元素的绝对值均较小，则说明这些因子相关性较强，适合做因子分析。

步骤 2：因子提取与因子载荷矩阵的求解。因子提取的初始解采用主成分分析法，首先将原有变量进行标准化处理，然后计算出变量的简单相关系数矩阵 R，求出相关系数矩阵的特征值和特征向量。本书根据特征值大于 1 选择变量。

步骤 3：因子的命名。如果因子载荷 a_{ij} 的绝对值在第 i 行的多个列上能取到较大值，那么说明原有变量 X_i 与多个因子有较大的相关关系，如果因子在第 j 列的多个行上有较大的取值，说明第 j 个因子 f_j 能够解释多个变量而不仅仅表示某一个变量，这样的每个因子命名解释性较差，本书采用正交旋转的最大方差法来对因子进行旋转以增加因子的命名解释性。

步骤 4：计算因子得分。当因子确定以后就可以得出每个因子在原有变量上的数值，这些数值成为因子得分，数值的大小反映了变量对因子的重要程度。

步骤 5：计算山东省 17 个地级市全域旅游发展水平的分数。

3. 实证分析

（1）地区选取与数据来源。选取山东省 17 个地级城市作为全域旅游发展水平评价指标体系的应用对象，具有较强的针对性，可以判断一个省域各城市全域旅游发展水平的高低。本书所有城市采纳的数据均来自山东省文化和旅游厅编制的《2018 年山东旅游统计便览》和《山东旅游数据手册（2018）》。

（2）聚类分析结果。通过 SPSS 中系统聚类的方法，可得到聚类分析图，观察图形选择聚成五至六类较为合适，结合山东省 17 个地级城市的旅游发展特征，将它们分为五类。具体分类情况如表 4 – 2 所示。

表 4 – 2　　　　山东省地级城市全域旅游发展水平聚类分类

类别	地区
第一类	济南
第二类	青岛

续表

类别	地区
第三类	烟台
第四类	淄博、枣庄、潍坊、济宁、泰安、威海、日照、莱芜、临沂、德州、聊城、滨州、菏泽、东营

由分类结果可见，青岛与济南、烟台各为一类，淄博、枣庄、潍坊、济宁、泰安、威海、日照、莱芜、临沂、德州、聊城、滨州、菏泽、东营同为一类。

（3）因子分析结果。利用 SPSS 数据分析软件，通过因子分析法评价山东省各地级市全域旅游发展水平。通过对整理好的数据进行因子分析法的操作之后，得到 KMO 值 >0.6，且由巴特莱特球度检验的相关矩阵可见指标数据之间两两相关性都较高，因此可以做因子分析。

从分析得到的解释的总方差表中可见，表格中前四个因子的特征值分别为 9.916、2.274、1.532、1.212，均大于 1（见表 4-3）。同时在因子旋转后，前四个因子的方差，即方差贡献率分别为 48.215%、22.844%、9.219%、7.563%，共能解释总变量的 87.841%，表示丢失的信息较少。第五个因子以后特征值都较小，对原有变量的解释贡献率不大，基本可以忽略不计，因此提取出前四个因子最为合适，也就是特征值大于 1 的因子。具体如表 4-4 所示。

表4-3　　　　　　　　解释的总方差

序号	初始特征值			提取平方和载入			旋转平方和载入		
	合计	方差的%	累积%	合计	方差的%	累积%	合计	方差的%	累积%
1	9.916	58.329	58.329	9.916	58.329	58.329	8.197	48.215	48.215
2	2.274	13.374	71.703	2.274	13.374	71.703	3.883	22.844	71.058
3	1.532	9.009	80.713	1.532	9.009	80.713	1.567	9.219	80.277
4	1.212	7.128	87.841	1.212	7.128	87.841	1.286	7.563	87.841

续表

序号	初始特征值			提取平方和载入			旋转平方和载入		
	合计	方差的%	累积%	合计	方差的%	累积%	合计	方差的%	累积%
5	0.651	3.831	91.672						
6	0.526	3.096	94.768						
7	0.438	2.576	97.344						
8	0.283	1.666	99.010						
9	0.064	0.376	99.386						
10	0.051	0.302	99.688						
11	0.031	0.181	99.869						
12	0.009	0.052	99.921						
13	0.006	0.037	99.958						
14	0.005	0.031	99.989						
15	0.002	0.010	99.999						
16	0.000	0.001	100.000						
17	7.828E-18	4.605E-17	100.000						

表 4-4　　　　　　　　　旋转成分矩阵

	成分			
	1	2	3	4
高速公路通行量	0.976	0.033	0.034	0.011
航客运	0.963	0.004	0.102	0.081
铁路客运	0.901	0.070	-0.249	-0.063
中专及以上学校数量	0.856	0.172	-0.240	-0.105
旅游业消费总额	0.841	0.504	0.115	0.072
四星级及以上酒店数量	0.831	0.361	0.279	0.096
国内旅游花费	0.824	0.529	0.103	0.071

续表

	成分			
	1	2	3	4
手机浸入数量	0.816	0.116	−0.164	−0.382
入境游客人数	0.801	0.368	0.304	0.254
入境游客消费	0.784	0.348	0.383	0.266
旅游占服务业比重	0.032	0.861	−0.148	0.201
省级及以上旅游度假区	0.228	0.830	0.305	0.137
年均旅游适宜天数	0.023	0.706	−0.194	−0.463
国内接待人数	0.668	0.693	−0.038	−0.056
4A 级及以上景区数量	0.521	0.686	0.126	0.080
湿地面积	−0.023	0.004	0.871	−0.222
森林覆盖率	0.017	0.182	−0.375	0.794

同时，采用特征值大于 1 的因子建立旋转成分矩阵之后，公因子命名和解释变量变得更加容易。从表 4 - 4 旋转成分矩阵当中我们可以看到第一个因子在高速公路通行量、航客运、铁路客运、中专及以上学校数量、旅游业消费总额、四星级及以上酒店数量、国内旅游花费、手机浸入数量、入境游客人数、入境游客消费指标中占较大比重，可见第一个因子将以上这些指标划分为同一类别，我们将其归纳为"服务与效益"，用 F1 表示；第二个因子将旅游业占服务业的比重、省级及以上旅游度假区指标划分为同一类别，我们将其命名为"旅游融合程度"，用 F2 表示；第三个因子湿地面积与其他指标相关程度较低，可将其单独划分为一个类别，用 F3 表示；第四个因子将年均适宜旅游天数和森林覆盖率指标划分为同一类别，我们将其总结为"旅游环境"，用 F4 表示。

最后根据分析软件得到的成分得分系数矩阵和搜集到的原始变量数据值计算因子 F1 ~ F4 的得分及 17 个城市的综合得分，并根据综合得分对山东省 17 个地级城市全域旅游发展水平进行排名，得到的结果如表 4 - 5 所示。

其中，F1 ~ F4 四个因子的得分由得分系数矩阵中的权重与实际数据的积之和得到，综合得分以旋转后各因子的方差贡献率作权重，由 F1 ~ F4 各因子与权重之积与旋转后因子的累计方差贡献率得到，其结果体现在表4-5中各城市对应的得分中。

表4-5　　　　　　山东省地级城市全域旅游发展水平综合得分

地区	F1	F2	F3	F4	综合得分	排名
济南	6.17	-0.60	0.32	-2.91	3.01	3
青岛	13.10	-1.58	18.34	12.99	9.83	1
淄博	2.55	0.37	0.21	-1.21	1.41	9
枣庄	1.23	0.03	-1.08	-1.97	0.40	16
东营	1.25	-0.01	0.58	-0.67	0.69	11
烟台	6.82	-0.11	10.86	7.86	5.53	2
潍坊	4.29	0.29	2.83	0.26	2.75	4
济宁	3.73	0.38	0.71	-1.95	2.05	7
泰安	3.53	0.56	3.49	1.63	2.59	6
威海	3.22	0.16	5.00	3.59	2.64	5
日照	2.12	0.37	1.31	-0.07	1.39	10
莱芜	0.55	0.06	-0.38	-0.87	0.20	17
临沂	3.70	0.30	-0.95	-3.88	1.67	8
德州	2.03	-0.14	-1.97	-3.84	0.54	13
聊城	2.16	-0.21	-1.52	-3.47	0.67	12
滨州	1.59	-0.14	-1.11	-2.78	0.48	14
菏泽	1.87	-0.22	-1.92	-3.66	0.46	15

青岛、济南、烟台、潍坊在F1中得分较高，F1表示公路通行量、航客运、铁路客运、中专及以上学校数量、旅游业消费总额、四星级及以上酒店数量、国内旅游花费、手机浸入数量、入境游客人数、入境游客消费。由此可以看出这四个城市在交通便捷度和旅游收入上都表现较好，具有良好的发展全域旅游的基础，又由于有众多的高校以及较广泛的网络覆盖率，因此有较好的全域旅游发展前景。

淄博、济宁、泰安、日照在F2中得分较高，该因子表示旅游业占服务业的比重。由此可见，在这些城市旅游业是服务业中的主导产业，但由于其在 F1 中表现不好，即基础设施建设一般，所以应注重全域旅游发展中的基础设施建设。

青岛、烟台、威海、泰安在 F3、F4 中得分较高，F3 将湿地面积指标单独划分为一个类别，F4 将年均适宜旅游天数和森林覆盖率指标划分为同一类别。F3、F4 表示目的地的生态环境情况，这些地区具备良好的生态环境，其中青岛和烟台在其他指标的得分中也很高，说明这两个城市生态环境优良。

由表 4-5 可见，青岛、烟台、济南等城市得分较高，排名在前，属于山东省全域旅游发展水平良好的城市；潍坊、威海、泰安、济宁排名中间，属于山东省全域旅游发展水平较高的城市；临沂、淄博、日照属于山东省全域旅游发展水平一般的城市；而东营、聊城、德州、滨州、菏泽、莱芜得分较低，排名靠后，属于山东省全域旅游发展水平较低的城市。

4. 结论

全域旅游发展水平评价指标体系可以为全域旅游发展模式与路径的选择提供参考。将前面提到的全域旅游评价指标体系运用到山东省 17 个城市的全域旅游发展水平的评价当中，既可以检验该评价指标体系的合理性，又可以为具体应用提供一定程度的示范。

（二）县域全域旅游发展水平评价

在县域全域旅游发展水平评价研究中，我们选取了山东省第一、第二、第三批省级全域旅游示范区的 37 个县（市、区）作为评价对象，搜集相关数据资料，评价其全域旅游发展水平。

1. 评价指标体系选取与构建

（1）评价指标选取。与地级城市一样，我们参考国家旅游局发布的《全域旅游示范区创建工作导则》和《山东省全域旅游示范市县评定标准》，并综合吸纳专家的意见，将生态环境、公共服务、发展效益、供给体系、融合发展和保障体系六个要素作为县域全域旅游发展水平评价指标体系的要素层指标。考虑到数据的针对性、适用性和可搜集性，因此在具体分指标选取上与地级城市有些差别。

在生态环境上选择两个指标来进行度量，分别是森林覆盖率（景城合一的县域采用绿地覆盖率替代)、环境空气质量优良天数。森林是"地球之肺""天然氧吧",能够净化空气,森林覆盖率可以在一定程度上反映出森林资源的丰富程度和生态平衡状况,绿化覆盖率则可以反映一个县域生态环境质量。环境空气质量优良天数是衡量一个县域空气质量的重要指标,环境空气质量优良天数较多的地区适宜发展全域旅游。

公共服务指标选择高速公路通车里程和公路通车里程作为二级指标,完善的基础设施能够提高县域旅游的可进入性。全域旅游时代自驾游已成为很多游客的选择,四通八达的公路网络为自驾游发展提供了良好的条件。

发展效益指标选取了县域 GDP 和第三产业生产总值,全域旅游发展将推动县域经济的发展,带来 GDP 总量的提升;同时,第三产业的龙头旅游业发展必然促进第三产业生产总值的增长。

旅游供给体系由三星级及以上酒店数量、3A 级及以上景区数量、乡村旅游重点村和景区化村庄数量构成,这些指标是保障游客在一个县域获得良好旅游体验服务的基础性指标。三星级及以上酒店数量这个指标反映出一个县域为游客提供住宿服务的能力,3A 级及以上景区数量和乡村旅游重点村和景区化村庄数量决定了县域旅游吸引物的供给丰富度。

社会消费品零售总额增长比率构成旅游融合发展指标,全域旅游倡导"旅游 +"和" + 旅游",社会消费品零售总额增长比率能客观反映旅游发展为一个县域带来零售商品消费的增长情况。

保障体系指标将县域的 3A 级及以上智慧旅游景区数量、旅游支出、中专及以上学校数量作为二级指标,智慧旅游景区的基本要求是游客可以利用"云游齐鲁"App 查看景区的相关信息和预订门票,3A 级及以上智慧旅游景区数量反映出县域旅游的科技保障水平。旅游支出反映县域发展全域旅游的财政支出,能从侧面反映出当地政府对旅游的重视程度。中专及以上学校数量能衡量一个县域旅游人才的档次,这有利于为当地旅游发展提供专业人才。这些指标都是推动全域旅游发展的重要保障力量。

(2)评价指标体系构建。县域全域旅游发展水平评价指标体系根据以上选取原则,具体选用森林覆盖率、环境空气质量优良天数、高速公路通车里程、公路通车里程、GDP、第三产业生产总值、三星级及以上酒店数量、3A 级及以上景区数量、乡村旅游重点村和景区化村庄数量、社会消费品零售总额增长比率、3A 级及以上智慧旅游景区数量、本县/区旅游支出、中专及以上学校数量来建立该指标体系。具体如表 4 - 6 所示。

表 4 - 6　　　　　　　　　　山东省县域全域旅游指标体系

要素层	指标层
生态环境	森林/绿地覆盖率（比率）
	环境空气质量优良天数（天）
公共服务	高速公路通车里程（公里）
	公路通车里程（公里）
发展效益	GDP（亿元）
	第三产业生产总值（亿元）
供给体系	三星级及以上酒店数量（个）
	3A 级及以上景区数量（个）
	乡村旅游重点村和景区化村庄数量（个）
融合发展	社会消费品零售总额增长比率（比率）
保障体系	3A 级及以上智慧旅游景区数量（个）
	本县/区旅游支出（万元）
	中专及以上学校数量（所）

2. 模型构建

可参照地级城市全域旅游发展水平评价指标中的模型。

3. 实证分析

（1）地区选取与数据来源。本书研究选取山东省 37 个县（市、区）作为全域旅游发展水平评价指标体系的应用对象，具有较强的针对性，可以判断一个省县域全域旅游发展水平的高低。本书采纳的数据来自山东省文化和旅游厅官网（http：//whhly. shandong. gov. cn/），各地市数据公开网与统计年鉴，各县（市、区）政府官网、统计年鉴、2020 年国民经济和社会发展统计公报等。

（2）聚类分析结果。通过 SPSS 中系统聚类的方法，可得到聚类分析冰挂图，观察图形选择聚成五至六类较为合适，结合山东省 37 个全域旅游示范区的旅游发展特征，将他们分为五类。分类情况如表 4 - 7 所示。

表 4 - 7　　　　　　　山东省县域全域旅游发展水平聚类分类

类别	县（市、区）
第一类	临沂市蒙阴县
第二类	潍坊市诸城市、日照市莒县
第三类	滨州市博兴县
第四类	淄博市淄川区、潍坊市临朐县、济宁市泗水县、泰安市泰山区、临沂市沂南县、临沂市沂水县、德州市齐河县、淄博市博山区、枣庄市山亭区、东营市垦利区、潍坊市安丘市、威海市环翠区、日照市东港区、临沂市河东区、菏泽市单县、济南市莱芜区、淄博市周村区、枣庄市滕州市、东营市东营区、济宁市汶上县、泰安市岱岳区、临沂市费县
第五类	济南市章丘区、济南市长清区、枣庄市台儿庄区、烟台市蓬莱市、济宁市邹城市、威海市荣成市、日照市五莲县、滨州市惠民县、济南市历下区、烟台市栖霞市、威海市文登区

　　由分类结果可见，临沂市蒙阴县、滨州市博兴县各为一类，潍坊市诸城市与日照市莒县为一类，淄博市淄川区、潍坊市临朐县、济宁市泗水县等 22 个县（市、区）为一类，济南市章丘区、济南市长清区、枣庄市台儿庄区、烟台市蓬莱市等 11 个县区市同为一类。

　　（3）因子分析结果。利用 SPSS 数据分析软件，通过因子分析法评价山东省 37 个全域旅游示范区旅游发展水平。通过对整理好的数据进行因子分析法的操作之后，得到 KMO 值 >0.6，且由巴特莱特球度检验的相关矩阵可见指标数据之间两两相关性都较高，因此可以做因子分析。

　　从分析得到的解释的总方差表中可见，表格中前 5 个因子的特征值分别为 3.353、2.608、1.406、1.187、1.092，均大于 1（见表 4 - 8）。同时，在因子旋转后，前五个因子的方差，即方差贡献率分别为 27.154%、20.738%、11.323%、10.596%、10.572%，共能解释总变量的 80.383%，表示丢失的信息较少。第六个及以后因子的特征值都较小，对原有变量的解释贡献率不大，基本可以忽略不计，因此提取出前五个因子最为合适，也就是特征值大于 1 的因子。具体如表 4 - 9 所示。

表 4 - 8 解释的总方差

成分	初始特征值			提取平方和载入			旋转平方和载入		
	合计	方差的%	累积%	合计	方差的%	累积%	合计	方差的%	累积%
1	3.353	27.938	27.938	3.353	27.938	27.938	3.259	27.154	27.154
2	2.608	21.730	49.668	2.608	21.730	49.668	2.489	20.738	47.892
3	1.406	11.718	61.386	1.406	11.718	61.386	1.359	11.323	59.215
4	1.187	9.894	71.280	1.187	9.894	71.280	1.272	10.596	69.811
5	1.092	9.103	80.383	1.092	9.103	80.383	1.269	10.572	80.383
6	0.890	7.413	87.797						
7	0.550	4.582	92.379						
8	0.358	2.979	95.358						
9	0.332	2.768	98.126						
10	0.175	1.458	99.585						
11	0.029	0.244	99.829						
12	0.021	0.171	100.000						

表 4 - 9 旋转成分矩阵

	成分				
	1	2	3	4	5
第三产业增加值（亿元）	0.968	-0.025	0.045	-0.005	0.031
生产总值（亿元）	0.910	0.109	0.057	0.029	0.094
中专及以上学校数量（所）	0.896	-0.184	-0.147	-0.019	-0.018
三星级及以上酒店数量（个）	0.786	0.008	0.206	0	-0.195
3A级及以上景区数量（个）	-0.017	0.959	0.006	0.044	-0.158
3A级及以上智慧旅游景区数量（个）	0.009	0.942	0.080	-0.033	-0.148
乡村旅游重点村和景区化村庄数量（个）	-0.066	0.569	-0.086	0.430	0.435
环境空气质量优良天数（天）	-0.024	0.209	0.868	0.025	-0.169

续表

	成分				
	1	2	3	4	5
社会消费品零售总额增长率	0.204	−0.259	0.715	0.100	0.389
森林/绿地覆盖率	0.109	−0.188	0.100	0.846	−0.167
高速公路通车里程（公里）	−0.096	0.350	0.007	0.566	−0.008
本县/区旅游支出（万元）	−0.056	−0.207	0.023	−0.188	0.881

采用特征值大于1的因子建立旋转成分矩阵之后，公因子命名和解释变量变得更加容易。从表4-9旋转成分矩阵当中我们可以看到第一个因子在第三产业增加值、生产总值、中专及以上学校数量、三星级及以上酒店数量指标中占较大比重，可见第一个因子将以上这些指标划分为同一类别，我们将其归纳为"经济文化发展水平"，用F1表示；第二个因子将3A级及以上智慧旅游景区数量、3A级及以上景区数量、乡村旅游重点村和景区化村庄数量指标划分为同一类别，我们将其命名为"旅游发展水平"，用F2表示；第三个因子将环境空气质量优良天数、社会消费品零售总额增长率划分为一个类别，用F3表示，我们将其命名为"环境发展水平"；第四个因子森林/绿地覆盖率、高速公路通车里程指标划分为同一类别，我们将其总结为"基础设施发展水平"，用F4表示；第五个因子本县/区旅游支出与其他指标相关程度较低，可将其单独划分为一个类别，用F5表示。

最后根据分析软件得到的成分得分系数矩阵和搜集到的原始变量数据值计算因子F1～F5的得分及37个县（市、区）全域旅游发展水平的综合得分，并根据综合得分对山东省37个县（市、区）全域旅游发展水平进行排名，得到的结果如表4-10所示。

表4-10　　　　山东省县域全域旅游发展水平综合得分

县/区/市	F1	F2	F3	F4	F5	综合得分	排名
济南市章丘区	363.76	187.08	136.92	−390.50	2749.72	3046.98	6
济南市长清区	119.14	112.24	140.63	−286.71	2175.00	2260.30	15
淄博市淄川区	181.00	91.33	132.34	−79.10	781.42	1106.99	37

县/区/市	F1	F2	F3	F4	F5	综合得分	排名
枣庄市台儿庄区	38.46	106.46	158.12	-424.91	2749.65	2627.78	12
烟台市蓬莱市	152.63	136.37	193.84	-376.89	2682.63	2788.58	10
潍坊市临朐县	117.10	92.68	161.99	-197.28	1537.41	1711.90	21
济宁市邹城市	326.45	177.03	130.95	-376.27	2654.70	2912.86	7
济宁市泗水县	61.89	77.87	146.09	-219.68	1510.46	1576.63	24
泰安市泰山区	240.46	101.13	149.66	-169.86	1286.23	1607.62	23
威海市荣成市	402.59	186.84	214.01	-362.46	2404.95	2845.93	9
日照市五莲县	65.85	110.82	198.14	-356.97	2421.95	2439.79	14
临沂市沂南县	78.86	76.23	172.33	-119.20	936.37	1144.59	35
临沂市沂水县	173.17	111.97	156.48	-134.23	1212.99	1520.38	27
德州市齐河县	123.62	82.19	143.80	-130.55	1214.30	1433.36	29
滨州市惠民县	65.66	117.16	144.83	-417.28	2949.72	2860.09	8
济南市历下区	925.46	248.37	98.98	-341.46	2398.99	3330.34	5
淄博市博山区	83.75	83.83	152.99	-233.66	1710.85	1797.76	20
枣庄市山亭区	34.18	60.02	154.17	-139.49	1044.81	1153.69	34
东营市垦利区	89.01	98.95	166.89	-255.12	1601.11	1700.84	22
潍坊市安丘市	129.59	94.12	177.71	-210.44	1374.43	1565.41	25
威海市环翠区	189.26	79.53	182.16	-117.78	831.63	1164.80	33
日照市东港区	293.07	113.36	186.11	-71.54	712.97	1233.97	31
临沂市河东区	127.72	87.59	148.49	-201.97	1288.88	1450.71	28
滨州市博兴县	112.84	871.65	135.21	-4309.63	28408.86	25218.93	1
菏泽市单县	130.39	111.82	153.25	-298.97	2024.01	2120.50	16
济南市莱芜区	245.58	110.15	136.73	-53.14	779.32	1218.64	32
淄博市周村区	78.25	79.36	146.82	-219.72	1465.82	1550.53	26
枣庄市滕州市	296.20	118.63	124.06	-60.99	819.23	1297.13	30
东营市东营区	206.89	124.70	163.44	-296.72	1900.00	2098.31	17
烟台市栖霞市	109.43	122.30	200.25	-351.71	2694.91	2775.18	11
潍坊市诸城市	261.83	240.20	148.98	-764.68	5278.23	5164.56	3

续表

县/区/市	F1	F2	F3	F4	F5	综合得分	排名
济宁市汶上县	73.87	93.36	162.72	−269.77	1884.67	1944.85	19
泰安市岱岳区	148.55	86.93	140.06	−72.34	835.98	1139.18	36
威海市文登区	182.89	139.58	216.46	−310.30	2267.86	2496.49	13
日照市莒县	144.51	206.43	169.27	−744.63	4999.21	4774.79	4
临沂市蒙阴县	51.57	304.29	156.64	−1379.92	9332.32	8464.90	2
临沂市费县	140.91	109.22	146.47	−279.30	1933.13	2050.43	18

其中 F1～F5 五个因子的得分由得分系数矩阵中的权重与实际数据的积之和得到,综合得分以旋转后各因子的方差贡献率作权重,由 F1～F5 各因子与权重之积与旋转后因子的累计方差贡献率得到,其结果体现在表4－10中各县(市、区)对应的得分中。

济南市历下区、威海市荣成市、济南市章丘区、济宁市邹城市、枣庄市滕州市在 F1 中得分较高,F1 表示第三产业增加值、生产总值、中专及以上学校数量、三星级及以上酒店数量。由此可以看出这五个县(市、区)在经济发展水平上表现较好,具有良好的发展全域旅游基础,又由于拥有众多的大中专院校以及充足的星级酒店保障,因此这些县(市、区)全域旅游发展水平较高。

滨州市博兴县、临沂市蒙阴县、济南市历下区、潍坊市诸城市、日照市莒县在 F2 中得分较高,该因子表示3A级及以上智慧旅游景区数量、3A级及以上景区数量、乡村旅游重点村和景区化村庄数量,由此可见在这些县(市、区)重视旅游吸引物建设,旅游景区和乡村旅游点在数量和质量上都处于较高的水平,具有良好的全域旅游发展基础。

37 个县(市、区)在 F3 的得分差距相对较小,说明这些县(市、区)在旅游适宜度和社会消费品零售总额增长率方面没有太大差距。

济南市莱芜区、枣庄市滕州市、日照市东港区、泰安市岱岳区、淄博市淄川区在 F4 森林/绿地覆盖率、高速公路通车里程的得分较高,说明这些县(市、区)具备良好的生态环境和交通基础设施,但这些县(市、区)在其他几个指标层面的表现不突出,因此要加大旅游目的地的建设力度。

滨州市博兴县、临沂市蒙阴县、潍坊市诸城市、日照市莒县、滨州市惠民县在 F5 的得分较高，F5 代表该县（市、区）的旅游支出。可以看出这 5 个县（市、区）重视全域旅游发展，大力加强旅游投资建设。虽然这 5 个县（市、区）全域旅游发展在经济和资源环境方面没有优势，但从最终评价结果来看，5 个县（市、区）的综合得分名列前茅，说明全域旅游重在建设，而不仅体现在资源禀赋上。

由综合得分表可见，滨州市博兴县、临沂市蒙阴县、潍坊市诸城市、日照市莒县、济南市历下区等县（市、区）得分较高，排名在前，属于山东省全域旅游发展水平良好的县域；烟台市蓬莱市、烟台市栖霞市、枣庄市台儿庄区、威海市文登区、日照市五莲县等排名中间，属于山东省全域旅游发展水平较高的县域；临沂市费县、济宁市汶上县、淄博市博山区、泰安市泰山区、德州市齐河县、枣庄市滕州市等属于山东省全域旅游发展水平一般的县域；而得枣庄市山亭区、临沂市沂南县、泰安市岱岳区、淄博市淄川区分较低，排名靠后，属于山东省全域旅游发展水平较低的县域。

二、全域旅游示范区动态管理水平评估

全域旅游示范区作为一个旅游品牌受到地方政府、文化和旅游部门的高度重视，在创建过程中各地成立全域旅游示范区创建领导小组，组建创建班子，举行创建动员大会，开展全员培训，整合各部门、各行业以及社会各界的力量，加强景区整改提升，推进旅游环境优化。有些甚至举全县（市、区）之力花费巨资推进项目建设，开展现场打造，高标准高规格迎接暗访，主要领导亲自参加答辩。但是全域旅游示范区创建成功后，有些地方难免会出现旅游管理松懈的情况，旅游环境回归原样，旅游服务水平倒退，旅游问题原形毕露，旅游发展止步不前，导致全域旅游示范区创建面临"重创轻建""重事前轻事后"的大起大落尴尬局面。《国家全域旅游示范区验收、认定和管理实施办法（试行）》强调建立国家全域旅游示范区"有进有出、动态管理"的机制，加强对示范区的后续监督管理，建立科学的国家全域旅游示范区复核制度。

因此，应立足于地方特点和实际发展情况建立一套科学合理的全域旅游示范区动态管理指标体系和复核评估机制，对已经创建成功的全域旅游示范区进行定期动态复核评估，以全域旅游为政策杠杆，利用它撬动起地方党委政府不断重视旅游发展，常年来抓旅游产业，改变地方旅游业"小马拉大车"的状态，以推进全域旅游高质量发展。

（一）全域旅游示范区运行管理指标体系

全域旅游示范区动态管理指标反映全域旅游示范区创建之后的发展质量和要素提升成就，要站在运行管理的视角下进行考评，应该具有易操作性、简洁性和科学性，与国家全域旅游示范区验收标准既有一定的联系与重合，又应该在具体测度重点、考查内容、考核形式等方面有所差异。

1. 空间板块

根据我们的研究，可按照全域旅游涉及的六大主体空间板块确定实地核查内容，涵盖了《国家全域旅游示范区验收标准（试行）》规定内容的公共服务、供给体系、秩序与安全、资源与环境四个方面。

（1）交通站点。机场、铁路站、汽车总站、港口码头等位置合理，包含了旅游集散中心、游客服务中心、交通组织（含旅游专线、城市交通）、停车场、厕所、旅游标识牌等公共服务设施，具有旅游集散、旅游咨询、综合服务等基本功能，各项功能保持维护良好，形成多层级旅游集散网络。

（2）主城区。包括城市整体风貌、城市旅游环境、各种场馆（含城市公园、主题乐园、博物馆、图书馆、文化馆、科技馆、规划馆、展览馆、纪念馆、动物园、植物园等）、城市旅游功能区（旅游休闲街区、游憩商业区、特色文化街区等）、城市休闲集聚区（康体疗养、夜游休闲、文化体验等休闲娱乐活动场所）、特色餐饮街区（含主题餐馆、快餐小吃等）、宾馆（含星级宾馆、文化主题饭店或连锁宾馆以及城市民宿）、购物与演艺场所等。主要对城市旅游设施便利性、开放性和共享性，城市旅游环境与服务质量的高低进行评估。

（3）通景公路。包括旅游道路及其周边区域，重点是旅游公路、交通主干道、连接线、乡村公路的连通性，即是否可以便利地抵达旅游景区、乡村旅游集聚区、特色小镇等，沿途包含公路服务区、旅游驿站、旅游公厕、游客服务中心与游客咨询点等设施。

（4）旅游区。包括国家 A 级景区、旅游度假区等核心旅游吸引物，重点对旅游区服务（包括智慧旅游、咨询服务设施）等进行综合评估。

（5）乡村。包括乡村旅游集聚带（区），有吃、住、游、娱等要素集聚、设施完善的旅游接待村落或特色小镇，建设有特色民宿；田园综合体、田园艺术景观、观光农业、休闲农业、创意农业、定制农业、会展农业、众筹农业、现代农业庄园、家庭农场等乡村旅游业态产品。

（6）其他吸引物。即旅游与各个行业融合发展的园区基地，包括森林公园、矿山公园、地质公园、文化园区、红色场馆、研学基地、康养园区、体育基地等各种融合发展业态。

对这六大板块的全域旅游物理空间区域的业态、公共服务、资源环境、秩序安全等进行综合考查和测评，予以综合评价。

2. 创新亮点

涵盖了《国家全域旅游示范区验收标准（试行)》规定内容的体制机制、政策保障和品牌影响三个方面。

（1）旅游发展改革。包括旅游体制机制改革、旅游惠民、重大旅游项目建设、环境保护优化等。

（2）重要政策出台。包括发展基金、旅游土地、产业奖励扶持、旅游投融资、人才引进、招商引资、旅游富民、旅游消费、门票减免等相关文化旅游政策。

（3）市场营销推广。包括旅游形象宣传、旅游产品营销特色节事活动举办等。

3. 地方特色

（1）好客山东服务。立足于地方特色文化全行业实施了一套好客服务体系或相关规范、指南等。

（2）好品山东文化旅游商品。至少创意制作一种富有地方特色文化旅游商品，并获得省级及以上奖励。

（3）文化旅游融合发展。在"文化场馆 + 旅游、非遗 + 旅游、文物 + 旅游、公共文化服务 + 旅游"等方面做出突出亮点和业绩。

通过开展现场调查、查询各县（市、区）官方网站与重要官方媒体等多种手段进行客观考查，减少人为干扰因素，获得确实的信息证据予以综合评价。具体指标评价体系如表 4 – 11 所示。

表 4 - 11　　　　　全域旅游示范区动态管理指标体系

分类	项目内容	分项内容	评价要求	测评方式
空间板块	交通站点	重要站点	位置合理、功能齐全、科学衔接	实地
		交通组织	开通旅游专线，城市交通便捷多样	实地
		综合服务	停车场、厕所、旅游标识牌齐全	实地
	主城区	城市建设	具有特色城市风貌，环境干净卫生整洁	实地
		各种场馆	设施便利性、开放性和共享性	实地
		城市旅游功能区	旅游休闲街区、游憩商业区、特色文化街区的特色与功能	实地
		城市休闲集聚区	各种休闲娱乐活动场所的特色与功能	实地
		特色餐饮街区	餐饮的种类与地方特色	实地
		购物演艺	购物种类与场所、演艺特色与场所	实地
	通景公路	旅游道路	旅游公路、交通主干道、连接线、乡村公路的连通性	实地
		沿线服务	服务区、旅游驿站、旅游公厕、游客服务中心与游客咨询点	实地、网络
	旅游区	核心旅游吸引物	旅游吸引物的品质与吸引力	实地
		旅游区服务	旅游区服务质量与安全管理	实地、网络
	乡村	乡村旅游集聚带（区）	要素的齐全、集聚的规模	实地
		乡村旅游业态产品	产品的丰富度、品质与吸引力	实地
	其他吸引物	各种融合发展业态	业态的种类、品质与融合度	实地
创新亮点	旅游发展改革	近1年来重要旅游发展改革事项	旅游体制机制改革、旅游惠民、旅游项目建设、环境保护优化等方面	网络
	重要政策	近1年来出台的重要政策	发展基金、旅游土地、产业奖励扶持、旅游投融资、人才引进、招商引资、旅游富民、旅游消费、门票减免等相关文化旅游政策	网络

续表

分类	项目内容	分项内容	评价要求	测评方式
创新 亮点	市场营销推广	旅游形象宣传	推出新颖的旅游形象或在旅游形象宣传上加大投入，提高知名度	实地、网络
		节事活动举办	至少举办一项重要影响力的节事活动或举办两项以上的地方特色节事活动	实地、网络
地方 特色	好客山东服务	地方好客山东服务体系或标准	立足地方特色文化全行业实施了一套好客服务体系或相关规范、指南等	实地、网络
	好品山东文化旅游商品	特色文化旅游商品	至少创意制作一种富有地方特色文化旅游商品，并获得省级及以上奖励	实地、网络
	文化旅游融合发展	场馆、非遗、文物、公共文化服务＋旅游	在"文化场馆＋旅游、非遗＋旅游、文物＋旅游、公共文化服务＋旅游"等方面做出突出亮点和业绩	实地、网络

（二）全域旅游示范区动态评估机制

1. 全域旅游示范区动态管理平台

为指导与促进全域旅游示范区创建管理工作，按照"强化指导、过程监督、注重成效"的原则，组建全域旅游动态管理平台，包括全域旅游示范区大数据运行监测系统，对全域旅游示范区和创建单位旅游产业运行情况进行动态监管，包括全域旅游示范区和创建单位的旅游接待人次、过夜接待人次、旅游收入、投诉处理等数据和旅游基础设施、公共服务设施、旅游建设项目等信息，推进创建工作各项任务落实，实现全域旅游示范区"创前"精准指导、"创中"科学评审、"创后"跟踪管理。

2. 全域旅游示范区动态评估形式

全域旅游示范区复核采取提交复核材料、大数据监测、实地核查等形式开展，与全域旅游示范区创建的不同点是，为避免影响各地正常工作，复核不宜采用现场答辩、报告、明查等方式。

依托全域旅游产业运行监测平台，并与移动公司合作，调查游客手机浸入数据等，对全域旅游示范区单位旅游产业运行情况进行动态监管。

全域旅游示范区单位应按照要求准确报送本县（市、区）旅游接待人次、过夜接待人次、旅游收入、投诉处理等数据，以及旅游基础设施、公共服务设施、旅游项目建设等信息。

3. 全域旅游示范区动态管理复核制度

全域旅游示范区动态管理采取年度复核制度，已经评上国家级和省级全域旅游示范区的都纳入年度动态管理复核范围之内。复核评估结果分为三个等级，优秀、合格、不合格（黄牌警告、红牌摘牌）。其中第一等级为排名优秀的县（市、区），在基本考核内容和创新示范内容方面都做得相当出色；第二等级为合格的县（市、区），虽有一些瑕疵，但基本内容做得较好；第三等级为不合格，各方面做得不尽如人意，排名落后的县（市、区）。优秀和合格的单位通过省级全域旅游示范区年度复核，属于省级全域旅游示范区的县（市、区）按照排名顺序推荐参评国家全域旅游示范区；不合格的县（市、区）亮黄牌，省级文化和旅游部门将进行约谈，连续两年复核结果为不合格档的，由省级文化和旅游部门报请省级人民政府取消命名；红牌单位直接报请省级人民政府取消命名。当年创成国家全域旅游示范区的单位，免于参加下一年度复核评估。

在监督、检查和日常管理过程中，对不达标或发生重大旅游违法案件、重大旅游生产安全责任事故、重大旅游投诉事件、严重旅游市场失信、严重损害游客权益事件、严重不文明旅游现象、严重破坏旅游生态环境行为和严重旅游负面舆论事件等市场秩序问题的全域旅游示范区，省级文化和旅游部门根据问题严重程度，给予警告、严重警告或报请省级人民政府取消命名处理，并向社会公告。

第五章

全域旅游发展模式分析

全域旅游是我国新发展阶段的一种旅游新模式，是旅游发展方式和发展战略的一场变革。就全域旅游本身来说，其也存在多种驱动旅游发展的特色化模式。

一、全域旅游发展典型模式

（一）国内全域旅游发展模式

已经有机构与学者对全域旅游发展模式进行了探讨与总结，本书在前人基础上结合实践案例进一步开展探讨，归纳提炼为龙头景区带动型、全域综合发展型、城市旅游一体型、乡村旅游驱动型、全域环境营造型、文化旅游融合型、特色产业依托型、客源市场驱动型、旅游廊道联动型九种全域旅游发展模式。

1. 龙头景区带动型

依托龙头景区（国家 5A 级旅游景区、国家级省级旅游度假区、国家 4A 级旅游景区群等）作为吸引核和动力源，按照全域旅游发展要求，围绕龙头景区部署基础设施和公共服务设施，配置旅游产品和业态，明确各部门服务旅游、优化环境的职责，形成了龙头产业的发展优势，以龙头景区推动旅游业与相关产业融合发展，带动地方旅游业整体提档升级。

该模式典型代表是四川省都江堰市，该市以青城山、都江堰等核心景区为吸引核心，以"5A＋"的标准做精遗产观光旅游产品，用都江堰、青城山的知名度带动旅游人气聚集，用全业态开发建设实现都江堰、青城山非产业项目的突破。通过优化整合各类旅游资源、深化完善全域旅游产业体系、提升旅游服务智能化水平、完善旅游服务公共设施，推动都江堰市旅游产业由单一观光型向休闲度假型升级，日益完善的旅游产品体系为都江堰市旅游业快速发展提供支撑。

2. 全域综合发展型

旅游资源禀赋高、类型多样，景区、城镇、乡村旅游发展皆为优良，拥有多个核心景区或度假区，经过多年规划开发，多个景区度假区、城镇、乡村演化形成旅游发展廊道，最终升级为典型的全域旅游目的地，以旅游业为国民经济与社会发展的主导产业和主攻方向，有基础条件构建国际旅游胜地。

该模式地级市典型代表是广西桂林市，桂林山水是中国山水的代表，千百年来享有"桂林山水甲天下"的美誉，该市是国内探索全域旅游发展的先行者之一，先后涌现出一批创新发展、领一时风骚的现象级旅游项目，如阳朔西街、"印象刘三姐"演艺、"两江四湖"、"龙脊梯田"等，桂林将这些"现象"由点到面拓展延伸、由初级向高级提档升级，形成生态文化旅游融合发展的"桂林现象"。截止到 2021 年 8 月 20 日，桂林市共有国家 A 级旅游景区 93 家，其中 5A 级 4 家，4A 级 43 家，3A 级 46 家，已经成为国际旅游胜地。[①]

县域层面的典型代表是栾川县，该县生态资源富集，森林覆盖率达到82.7%，2012 年栾川正式提出"全景栾川"，开发建设了鸡冠洞、老君山、龙峪湾、重渡沟、养子沟、伏牛山滑雪场等旅游景区，并因地制宜发展乡村旅游，将乡村旅游业态划分为景区依托村、深山空心村、田园乡愁村、特产带动村 4 种类型，已形成旅游专业村 51 个，遍布栾川各个乡镇，实现旅游产业链全覆盖。目前全县拥有国家 5A 级景区 2 家，4A 级景区 7 家，3A 级景区5 家，乡村景点 35 个。[②] 走出了一条从建设景区延伸到全域旅游环境优化，从抓景区服务质量转变为全域旅游管理服务提升，把全县作为一个大景区来

---

① 《桂林市 A 级旅游景区》，桂林市文化广电和旅游局网，http：//wglj. guilin. gov. cn/ggfw/xyml/qy/202012/t20201204_1949754. html。

② 郑林、王镜：《实施全域旅游推动全域发展——栾川县域经济发展调研报告》，载于《潇湘晨报》2022 年 4 月 11 日。

建设，实现全域"处处是景区、处处是美景"。

3. 城市旅游一体型

依托传统城市文化积淀和现代城市建设成果，推动城市资源转化为城市旅游，将整个城市当作一个整体进行旅游系统开发，强化城市对旅游业的驱动力，提高城市的地方性与魅力，构建知名的城市旅游品牌、优质的旅游产品、便利的旅游交通、完善的配套服务，以城市旅游辐射和带动全域旅游，实现"城市即旅游，旅游即城市"。该模式的典型代表是江苏省苏州市，在苏州古典园林整体申报成世界遗产之后，苏州整合城市园林资源，在保持城市传统格局与街道肌理基础上，按照"古典园林"的风格和意蕴，对城市公共建筑，如公共厕所、公共汽车候车站、街头景观小品、商业店铺、休闲公园等按照传统园林风格进行改造建设。同时，围绕古城建设"东方水城"，优化城市水系，营造小桥流水人家的古城生活场景，提高古城的整体吸引力和旅游带动功能，带动苏州旅游业品质化发展。再如北京市朝阳区将苏联援建的废弃的798工厂开发改造为高档艺术区和创意产业园区——北京大山子艺术区，通过增加博物馆、美术画廊、休闲吧、咖啡馆、咨询服务设施等迅速将其转化成北京新型的创意产业旅游产品，"798"也一度成为外国人到北京旅游的第二位旅游景区。北京奥运会的成功举办使得"鸟巢""水立方"等体育场馆闻名海内外，北京借助"后奥运"旅游商业化运营，迅速将体育资源转化成旅游吸引物，"鸟巢""水立方"一时之间成为北京旅游一大看点。

4. 乡村旅游驱动型

将整个区域看作一个大景区来规划、建设、管理和营销。按照全地域覆盖、全资源整合、全领域互动、全社会参与的原则，深入开展全域乡村旅游发展，推进旅游城镇、旅游村落、风景庭院、风景园区、风景道路等建设，展现"处处是景、时时见景"的旅游风貌。

该模式的典型代表是浙江省桐庐县，该县高标准建设"诗乡画城"美丽大花园，创新提出"以景区的理念规划全县，以景点的要求建设镇村"，将整个县域11个乡镇、183个行政村作为一个大景区来规划，每个镇村按照景点要求建设，形成"县城—中心镇—特色镇—中心村—特色村"空间结构。整个大景区从全地域覆盖、全产业融合、全景化打造、全方位保障、全社会参与五个方面进行构建，规范全县183个行政村乡村旅游、乡村环境、景区村庄建设等细节设计，依托美丽乡村精品村和风情小镇建设，打造产业风情带、诗画山水带、古风民俗带、生态养生带、运动休闲带五条风情带。通过整乡整镇美丽乡村建设，风情村镇与富春山水巧妙结合，田园风光与历史人文底蕴融合穿插，建设处处有风景、时时见风景的县域大景区。①

5. 全域环境营造型

区域内普遍存在高品质自然生态资源，气候条件良好，或是避暑胜地，或是避寒佳地，整体休闲度假环境优越，拥有较为高端的休闲度假设施，以整体环境作为吸引游客的关键要素，将全域整体视为一个大景区或度假区，开展全域一体化规划、建设、管理。

该模式的典型代表是海南省三亚市，它地处低纬度，属热带海洋性季风气候区，年平均气温 25.7℃，凭借优越的气候环境条件，大力引进喜来登、希尔顿等知名国际酒店管理集团。截至 2020 年已运营五星级酒店 14 家、四星级酒店 16 家，形成了一个高星级酒店群，拥有客房 61427 间，拥有床位 100977 张②，建设了亚龙湾国家级旅游度假区，打造了高端城市旅游度假品牌。2019 年，三亚市接待过夜游客人数达到 2294 万人次，旅游总收入达到 581.35 亿元，推动了三亚从一个区域性小城市升级为国际知名旅游度假城市。③

6. 文化旅游融合型

依托当地深厚的文化底蕴，以推动文化与旅游深度融合为抓手，通过文化活化转化、文创策划和旅游开发等途径，拓宽旅游发展空间，做大做强特色文化旅游线路、优质文化体验项目和品牌文化创意产品，培育以文化为主导的旅游产业集群，升级文化旅游消费，推进全域旅游创新发展，助力全社会经济增长。

该模式的典型代表是山西省洪洞县，明代洪武年间的一场大移民，让其成为亿万移民后裔心中的"根"和"家"。洪洞县是文物大县，有不可移动文物 1075 处，其中全国重点文物保护单位 5 处，省级重点文物保护单位 19

① 《共建　共优　共融　共享　桐庐县全力推进全域旅游高质量发展》，浙江省人民政府网，http://zld.zjzwfw.gov.cn/art/2020/12/11/art_1659665_58917761.html。

② 三亚市统计局：《2020 年三亚市国民经济和社会发展统计公报》，三亚市人民政府网，http://www.sanya.gov.cn/sanyasite/tjgb/202102/3b6cea4dccca402db37e93116a6c9da3.shtml。

③ 三亚市旅游和文化广电体育局：《2019 年 12 月三亚市旅游接待情况》，三亚市人民政府网，http://www.sanya.gov.cn/wljsite/ydtj/202002/2d4911ae8d1e4b25a8d0a4660707db09.shtml。

处，市级重点文物保护单位 3 处，县级重点文物保护单位 258 处。① 洪洞县以根祖文化为依托，深挖移民文化，塑造"根祖胜地，华人老家"的旅游形象，以大槐树寻根祭祖园为载体，开发了《大槐树移民史》《铁锅记》等文化情景剧，全面复活非物质文化遗产，全景展现文化魅力，提升景区服务能力和核心竞争力。建设明代县衙文化旅游景区，构建以古县衙、莲花街、晋曲文化戏台贯穿明代监狱、关帝庙、苏三还愿处为核心要素的文化旅游圈。开发具有深厚文化底蕴的洪洞重八席、大槐树民俗饭店和玉堂春酒等知名文化餐饮品牌，催生了一大批以"槐荫""槐根""恋根"等命名的宾馆、饭店、酒店。举办了以根祖文化为主题的大槐树文化节，以走亲习俗为主题的"三月三"迎亲民俗活动体验月，策划"根祖文化"主题旅游线路，塑造海内外闻名的中华寻根祭祖文化旅游品牌。

7. 特色产业依托型

通常以推进旅游业与第一、第二、第三产业的深度融合为目的，借助"旅游+"和"+旅游"的发展路径，加强旅游业和农业、工业、教育、商贸、养生、体育等行业的深度融合发展，开创出一系列文化休闲、商务会展、生态观光、乡村旅游、休闲度假等跨界产品，促进全域旅游相关产业要素的全面整合，不仅扩大了旅游业规模，增强了吸引力，而且还提升了相关产业的竞争力。

该模式的典型代表是新疆维吾尔自治区霍尔果斯市，该市将旅游业与第一、第二、第三产业深度融合，切实发挥旅游业辐射带动作用，开创融合发展新局面。"旅游+康养医疗"，依托传统中医、民族医药，建成中哈国际疗养保健项目。"旅游+会展"，利用国际会展中心，举办中亚农业机械等各种商品展销会、旅游经贸洽谈会和论坛，创建了跨境会展中心及研学旅游基地。"旅游+农业"，依托树上干杏、葡萄等农林业优势，加快了农产品的旅游转化，打响树上干杏、葡萄干等农副产品品牌。

8. 客源市场驱动型

全域旅游发展依托于强大的客源市场，主要位于经济发达、流动人口多的大城市和特大城市的辐射区域。其发展特点是突破历史与传统羁绊，敢于

---

① 《洪洞县打造国际知名文化旅游目的地纪实》，临汾新闻网，http://www.lfxww.com/linfen/qyxw/2678851.html。

打破常规，充分利用优越的区位和客源市场优势人为创意创造景区，重点投资建设以主题公园为代表的大型旅游吸引物和现代旅游项目，弥补传统旅游资源匮乏的劣势，满足客源市场需求，构筑现代旅游产业体系，做大做强全域旅游。

该模式的典型代表是深圳市南山区，作为中国主题公园诞生地，南山区依托于深圳市作为中国改革开放窗口的区位市场优势，建成了以锦绣中华、中国民俗文化村、世界之窗、欢乐谷等为代表的主题公园群。近年来持续推动青青世界、野生动物园、欢乐谷等旅游项目升级改造及主题活动创新，引导传统主题娱乐旅游产品升级，形成了主题公园游、都市观光游、度假休闲游、郊野生态游等多种产品互补、并存的旅游格局，构建集表演艺术和游客参与、园林艺术和文化展示于一体，体现现代都市的客源支撑、功能完整、开放融合的全域旅游发展特色。

9. 旅游廊道联动型

以旅游廊道建设为主体，将区域内旅游资源、服务设施、城镇聚落、道路交通等进行高效整合，优化配置生产要素，打造生态旅游景观带，串联不同旅游功能区，构建休闲旅游产品体系。并通过旅游廊道建设带动沿线村镇产业振兴，实现村民脱贫致富，促进区域经济的全面建设与发展。

该模式的典型代表是河北省张北县，该县以"草原天路"为品牌，以张库古道历史廊道为轴线，整合沿线草原、乡村、农业等资源，融入万里茶道节点，带动沿线旅游片区，形成具有文化、产业、生态多种功能的交通遗产线、自驾景观线、旅游体验线；以现有的旅游咨询服务中心、草原天路游客服务中心为核心，整合周边旅游资源，构建服务于张北全境的全域旅游服务中心，由传统游客服务功能向基地营地式复合旅游功能转变；依托核心廊道以精彩张北自驾环串联都市旅游集聚区、草原旅游集聚区、冰雪旅游集聚区、农牧旅游集聚区、遗迹旅游集聚区等，形成全域旅游大格局。

全域旅游发展九种典型模式的具体特征如表 5 - 1 所示。

表 5 – 1 全域旅游发展典型模式及特征

序号	模式类型	基本特征	空间结构	发展着力点	国内外典型代表
1	龙头景区带动型	区域内有大型龙头景区,围绕其构建旅游目的地与特色旅游吸引物,或升级发展度假旅游,或毗邻龙头景区发展乡村旅游	以龙头景区为发展核心辐射带动周边区域,形成多层次旅游圈层结构	将龙头景区打造成为吸引核和动力源,围绕龙头景区部署旅游基础设施和公共服务体系,构建旅游产业集聚区	美国奥兰多、北京市昌平区、四川省都江堰市与峨眉山市、安徽省黄山市黄山区、福建省武夷山市、四川省阿坝州九寨沟县、甘肃省敦煌市
2	全域综合发展型	旅游资源禀赋高、类型多样,景区、城镇、乡村旅游发展皆为优良,拥有多个核心景区或度假区	多个景区度假区、城镇、乡村演化形成旅游发展廊道/带,最终演化为典型的全域旅游目的地	以旅游业为主导产业和主攻方向,推进品质发展,发展成为旅游胜地或国际级旅游城市	广西省桂林市、浙江省杭州市、湖南省张家界市、云南省丽江市、辽宁省大连市、河南省洛阳市栾川县
3	城市旅游一体型	区域几乎都是城区,拥有知名的历史文化资源与旅游品牌,交通便利,综合配套服务完善	城市中分布着主要景区,城市即景区,景区即城市,城景完全融为一体	积极促进城市资源转化成为旅游吸引物,现代城市建设成就转变为旅游产品,构建古今辉映的旅游线路	北京市朝阳区、辽宁省大连市、江苏省苏州市和南京市秦淮区、上海市黄浦区、天津市和平区、广州市越秀区、成都市武侯区
4	乡村旅游驱动型	古村落保留较多,或美丽乡村建设成绩卓著,乡镇城市化程度较高,村落环境优雅,服务设施配套完善	乡村旅游化程度较高,形成数个由古村落、旅游特色村、民宿群等组成的乡村旅游集群片区	重点开发高品质民宿和乡村旅游吸引物,完善旅游运营管理体系,积极对应城市旅游市场开发互动营销活动	台湾地区宜兰县和南投县、海南省琼海市、浙江省桐庐市与德清县、安徽省黄山市徽州区与黟县、江西省婺源县、四川省成都市郫都区、贵州省贵阳市乌当区

续表

序号	模式类型	基本特征	空间结构	发展着力点	国内外典型代表
5	全域环境营造型	区域内普遍存在的高品质自然生态资源，整体休闲度假环境品质高，拥有较为高端的休闲度假设施	全域形成"旅游度假群—旅游度假区—旅游度假小镇—旅游度假村"的旅游空间结构	以整体环境作为吸引游客的关键要素，将全域整体视为一个大景区或度假区，开展全域一体化规划、建设、管理	美国夏威夷、墨西哥坎昆、马尔代夫、新加坡，云南省大理市、海南省三亚市和陵水县、广东省深圳市盐田区、广西北海市
6	文化旅游融合型	文化底蕴深厚，文物古迹众多，多为传统历史文化名城名镇，文化旅游资源种类多、级别高	文物文化资源与旅游景区吸引物呈现空间重叠，文化与旅游的空间融合度高	依托独特的历史文化资源，深入挖掘文化内涵，推动历史文化的旅游转化，增强文化的体验性	意大利罗马和佛罗伦萨、西班牙托莱多、山西省大同市和洪洞县、甘肃省敦煌市、陕西省西安市临潼区、江西省井冈山市
7	特色产业依托型	区域内"旅游+""+旅游"产业发展深度融合，尤其是农业、工业、商贸业与旅游业融合度高	旅游业依托于特色产业园区、废弃地进行创新开发，旅游业空间布局与特色产业布局具有较大的重合性	采取宜融则融的原则推进旅游业与第一、第二、第三产业的深度融合，用旅游激活相关产业的市场功能	法国普罗旺斯、瑞士达沃斯、日本北海道、新疆霍尔果斯市、浙江省义乌市、湖南省醴陵市、宁夏银川市贺兰县
8	客源市场驱动型	经济发达、流动人口多、现代化程度高、对外交通优越的大城市和特大城市的主城区或郊区，但传统旅游资源较为匮乏	充分争取闲置用地建设旅游项目，景区与项目分布于城区边缘空间区域中，形成现代主题娱乐产业集聚区	利用良好区位条件与客源市场优势，引进与策划创造旅游项目，投资建设以主题公园为代表的旅游吸引物	北京市通州区、广东省深圳市南山区和东莞市、上海市浦东区、福建省厦门市集美区、江苏省无锡市滨湖区
9	旅游廊道联动型	区域内沿线风景资源丰富，有以旅游和交通功能为主的特色旅游风景道路	以线型通道将旅游业所有要素进行联结聚合，是一种线型的旅游空间布局形式	塑造清晰的风景道品牌形象，促进风景廊道内产业要素和业态的配置，完善沿线的公共服务设施配套	法国蓝色海岸、澳大利亚大洋路、美国66号公路、张北县草原天路、318国道、皖南川藏线

资料来源：根据各地全域旅游相关材料总结提炼。

（二）山东省全域旅游发展模式

1. 典型发展模式

根据前期在山东省的系统调查研究，对照国内典型全域旅游发展模式，我们认为全域旅游九种典型发展模式在山东省都有具体代表：一是龙头景区带动模式，如泰山、崂山等充分利用龙头景区外溢效应，吸引游客扩散于周边区域，带动全局发展，典型代表是青岛市崂山区与泰安市泰山区；二是全域综合发展型，城镇、核心景区和乡村旅游都发展得很好，典型代表如烟台市蓬莱区、临沂市沂水县；三是城市旅游一体型，即以建设旅游城镇为载体，把整个城区作为旅游吸引物来打造，如济南市历下区、淄博市周村区等；四是乡村旅游驱动型，将美丽乡村、特色小镇建设与旅游发展充分衔接对应，如济南市莱芜区、临沂市沂南县等；五是全域环境营造型，借助自然环境的吸引力，大力营造休闲度假环境配置业态形成整体吸引力，如日照市东港区；六是文化旅游融合型，按照"以文塑旅、以旅彰文"的原则，充分挖掘文化遗产价值，实现文化的旅游化转换和利用，既促进文化保护传承，也助推旅游业发展，如曲阜市、青州市；七是特色产业依托型，依托农业、渔业、工业、商贸业资源与旅游融合发展，形成特色旅游业态，如荣成市；八是客源市场驱动型，借助毗邻大城市的区位交通优势引入大项目开发构建旅游品牌，如德州市齐河县、济南市槐荫区；九是风景廊道联动模式，通过资源的交通化整合构建全域旅游发展廊道，如威海市千里山海自驾旅游公路。具体如表 5 - 2 所示。

表 5 - 2 　　　　　　　　　　山东省全域旅游发展模式分析

全域旅游发展 典型模式	山东省 适用区域	具体特征
龙头景区 带动型	泰山区	建成运营泰安方特、泰山花样年华、泰山宝泰隆等国家 4A 级景区和泰山天池、泰山啤酒生肖乐园、万达·泰山 1545 文旅街等一批精品旅游项目，构建碧霞湖旅游度假区为核心的环泰山休闲度假旅游带，形成了"以泰山景区为龙头，大项目和国家 4A 景区交相辉映、精品项目和乡村游繁星闪烁"的全域旅游发展新格局

续表

全域旅游发展 典型模式	山东省 适用区域	具体特征
龙头景区 带动型	崂山区	推动旅游业从龙头景区崂山旅游向全域旅游转变、从高速增长向优质发展转变、从观光旅游向休闲度假转变，构建起"景城乡一体、山海空联动"全面立体发展格局，开创了"全域共建、精明增长"的全域旅游崂山模式
全域综合 发展型	蓬莱区	以建设现代化的滨海休闲度假城市为引领，构建蓬莱阁、八仙过海景区、三仙山、蓬莱极地海洋世界、长岛等景区群，以生态农业＋旅游、葡萄酒＋旅游、休闲体育＋旅游的产业融合为延伸，城区地标性历史文化休闲街区、高星级酒店、度假酒店、精品民宿等品质化配套设施为支撑，丘山山谷乡村民宿集聚区为新增长点，倡导推介"到蓬莱，过神仙日子"休闲生活方式，构建了"人间仙境、美酒之乡、休闲天堂"旅游品牌
	沂水县	提出建设"全景沂水"战略思路，摸索出了独具特色的全域旅游"沂水实践"，成功培育了以"天上王城、人间彩虹、地下奇观、红色沂蒙"为地域特色旅游吸引物体系，国家4A级景区居全省县级首位，省级旅游强乡镇数量占全县乡镇的一半，塑造"山东好客·沂水情长"旅游目的地品牌
城市旅游 一体型	济南市历下区	探索城市型全域旅游发展，形成"产城景一体、主客共享"的发展格局，整合泉群打造天下第一泉景区，以芙蓉街、百花洲、泉城路、宽厚里为载体建设夜经济新高地，丰富了城市旅游的内涵和外延，全面推动老济南古城蝶变成国际旅游目的地
	淄博市周村区	整合全区工业、农业、文化、古村落等特色资源，以周村古商城为载体推动文化旅游演艺、文创产品创新，驱动产业转型升级，构建"城中有景、景中有城的宜居宜业宜游"的全域旅游新格局，打造"景城合一"的精品旅游目的地
乡村旅游 驱动型	临沂市沂南县	立足乡村振兴，发挥生态和民俗优势大力发展乡村旅游，建设了中国十大最美乡村竹泉村、国家级田园综合体试点朱家林村、省级休闲农业旅游示范点马泉休闲园等乡村旅游项目和旅游特色村，推出了"沂蒙乡居"精品民宿群落，以点带面形成沂蒙泉乡、红嫂家乡、朱家林田园综合体等四大乡村旅游集群片区，在打造乡村振兴齐鲁样板中率先走出"沂南实践"，实现区域突破带动全域发展
	济南市莱芜区	以美丽乡村建设为载体，全区村户实现美丽乡村、生态庭院全覆盖，与乡村旅游转型升级充分衔接，建设乡村旅游景区度假区、养生休闲小镇、旅游重点镇村、精品民宿等旅游吸引物，构建卧云铺、雪野湖、南部山区等乡村旅游集群片区，走出了一条乡村旅游驱动全域旅游特色之路

续表

全域旅游发展 典型模式	山东省 适用区域	具体特征
全域环境 营造型	青岛市黄岛区	以山海环境为支撑构建起"错位互补、有机串联、精准覆盖、国际标准"的全面立体发展格局，拥有国家A级景区17家，其中国家AAAA级旅游景区6家、AAA级旅游景区3家、AA级旅游景区8家；服务业高端品牌集聚西海岸，先后引进了温德姆至尊、涵碧楼、希尔顿、喜来登、红树林、豪生、锦江等20余家高端酒店品牌，建成近1.6万张床位的滨海度假酒店集群，以青岛国际啤酒节、青岛凤凰音乐节、青岛国际影视博览会时尚节庆构建"东方山海画卷、世界影视剧场"世界级滨海度假旅游目的地愿景①
特色产业 依托型	威海市荣成市	促进旅游与乡村振兴、海洋、体育的融合发展，尤其突出"旅游+海洋"，创新海洋牧场、海草房民宿、荣成海鲜伴手礼、海洋科普等业态，将全域旅游作为精致城市建设、产业转型升级的有效途径
	烟台市栖霞市	依托林果产业优势，探索以农林果为主导产业的县域全域旅游发展之路，强化"苹果+"和"文旅+"两个抓手，建设了一批以苹果为特色旅游吸引物、旅游购物品、旅游镇村，塑造"苹果之都、甜美栖霞"品牌，开创"全域共建、主客共享"的全域旅游栖霞模式
文化旅游 融合型	济宁市曲阜市	作为儒家文化的发源地和伟大的思想家、哲学家、教育家孔子故里，曲阜市坚守文物保护红线，以传统文化的创新发展支撑旅游业的转型升级，走出了一条"依托文化发展旅游，借助旅游传承文化"的文旅融合创新发展之路，构建了"中有明故城与'三孔'景区、南有尼山圣境、北有儒学文化国际慢城"的全域旅游格局，取得了"推进了传统文化的产业活化、形成了文旅深度融合的旅游格局、引领了文化旅游消费的新升级、做亮了"东方圣城首善之区"的旅游品牌、促进了旅游红利的全民共享"五大文旅融合全域旅游发展成效
	潍坊市青州市	深挖文化遗产的当代价值，将散落的文化旅游资源进行梳理、提升，打造了国家5A级景区青州古城，建设了馆藏文物5万多件、全国首批83家国家一级博物馆中唯一一家县级综合性博物馆——青州博物馆，建成以九大书画市场、六大书画写生创作基地、五个书画交流培训平台、三个民间支持体系为主体的"9653"书画产业集群，开展40多项非物质文化遗产常态化展演，开创了"文旅结合、传保并重"的非遗传承保护模式，打造了文化创意、文化传承、文化消费聚集地②

---

① 《青岛西海岸新区（黄岛区）旅游概况》，青岛新闻网，http://www.qdvya.com/qdxw/172587.html。

② 刘玉溪：《青州：全域旅游让千年古城焕发新活力》，载于《大众日报》2021年12月24日。

续表

全域旅游发展典型模式	山东省适用区域	具体特征
客源市场驱动型	德州市齐河县	依托毗邻省会济南市的区位交通和客源市场优势，以大项目集群开发为支撑，从零起步，通过持续性、突破性、颠覆式创新，构建起了全域旅游目的地产业体系，实现了突破性、跨越式、超常规发展，在一片黄河荒滩上创新建立了"产城一体"的旅游新城
	济南市槐荫区	发挥地处齐鲁门户的区位优势和联系济南与京津冀地区的重要交通枢纽的地位，适应城市转型发展的历史契机，开发带动企业投资和落地大型现代娱乐休闲项目，释放都市旅游客流集群效应，全域统筹打造现代城市休闲度假品牌，构建以城市休闲、时尚娱乐、会展商贸旅游为代表的城市休闲旅游目的地
风景廊道联动型	威海市	贯通东部环海路、西部环山路两条交通环道，创意打造总长度1001公里的千里山海自驾旅游公路，是国内首条市场化运营非高速旅游公路，也是国内首条标准化自驾旅游公路、全域旅游创建示范公路、全要素集聚融合发展示范公路①

资料来源：根据各县（市、区）全域旅游示范区申报材料和相关材料总结提炼。

2. 特色发展模式

基于山东省各地不同的经济发展水平、社会文明程度不同和产业基础状况等可将山东全域旅游划分为以下特色发展模式：

一是发达地区后工业化型。主要分布于山东省胶东地区，大多属于经济发达地区，整体社会已步入后工业化发展阶段。基于社会经济发展高级阶段的需要和第三产业的发展，社会民众普遍追求高质量生活品质，旅游业是区域内较有代表性和支柱性的现代服务业，旅游发展环境优良，综合实力强，主要通过全域旅游提升社会经济整体发展质量。

二是旅游产业主导发展型。旅游业在国民经济和社会发展中处于不可或缺的关键主导地位，经过多年的持续推进旅游业基础良好，旅游产业占较高比例，旅游人数相对当地居民比例较高，旅游业相较其他产业地位较高。通过全域旅游发展，全方位提升旅游产品与服务品质，提高旅游管理水平，按照高质量要求打造全域旅游目的地，提升国际国内影响力。

---

① 《千万级流量！中央级媒体关注威海千里山海自驾旅游公路》，威海市人民政府网，http://wap. weihai. gov. cn/art/2021/5/6/art_19162_2591058. html。

三是欠发达地区富民型。主要分布于鲁西、鲁北和鲁南部分地区，旅游资源禀赋较差，但本地人口多、民俗风情浓郁、发展旅游潜力较大。此类区域旅游业基础一般，旅游意识较落伍。可以将全域旅游发展与富民有机结合起来，整合各种资源和政策资金，通过大力实施全域旅游战略，打造旅游吸引物，改善基础设施和公共服务，促进充分就业创业，保障人民群众在发展中更多受益。

四是资源型城市转型发展型。该类型区域拥有特色旅游资源，旅游发展潜力大，工业化水平较高。主要针对资源型城市转型发展问题，旅游业可以作为现代服务业中重要的一环，通过全域旅游促进产业升级创新，促进整体环境优化提升，构建新型产业空间和新的增长空间，形成接续产业，达到产业转型发展的目的。主要分布于石油化工产业发达的鲁北地区、重工业发达的鲁中地区和煤矿资源枯竭型的鲁南地区。

五是生态文化保护传承型。该类型区域旅游业启动早，发展基础良好，在保护生态环境和文化遗产的同时，发展免费公益景区，采取低开发重保护、软开发重创意的生态旅游区和文化遗产区形式，将全域旅游作为生态环境保护和文化传承的有效模式，主要分布于黄河口、泰山、昆嵛山、沂蒙山等自然保护区和齐长城、京杭大运河、齐文化、鲁文化等齐鲁文化遗产重点区。具体如表 5－3 所示。

表5－3 全域旅游特色发展模式

模式类型	基本特征	产业性质	典型适用区域
发达地区后工业化型	旅游发展环境优良，综合实力强	支柱产业	青岛市、烟台市
旅游产业主导发展型	旅游业基础良好，旅游业产业地位相对较高	主导产业	威海市、日照市、临沂市部分市、区、县
欠发达地区富民型	旅游资源禀赋较差，发展基础一般，旅游意识落伍	关联产业	菏泽市、聊城市、德州市等
资源型城市转型发展型	拥有特色旅游资源，旅游发展潜力大	接续产业	淄博市、东营市、枣庄市薛城区、市中区、台儿庄区、济宁市兖州区、微山县等

续表

模式类型	基本特征	产业性质	典型适用区域
生态文化保护传承型	旅游业启动早，发展基础良好	公共事业兼具产业属性	黄河口、昆嵛山、泰山、沂蒙山、齐长城、京杭大运河、长岛等自然保护区与文化遗产核心区

资料来源：根据各县（市、区）全域旅游示范区申报相关材料总结提炼。

山东省东西绵延，山海兼具，各地旅游发展起步时间不同，旅游所处的发展阶段也有较大差异，面临急需解决的改革创新问题有差别，全域旅游发展的任务和重点也不尽相同，加之旅游业在国民经济整体中的作用与地位不一样，各地发展全域旅游应按照各地旅游业发展阶段与功能定位，选择合适的特色发展模式。

二、全域旅游创新示范模式

大力推进改革创新，积极破除全域旅游发展的障碍，提出具有解决地方旅游业长期发展问题的突破性、实质性措施，或在全国产生重要影响的发展旅游的示范性创新举措，是推进全域旅游发展的根本宗旨。近年来笔者参与国家和省级全域旅游示范区验收工作，通过深入分析创建申报材料和实地调研充分认识到各地在全域旅游发展过程中的众多具有一定突破性并具有推广价值的创新举措，主要体现在体制机制、政策举措、业态融合、公共服务、科技与服务、环境保护、扶贫富民、市场营销等方面，这些都是可供其他地区学习、推广的经验与模式。

（一）体制机制创新

体制机制创新主要体现在全域旅游领导机制、综合管理体制、协调机制、市场机制、配套机制、旅游治理机制等方面，各地政府能够激活现有体制机制，找到能够解决地方旅游发展问题的突破性、实质性的措施。

1. 管理体制革新的崂山模式

青岛市崂山区创新了全域旅游综合管理体制，对各个与旅游相关的部门进行体制整合，高规格配置机构权力等级，扩大旅游管理机构的权限，实现"大马拉大车"全力推进全域旅游发展。典型代表是"崂山模式"，崂山区对青岛市崂山风景名胜区管理局、石老人国家旅游度假区管理委员会、崂山区旅游局、青岛市啤酒节办公室的景区管理、旅游发展和节庆会展等职能、人员编制及平台全部整合，率先组建区县级旅游发展委员会。随后，把区旅游发展委员会与区文化和旅游局进一步整合，组建区文化和旅游发展委员会，由区委书记担任党工委书记，区长、区文化旅游委员会主任、区委宣传部部长担任党工委副书记，下设职能处室，统一负责全域旅游的统筹推进、综合协调和服务监管。在辖区内的街道办事处均成立宣传文体旅游中心，高规格配置为副处级，构建区街联动、无缝覆盖、运行有效的旅游综合管理体制。截至 2019 年，崂山区是全国唯一一个保持着"文化和旅游发展委员会"体制的县域行政区。

2. 旅游市场整治的云南模式①

云南省为整治旅游市场四大突出问题，规范旅游市场秩序，促进旅游产业健康发展，创新旅游市场治理模式。2016 年 11 月 30 日成立了"云南省旅游购物退货监理中心"，实施了"30 天无理由退货"制度，监理中心成立以来，共接退货申请 3459 起，涉及金额 4976.43 万元。2017 年 3 月 27 日，云南省以壮士断腕之决心、刮骨疗毒之毅力，全面整治旅游市场，出台"史上最严"的 22 条旅游市场整治措施，除了取消旅游定点购物，并严禁变相安排和诱导购物外，还严厉打击发布、销售、经营"不合理低价游"产品。经过一年重拳整治，云南旅游市场零负团费低价游、强制购物等乱象基本改善，数据显示，自 2017 年 4 月起到 2018 年 2 月云南省旅游投诉数量同比下降了76.8%。2017 年，云南累计接待海内外游客数和旅游总收入分别增长了 32%和 47%。之后云南省加大力度整治旅游市场，重构诚信体系和投诉处理机制，并以集"智慧线路""无现金支付""智能导游""诚信体系"等为一体的互联网产品"一部手机游云南"为平台，打造全程无忧"云南游"。

---

① 阮成发：《以置之死地而后生的勇气，云南义无反顾来一场旅游革命》，载于《云南日报》2018 年 8 月 10 日。

3. 社会监管的济南啄木鸟模式①

为扩大旅游市场行政监管覆盖面，2016 年 4 月济南市在原济南市旅游服务质量社会监督员队伍基础上，按照"行政监管＋群众监督＋媒体联动＋行业自律＋游客自觉"的五位一体运行思路，创新组织"旅游啄木鸟"志愿队伍参与行业监管，成立以来先后开展了"百日巡访"、旅行社名址清查、旅游普法大篷车、"与文明同行，为济南加分"创城文明旅游主题行动、"泉水大碗茶"公益服务、《扫黑除恶三句半》传唱、济南市"全民文保行动""小叮咚"泉水文化推广、"让水泉街"旅游纠纷调解、"抗疫情，促发展——济南旅游啄木鸟'护航'行动"等一系列主题活动，参与活动的"啄木鸟"志愿者累计超过 1 万人次，巡访旅游企业超过千家，提交各类巡访报告近 2000 份，发放各类宣传资料 6 万多册（张），累计为数十万人次游客提供志愿服务，收到了良好的效果，有效净化了旅游环境。2020 年成立了济南市"旅游啄木鸟"志愿服务队章丘分队，吸收 85 名志愿者加入，加强了"啄木鸟"队伍的群众基础和地域延伸；组织青铜山、九如山、老商埠成立了"一站一室"，将"啄木鸟"社会监督工作站点扩充到 36 个；制定并试行志愿者积分制度，引导志愿者服务走向长效规范之路。济南"旅游啄木鸟"团队获评"中国旅游志愿服务先锋组织"。2020 年，文化和旅游部下发《关于 2020 年文化和旅游行业标准化项目立项的通知》，以济南"旅游啄木鸟"为"蓝本"的《旅游市场社会监督志愿服务指南》正式立项为国家文旅行业标准。

（二）政策举措创新

各地政府出台各种创新性的财政金融、投融资、土地供给、产业奖励扶持、人才引进培育等政策，解决了地方旅游业长期存在的瓶颈制约因素，形成可示范性的模式。

1. "两山银行"常山模式②

浙江省衢州市常山县东案乡金源村是中国传统村落和浙江省历史文化名

① 《济南市旅游啄木鸟志愿服务队》，山东志愿服务网，https://sd.zhiyuanyun.com/app/org/view.php?id=wJIkCI8HVKAWp。

② 邱晨丹：《乡村振兴，路在何方？常山打造"两山银行"特有模式，蹚出发展新路子》，载于《杭州日报》2021 年 5 月 8 日。

村，随着村里年轻人外出务工进城，余下很多颇具历史年限的闲置老房子。在 2020 年村社组织换届期间，在外从事旅游行业的乡贤周建明受邀回归发展，成立腾云（常山）旅游管理有限公司，按照"一个乡村就是一座酒店"的模式，打造"腾云·现代旅游根据地"。为了让村里碎片化资源规模化开发，有效实现价值转化，周建明通过"两山银行"集中收储闲置低效资产，腾云公司旗下 15 家旅游公司为民宿客源兜底，村集体和农户可选择出租获取租金或合作经营分红两种方式参与。村民们不但不用花一分钱就当起了民宿股东，按比例获得效益分红，还能为游客提供餐饮服务增加收入。2020 年 9 月 29 日，常山"两山银行"正式挂牌运营，"两山银行"借鉴了商业银行"分散化输入、集中式输出"的模式，即"存入绿水青山、取出金山银山"，打造绿色产业与分散零碎的生态资源、资产之间的中介平台和服务体系，形成了"两山银行"常山特有的模式。对具备集中保护开发条件的耕地、林地、村落、闲置农村宅基地农房等碎片化资源资产，经摸底、确权、评估后纳入"两山银行"体系，整合提升并引入社会资本合作开发，实现生态资源向资产、资本的高水平转化。同时，联合县内相关行业企业组建常山"两山银行"产业运营联盟、构建 10 大支撑体系、设立 17 类产品目录、设立专业运营团队、生态资源资产开发村集体与农户利益联结等机制创新、先进理念和具体做法受到各界人士认可。

2. 民宿联审奖扶的济南模式①

2019 年以来，济南市大力扶持民宿业发展，推出了系列助推民宿发展的政策。一是出台济南市民宿业发展实施意见和管理办法及配套标准。即"一个办法、一个意见、四个配套标准"，由市政府出台民宿意见，开展顶层设计；由济南市文化和旅游局、市发展改革委、市公安局、市财政局、市自然资源和规划局、市生态环境局、市住房城乡建设局、市城市管理局、市卫生健康委、市市场监管局、市行政审批服务局、市消防支队共 12 个部门联合制定办法，严格规定消防安全、食品安全、公共场所卫生、特种行业 4 个配套标准。二是实行民宿申报联审机制。由区县文化和旅游部门牵头，成立区县民宿联审工作办公室，进行联审服务。民宿业主向有关部门提出申请后，区

---

① 《"济南市民宿业发展专项资金使用管理办法"解读》，济南市文化和旅游局网，http://jnwl.jinan.gov.cn/art/2020/3/23/art_42952_4760955.html。

县民宿联审工作办公室将牵头，组织申报服务成员单位进行联合受理、联合审查、联合踏勘、一表式审批，并将结果一次性告知申请人，申请人根据核验结果办理相关证照。按照"便民利民、精简高效"的原则及时为业主办理相关审批，既推进了民宿合法化进程，又改变了以往民宿主办理民宿证件"多头跑、多次跑""效率低、耗时长"的情况。三是开展评价定级，大力实施奖扶，济南市文化和旅游局对"泉城人家"旅游民宿开展评价定级，在精品民宿、民宿集聚区、知名品牌和创意设计四个方面确立等级，并出台《济南市民宿业发展专项资金使用管理办法》，科学合理实施奖补，年度奖扶资金达到 2000 万元，充分发挥民宿资金对民宿业健康快速发展的引导推动作用。

（三）业态融合创新

各地突出创新性思维，促进现代科学技术在旅游产品开发上的应用，开发文化、科技、生态特征显著、市场反馈良好的新兴旅游产品和融合业态，为旅游产品的创新不断注入新活力，增加新内容，在市场上形成知名度和影响力。

1. 点石成金创意助推的沂水模式

沂水县发挥民营企业家的智慧，依靠个性化的资源包装和长于营销策划的景点建设投资者，以创新为灵魂，在同为溶洞资源背景下，策划包装出卖点各异、特色鲜明、内地独有的新景点——地下荧光湖和地下大峡谷，并以体验式、刺激性贯穿旅游经营始终，打造"沂水地质奇观自然生态游"品牌。在沂蒙山群崮同质化背景下，创意提升纪王崮为天上王城，反差创意铸就天然地下画廊与雪山彩虹谷，使得沂蒙山区诞生了一批特色旅游项目集群，打造山东及中国北方特色旅游线路，形成了独特的"沂水现象"，创造了资源禀赋一般性区域点石成金创意助推的成功模式。

2. 美丽经济的万村景区化模式①

2017 年 5 月，浙江省委、省政府出台《关于深化农业供给侧结构性改革

---

① 《浙江乡村旅游：绘就新时代中国美丽乡村共富新图景》，中国网，http://zjnews.china.com.cn/yuanchang/2021 - 12 - 10/317372.html? vk_sa = 1023197a。

加快农业农村转型发展的实施意见》，提出要建成 10000 个 A 级景区村庄。这项工作建立在浙江省 15 年间持续推进"千村示范、万村整治"行动的基础上，从"把全省当成一个大景区来谋划建设"到全域旅游示范县创建、建设百个旅游风情小镇，浙江打造"大景区""大花园"的蓝图进一步走向纵深。万村景区化目的在于推动实现从美丽乡村建设成果"环境美"向"发展美"转型，从美丽乡村的诗画景色向美丽经济的富民目的转变，走出一条以文化旅游发展激活乡村发展动能、引领乡村振兴的新路。截至 2020 年底，浙江省共创成 A 级景区村 10083 个，其中 3A 级 1597 个，村庄景区化总体覆盖率达 49.4%。万村景区化在助力乡村实现生态宜居、产业兴旺、生活富裕、乡风文明等方面，取得了一系列成就。

3. 高端民宿集聚的莫干山模式

浙江省德清县莫干山镇延续 10 世纪末避暑胜地的传统，2007 年，来自南非的高天成租下三九坞老房子，将其改造成精品民宿，成为首家洋家乐，开启了莫干山民宿快速发展的序幕。同年，裸心谷等国外业主建造一批高端民宿，被《纽约时报》评为全球最值得一去的 45 个地方之一，开始走入国际视野。随后莫干山民宿进入组团式集聚阶段，先后涌现出劳岭、紫岭、庙前、后坞、仙潭等一批民宿集聚区，规模效应逐渐形成，莫干山民宿成为全国的标杆。2020 年，莫干山镇旅游收入达 25 亿元，拥有高端民宿 200 余家，裸心谷"床均年税收"超过 12 万元。① 民宿经济已成当地的重要经济支柱，开始走向经验输出、管理输出乃至品牌输出阶段，走出了一条独具特色的民宿发展之路。

4. 渔旅融合的荣成海洋牧场模式

山东省荣成市因海而生，向海而兴，全面推动渔民上岸、渔业转型，积极推进海洋与旅游融合发展，依托海洋食品产业优势，开发"荣成海鲜"系列旅游商品伴手礼，推动全市旅游商品发展，叫响了"中国海洋食品名城"知名度。依托海上养殖优势，打造了西霞口、成山鸿源、寻山爱伦湾、威海长青、楮岛泓泰、烟墩角、桑沟湾等一批特色海洋牧场，与周边资源景区融

---

① 《新型城镇化试点示范等地区典型做法之 136：浙江省德清县莫干山镇发展乡村民宿经济》，中华人民共和国国家发展和改革委员会网，https://www.ndrc.gov.cn/xwdt/ztzl/xxczhjs/dfdt/202112/t20211209_1307241_ext.html。

合发展，建立集运动、休闲、娱乐、餐饮于一体的复合型旅游体系。目前，荣成市已建成了8个国家级海洋牧场，这些海洋牧场既是海珍品育苗繁育、生态养殖和海产品精加工的产业基地，也形成了海上采摘、垂钓和餐饮等旅游业态，旅游旺季时每月接待游客10万人次，"海洋牧场 + 旅游"得以实现。[①]

（四）公共服务创新模式

各地在游客服务中心、旅游厕所、标识系统、旅游驿站等公共服务设施建设和公共服务提供方面锐意改革，提升公共服务设施品质与效能，创新一批助推旅游业发展的示范模式。

1. 旅游公路建设的莱芜模式[②]

济南市莱芜区创新"廊道牵引"的全域共振模式，以"一线五村"卧云铺景区旅游大道、雪野环湖旅游路、南部山区旅游大道这3条旅游公路为载体，开通2条城市旅游观光巴士，8条旅游专线公交，串联了区域内各景区景点。"一线五村"卧云铺景区旅游大道将汪阳台纪念馆、卧云铺等景点连接，展现了"一线五村"优美的自然风光和独特的民族文化气质；雪野环湖旅游路串联了雪野航空科技体育园、雪野三峡景区、蓝湾欢乐岛等景区景点，成为湖泊保护性旅游开发的典范；南部山区旅游大道将709产业园、夹谷会盟遗址、笔架山景区、彩石溪等景区景点串联成环线，形成了最具文化底蕴的旅游片区。

2. 旅游驿站建设的五莲模式

五莲县创新旅游驿站建设模式，建成集观景栈道、餐饮服务、停车场、旅游厕所、旅游商品销售及电商推广等公共服务功能为一体的旅游驿站，包括叩官、松柏、户部等旅游驿站服务区，农村幸福公路沿线"空壳村"乡村旅游驿站，有效改善旅游接待设施，提升旅游形象与服务能力。主要特点包括：一是电子商务功能，建设电商驿站，开启线上和线下并行、企业对企业的电子商务模式（B2B）和企业对消费者的电子商务模式（B2C）双流向电

---

① 陶相银：《荣成：绘就全域旅游山水画》，载于《大众日报》2020年12月25日。
② 陈昕路、吴荣欣：《莱芜探索"公路 + 旅游"发展新模式》，载于《大众日报》2017年7月12日。

商发展模式，并配置生活缴费、快递包裹的代收代发及转运等相关业务。二是农产品展销，建成农产品展销平台，把特色农产品直接展示给来驿站的游客，游客购买的产品可采取代为发货、转运、收款一条龙服务；部分驿站设置无人旅游平价超市。三是旅游服务，通过热情好客的服务态度、自动取款机（ATM）服务、商品售卖、免费充电、公共无线通信技术（Wi－Fi）等多种形式，创造温馨的旅游服务氛围。四是小型水吧，提供各种时尚饮品、咖啡、茶饮等（主要为五莲特色饮品），环境优雅惬意。五是交通服务，配套港湾式公交停靠站和停车场等；在驿站投放一部分自行车进行出租，实际运营过程中采取合理的出租价格、贴心的租车服务，为游客的周边绿色出行提供便利。

3. "厕所革命"的文化洪洞模式①

山西省洪洞县将独有的移民文化与"厕所革命"相结合，将楹联文化、移民文化、解手场文化相结合，让解手场散发浓浓的文化气息。干净整洁的"解手场"里配有第三卫生间、母婴休息室、自助手机充电站，布置有漫画故事、移民文化等文化墙，《解手场服务制度》等标准醒目悬挂。全县 100余座"解手场"覆盖全域，24 小时开放。

（五）科技与服务创新

各地强化数字科技在全域旅游发展中的应用，展现智慧旅游亮点，提升全域旅游服务水平，不断提高游客的满意度。

1. 智慧旅游的陕西模式

陕西省全域旅游产业运行监测与应急指挥中心依托旅游云数据中心，已实现陕西省 171 个高 A 景区的基础数据接入，位列全国首列。该系统有效整合了旅游监管、移动运营商、旅游行业等数据，对游客信息进行多维度的、实时有效监测和精准分析，可以实现无接触线上购票、分时段预约购票、景区门票一码通核验、线上门票预售等功能，产品配备的掌上电脑（PDA）设备可以实现现场扫码和测量体温一体化，极大方便了政府、景区、游客三方

---

① 刘玉林：《洪洞县成功创建全域旅游示范区》，临汾新闻网，http：//www.lfxww.com/hongtong/2618274.html。

的需求。指挥中心上线以来始终运行平稳，实现旅游监管单位与涉旅企业、景区之间的协调联动，统一调度指挥、快速响应，有效提升了旅游行业管理部门开展监管调度、应急处置、应急救援等工作的效率，保障重大节假日及旅游高峰期的旅游产业运行与监测。① 在文化和旅游部日前发布的《2020 年度文化和旅游信息化发展典型案例名单》中，陕西省全域旅游产业运行监测与应急指挥中心项目成功入选。

2. 智慧景区的马仁奇峰模式

安徽省芜湖市马仁奇峰景区内山势突兀、地貌独特，以形象逼真的奇峰异石、嘉木修竹、珍禽异鸟构成了其幽、险、秀、奇的特色景观。随着游客量的剧增，景区管理工作日益复杂，景区首次在全国旅游景区中建设了"五位一体"（即监控、广播、Wi - Fi、智慧导游讲解、一键求助报警）智慧景区管理系统，它将景区内各主要电子技术和服务内容进行了一体化整合，集中于"五位一体"监控指挥中心，通过互联网大数据就可以在手机端进行监管和指挥，并且主动与政府公安、消防、交通等职能部门进行对接，实现数据的及时传达和信息共享，方便进行联动响应。该系统自 2018 年投入运行以来，景区 2018～2019 年连续两年游客接待人数突破百万人次，无重大安全事故、无重大旅游服务投诉，马仁奇峰"五位一体"智慧管理系统为景区的安全接待保障发挥了重大作用，确保游客快乐出游、安全回家。②

3. 全民导游的天台模式

浙江省天台县旅游每到旅游旺季，高素质的导游资源就会紧缺。为弥补这一旅游短板，天台县在全县开展领导干部学导游、当导游活动，号召"机关干部带头人人学导游，让导游证成为跟身份证、驾驶证同样的必备证件"。县委、县政府四套班子领导带头学导游、当导游，并通过召开动员大会、党校培训、网上自学、年终考试等形式，让全县乡科级干部率先成为导游。把全县旅游特色村的主职干部，培养成为导游。同时，向旅游特色村选派旅游专业的大学生村官。通过人人学导游活动，全力构建"全民导游"时代。

---

① 《全国首列！"陕西省全域旅游产业运行监测与应急指挥中心"已接入全省 171 个高 A 景区的基础数据》，长安文化产业研究中心网，https：//cacirc. chd. edu. cn/2020/0720/c4535a153753/page. htm。

② 《马仁奇峰景区"五位一体"智慧景区管理系统项目》，中国旅游新闻网，http：//www. ctnews. com. cn/paper/content/202012/18/content_53007. html。

（六）环境保护创新

发挥治理污染的积极性和主动性，涌现出了环境保护创新性典型案例，也优化了区域旅游环境和人居环境，为全域旅游发展创造了优良的生态文明环境。

1. 生态文明建设的环翠模式

威海市环翠区坚守资源与环境保护底线，通过生态文明建设促进全域旅游发展，制定了《环翠区打好黑臭水体和河道治理攻坚战作战方案》《环翠区落实山东省打好渤海区域环境综合治理攻坚作战方案实施方案》《关于加快推进生态文明建设的实施方案》等一系列工作方案，建设了环海健身休闲观光步道、里口山风景名胜区、里口山城市健身登山步道、羊亭河湿地生态公园等多个环境治理、景观美化的重大民生及生态项目。涌现了华夏城景区、羊亭河湿地公园、石窝剧场等多个生态治理和景区建设的典范，吸引了多个乡村旅游项目落地投资，举办了冰雪马拉松比赛、健步走比赛和国际山地自行车赛等多个国内外知名赛事，有力助推了全域旅游发展。

2. 大气治理的大同蓝模式[①]

山西省大同市作为一个重要的煤炭工业基地，在粗放式发展模式和"唯煤是举"时期，大气污染相当严重。2001 年，大同市二级以上天数仅为 49 天；2003 年，全国十大污染严重城市名单排出，大同市"榜上有名"。自 2004 年起，大同市以"刮骨疗毒"的决心治理大气污染，严格实施环保"一票否决"和环保问责，生态环境得到全面改善。2013～2016 年，大同空气质量连续 4 年排名全省第一，特别是 2016 年，全年二级以上优良天数达到 300 天以上。2017 年以来，大同空气质量连年保持全省第一，"大同蓝"成为北方城市治理大气污染的成功典范。大同市一改往日形象，交通、路况、绿化、环境给人干净整洁的感觉。如今，"大同蓝"已经成为大同市全域旅游和承接北京非首都功能疏解的新名片。

---

① 章文、李建斌、杨珏：《从"煤都黑"到"大同蓝"——山西大同走出绿色发展新道路》，载于《光明日报》2018 年 1 月 3 日。

（七）扶贫富民创新

积极创新形成若干旅游扶贫富民新模式，通过"资源变资产、资金变股金、农民变股东"三变改革等创新模式，形成全域旅游、全民参与、共建共享的发展格局，带动贫困群众脱贫致富。

1. 旅游扶贫的山亭模式①

枣庄市山亭区结合城乡统筹发展、美丽乡村、乡村旅游建设，借旅游扶贫实现全域旅游大发展的探索和实践，利用"整村搬迁型""公司带动型""合作社引领型"等旅游扶贫模式，探索出以股份制或非股份制等形式鼓励和引导农户注册成立农家乐、农业生产等各类专业合作社，提高农户组织化程度，实现了群众、村集体、企业、产业"一业多赢"，开启了具有山亭特色的全域旅游发展和精准扶贫模式。全区发展旅游专业合作社15家、"山亭人家"农家乐500余家，2个村被评为"中国乡村旅游模范村"，6人被评为"中国乡村旅游致富带头人"；湖沟旅游合作社入选国家"合作社＋农户"旅游扶贫示范项目，《"旅游＋扶贫"孕育新动能，激发贫困户内生动力——山东省山亭区兴隆庄村乡村旅游脱贫案例》成功入选《2019世界旅游联盟减贫案例》，三期全国贫困地区旅游扶贫培训班在山亭举办，山亭区旅游服务局被评为全省脱贫攻坚先进集体，并荣获全国"年度旅游扶贫奖"。

2. 共建共享共同富裕的郝峪模式②

淄博市博山区中郝峪村坚持"绿水青山就是金山银山"的理念，集中力量发展乡村旅游，实行全村入股、全民致富的"郝峪模式"。在乡村旅游业态建设上，一是打造生态康养基地。依托自然生态优势，突出养老养生主题，建设各类康养住宅32户，配套康体休闲、无障碍老年活动中心等设施，发展医疗服务、休养康复等服务。二是打造特色乡村民宿。把村内60户180多间闲置房屋有偿收回，重新进行景观化单体设计，户户建成风韵别致的乡村民

---

① 山东省旅游发展委员会：《枣庄山亭全域旅游发展与旅游扶贫互促推进》，新华网山东频道，http：//www. sd. xinhuanet. com/ztjn/2013qxr/2018－07/02/c_1123055072_2. htm。

② 《"三变"模式的乡村旅游实践者——山东省淄博市中郝峪村》，中华人民共和国国家发展和改革委员会网，https：//www. ndrc. gov. cn/xwdt/ztzl/qgxclydxal/tyggxxx/202011/t20201125_1251251. html？code＝&state＝123。

宿。三是打造高标准农家乐。全村规范建设农家乐 96 户，其中 25 家被评为 5 星级和 4 星级农家乐。统一农家乐管理标准，制定行业规范，在所有食、住场所配备一次性卫生用品，达到农家乐卫生安全标准。2017 年全年接待游客 17.8 万人，实现旅游消费总额 2840 万元。中郝峪村通过发展乡村旅游，实现了"五个致富"。脱贫致富：人均年收入 13 年时间增长了 19 倍，从 2005 年的不足 2000 元，提升到目前人均年收入 3.8 万元，全村户均存款 10 万元以上。共同致富：村集体收入从 2005 年的 2200 元和负债 8 万元，提升到 380 万元，破解了村级组织"无钱办事"的难题。就地致富：所有村民参与乡村旅游发展，成为产业工人，年均工资 4 万元以上，实现了就地就业、持续增收。联合致富：与中心城区等经济强村结成姊妹村，姊妹村每年支持 10 万元基础建设资金，实现了优势互补、互惠互利、联动发展。文明致富：不良生活习惯逐步改正，讲品行、重礼仪、讲诚信的文明行为蔚然成风。

（八）市场营销创新

根据客源市场需求变化和目的地形象特征，各地创造性地采用新型的营销机制、营销方式、传播手段、活动模式，对旅游目的地开展系统营销推广，取得了显著社会影响和营销效果。

1. 政府系统营销的栾川模式[1]

栾川模式可以概括为十六个字："高速免费、门票免费、住宿半价、加油打折"，河南省栾川县 2018 年实施高速免费活动，历经 32 天，横跨 5 个周末，整合全县之力打造出一个"黄金月"。从 2018 年 8 月 1 日起，又在黄金月中推出一个"黄金周"，这一周，高速免费、景区免票、住宿半价、加油优惠，实施了一系列的优惠活动。栾川这种成规模、成系统的旅游营销具有不可复制性，一些地方高速免费只有拿高速收费单来置换同等金额门票，免门票还有附加的各种保险、交通费用。但是，栾川没有这些限制，自驾车直接开下高速，不需要收费；老君山免门票，直接开门迎客，没有附加条款。政府系统旅游营销让政府与景区、涉旅企业联动，达到互惠互助、互利共赢。据搜狐网报道，2018 年 8 月 4 日，栾川县单日接待创历史新高，老君山迎来

---

① 张莉娜：《单日客流突破 13 万　奇境栾川从容应对》，载于《河南日报》2018 年 8 月 8 日。

最强客流高峰，单日全县接待游客 13.33 万人，打破 2017 年高速免费单日 10 万人次纪录，而栾川县总人口仅有 34 万人，政府系统营销开启了全域旅游的云集效应，达成了全民旅游的盛况。

2. 旅游目的地营销典范的张家界模式①

张家界旅游发展迅速，旅游发展指标居全国同类旅游城市前列，这与堪称中国旅游营销典范的创新营销分不开。创新营销具有四大特点：一是旅游产品创新，开发了亚洲最大溶洞九天洞，世界极限运动圣地天门山，创意列入世界吉尼斯世界纪录的土家族"活化石"舞蹈——千人茅古斯，世界首台高山峡谷音乐实景剧《天门狐仙·新刘海砍樵》，连续演出 6000 余场超千万人观看的大型民族舞蹈史诗《张家界·魅力湘西》，建设了载入吉尼斯世界纪录的建筑奇观——九重天土家吊脚楼和户外观光电梯——百龙电梯。二是品牌形象创新，及时将"大庸市"更名为"张家界市"，提升了区域品牌形象；获得了联合国"张家界地貌"的命名；确立了总体旅游品牌宣传口号"绝版张家界，惊艳全世界"和"走遍全世界，还是张家界"。三是旅游活动创新。1999 年，成功举办了世界特技飞行大奖赛暨穿越天门洞活动，创造了世界旅游营销史上的奇迹；策划了冰冻活人、滑轮大赛、汽车漂移、顶级跑酷、自行车速降、蜘蛛人攀岩、达瓦孜传人走钢丝以及俄罗斯战斗机表演赛、翼装飞行世界锦标赛等多种精彩纷呈的活动，力求旅游营销年年有新意，月月有活动，天天有精彩。四是主题传播创新，善于制造"旅游事件"和旅游话题。1998 年 4 月 17 日，著名景区黄龙洞的经营者叶文智为其洞内石笋"定海神针"买下 1 亿元保险，开创了世界为资源性资产买保险之先河，引来全世界 2000 多家媒体竞相报道；美国巨片《阿凡达》公映后，掀起了寻找潘多拉美景的热潮，张家界将一座山峰命名为"哈里路亚山"，在网络上掀起"潘多拉太远，张家界很近"的主题营销，推出"张家界阿凡达之旅"线路，引起了全球的轰动，此营销事件成功入选"中国最具影响力旅游营销事件"（2010 ~ 2011 年）。

---

① 欧阳斌：《创新是张家界旅游营销的灵魂》，红网湖南频道，https：//hn. rednet. cn/c/2017/07/06/925956. htm。

三、全域旅游空间模式

（一）全域旅游空间特征

全域旅游从"围景建区、划地为圈"向"区景一体、产业共融"转变，促使形成一种融合型、复合型、共享型、多形型的新型旅游空间模式。

1. 多区并存的融合空间

全域旅游发展打破景区的空间与边界局限，融入生态区、生活区、城市区、农业区、文化区、产业区等各个空间之中，成为众多区域空间融合形成的空间形态。

2. 功能叠加的复合空间

在全域旅游空间内，生态、农业、文化、休闲、产业等其他功能和价值在得以继续保持的基础上，附加了旅游体验消费等多种新功能，使得同一个区域成为一个多种功能叠加、多重价值实现的复合型新空间。

3. 主客共享的社会空间

全域旅游的推进，游客深入地体验旅游地的城乡社区、民风民俗，使游客和居民紧密联系在一起，各种空间你中有我、我中有你，全域旅游空间成为实现"主客共享"的载体。

4. 多形展示的新型空间

全域旅游发展实现在空间上的突破，随之而来就要实现产业链价值的空间延伸，从而构建集"点""线""面""网""链"于一体的全域旅游新型空间，形成"串点成线、连线带面"的"点""线""面"全域旅游空间发展格局。

5. 管理服务的全面空间

全域旅游的发展延伸，要求在更大尺度空间上能解决旅游管理和服务设施的全覆盖问题，也就要求在一个区域内的几乎所有空间内都要具有管理服务设施与功能，这样就形成旅游交通网、旅游要素网、旅游服务网、旅游安全保障网等多种网状管理和设施的全覆盖。

（二）县域全域旅游空间结构

县域全域旅游发展过程中根据区域旅游资源和市场状况，或以龙头旅游区（主要为国家5A级、4A级景区或高品质旅游度假区）作为核心吸引物推进全域旅游空间扩展；或因地制宜散状景区景点串连形成全域网络空间；或由县域壮大向周边空间与乡村空间进行全域延伸，最终形成各自独特的全域旅游空间结构。根据景区、乡村与主城区的空间位置关系与功能特点，县域全域旅游空间结构主要有景城联动型、景城融合型、景城一体型、城郊发展型、全域融合型、乡村特色型六种类型。

1. 景城联动型

景区与主城区距离较远，景区和城区之间有高等级公路或旅游公路连接进行联动，主城区旅游业态较多，乡村旅游主要围绕龙头景区发展壮大起来，形成集聚区。代表县域主要有河南省焦作市修武县、四川省乐山市峨眉山市、重庆市武隆区、贵州省贵阳市花溪区、云南省弥勒市等。

2. 景城融合型

龙头景区位于主城区内，或主城区在龙头景区基础上发展起来，乡村旅游环绕主城区发展，旅游风景道则主要联通城区与乡村旅游集聚区或沿龙头景区建设。代表县域主要有湖南省衡阳市南岳区、山西省晋中市平遥县、云南省丽江市古城区、四川省都江堰市等。

3. 景城一体型

一般系特大城市的中心城区，全域均为城区，无乡村旅游和其他郊野景区空间，景区分散地分布于主城区中，风景道则主要沿水系、景区、城区来规划建设。代表县域主要有上海市黄浦区、南京市秦淮区、天津市和平区、重庆市渝中区等。

4. 城郊发展型

主城区面积较大（通常占全域面积比在一半以上），但乡村旅游发展良好，乡村旅游及多种业态多围绕主城区发育而成，风景道则较多联通乡村旅游集聚区或环绕乡村旅游带建设。代表县域主要有江苏省徐州市贾汪区、南京市江宁区、上海市青浦区、安徽省黄山市屯溪区。

5. 全域融合型

全域旅游发展突出，主城区与景区、乡村等空间均衡发展，全面融为一体，全域几乎大部分空间都具有旅游服务功能，可实现游客观光体验与休闲度假。代表县域主要有云南省大理市、河南省洛阳市栾川县、福建省三明市泰宁县、广东省深圳市盐田区等。

6. 乡村特色型

主城区旅游功能较弱，缺乏大型龙头景区，乡村旅游特色显著，各种业态丰富，乡村综合旅游功能强，乡村旅游推动全域旅游发展，全域旅游空间就是乡村旅游全面发展空间。代表县域主要有浙江省湖州市安吉县、江西省上饶市婺源县、安徽省黄山市黟县、贵州省贵阳市乌当区等。

县域全域旅游空间结构模式典型特征和代表地具体如表5-4所示。

表5-4　县域全域旅游空间结构模式

空间模式	典型特征	山东省典型县（市、区）	国内典型县（市、区）
景城联动型	景区与城区独立发展，由廊道进行空间连接	青岛市崂山区、潍坊市临朐县、济宁市邹城市、威海市荣成市、日照市五莲县、德州市齐河县、东营市垦利县、滨州市博兴县、菏泽市单县、枣庄市滕州市、潍坊市诸城市、临沂市蒙阴县和费县	河南省焦作市修武县、四川省乐山市峨眉山市、重庆市武隆区、贵州省贵阳市花溪区、云南省弥勒市
景城融合型	以主城区为龙头发展全域旅游	济宁市曲阜市、潍坊市青州市、济南市章丘区、枣庄市台儿庄区、泰安市泰山区、威海市环翠区、淄博市周村区、东营市东营区、日照市莒县	湖南省衡阳市南岳区、山西省晋中市平遥县、云南省丽江市古城区、四川省都江堰市
景城一体型	城区即景区，空间融合为一体	济南市历下区、青岛市市南区	上海市黄浦区、南京市秦淮区、天津市和平区、重庆市渝中区
城郊发展型	围绕主城区发展城郊旅游	日照市东港区、临沂市河东区、泰安市岱岳区	江苏省徐州市贾汪区、南京市江宁区、上海市青浦区、安徽省黄山市屯溪区
全域融合型	主城区与景区、乡村融为一体	烟台市蓬莱市、临沂市沂南县、临沂市沂水县、淄博市博山区、潍坊市安丘市	云南省大理市、河南省洛阳市栾川县、福建省三明市泰宁县、广东省深圳市盐田区

空间模式	典型特征	山东省典型县（市、区）	国内典型县（市、区）
乡村特色型	乡村旅游特色显著，覆盖全域发展	济南市长清区、淄博市淄川区、济宁市泗水县、滨州市惠民县、枣庄市山亭区、济南市莱芜区、烟台市栖霞市、济宁市汶上县、威海市文登区	浙江省湖州市安吉县、江西省上饶市婺源县、安徽省黄山市黟县、贵州省贵阳市乌当区

注：县域全域旅游空间模式结合文化和旅游部国家全域旅游示范区验收认定第三方检查相关文件进行归纳提升。山东省典型县（市、区）系山东省 3 家首批国家全域旅游示范区和 37 家第一、第二、第三批全域旅游示范区（含 5 家第二批国家全域旅游示范区）。

（三）山东省全域旅游空间演化

从省域层面来分析全域旅游空间模式，可以借用地理学的点轴模式来进行分析。点轴理论是我国著名学者陆大道最早提出的，"点"指各级节点和中心城市，"轴"指由交通、通信干线和能源、水源通道连接起来的"基础设施束"；"轴"对附近区域有很强的经济吸引力和凝聚力。"点轴"理论认为在均质和未开发的区域内，任何一个经济客体要存在和运行，就必须有其他客体与其发生联系。由于人们对社会交往的需要和对基础设施（道路、机械动力设备、通信、能源和水源供应、城市设施以及市场）的共享，社会经济客体必然按照"点—轴"模式进行空间集聚和空间扩散，这是由于集聚效应、规模效应的作用。点轴理论通常是用来解释交通廊道对沿线经济的影响，同样适合解释旅游空间演化。旅游要素在一个地区或点上集中起来，即旅游中心的发展，随后促进沿线旅游业的集聚，即以点为中心沿轴线扩散带动沿线旅游经济的发展，并串联各生长点，加强点与点之间的联系，使得点与点之间的联系更加紧密，并随着点的增多和轴带的增加，最终发展成为成熟的网状区域旅游空间发展模式。以山东省为案例进行分析，可以看出山东省旅游空间结构从点状到轴状的演化过程，直到发展到当今形成"三带八区"的全域旅游空间结构。

1. 旅游空间形态的历史演化

20 世纪 80 年代山东现代旅游开始起步，旅游业仅仅依靠几个节点来支持，仅限于山东西部济南市的趵突泉和大明湖，泰安市的泰山和曲阜市的孔庙、孔府与孔林，山东中部的临淄与潍坊，胶东半岛的青岛、烟台、威海三地，"一山一水一圣人"仅仅是个旅游线路，尚未出现基于交通网络的组团式旅游带和旅游区。1993年济青高速公路开通后，贯穿了济南、淄博、潍坊、青岛、烟台等旅游城市，使千里民俗旅游线、海滨旅游线旅游业发展升温，逐步形成淄博潍坊旅游区和海滨旅游区；"一山一水一圣人"旅游线也在区域旅游发展中逐步形成山水圣人旅游区。2000年世界旅游组织编制《山东省旅游发展总体规划》提出山东省八大旅游区规划构想，具体如表5－5所示。

表5－5　　　　　　　　　　2000年山东省旅游空间布局

等级	区号	区位	区名
一类区	一号	青岛	山、海、城
	二号	烟台与威海	岛屿、历史与海滩
	三号	济南/泰安/曲阜	山、水、圣人
二类区	四号	济南/淄博/潍坊/莱芜	文化、历史与民俗
三类区	五号	临沂、枣庄、微山	山地、运河与湖泊
	六号	日照	海滩、山地与历史
	七号	阳谷、梁山、东平、郓城	水浒传说故事
	八号	东营、滨州	黄河入海口、孙子

资料来源：世界旅游组织2000年编制的《山东省旅游发展总体规划》。

2. 新形势下山东省全域旅游空间布局

依托"两核两轴"的社会经济空间格局，新形势下山东省形成了"三带八区"的全域旅游空间结构。

"两核"即省会济南和计划单列市青岛，作为支撑和带动全省经济社会发展的两个引擎，也是旅游发展的中心城市，发挥全省旅游枢纽和口岸的作用，从陆上、海上两个方向拓展全省旅游发展的空间；"两轴"即全省的两条交通大动脉——京沪和胶济两条轴线，京沪轴线主要依托高铁和高速公路等快速交通体系，向北对接京津冀一体化发展战略，向南衔接长三角和长江经济带；胶济轴线主要是依托现有的客运专线和高速公路以及在"十三五"

期间已经建成的济青高铁与拓宽的济青高速公路，形成全省海陆贯通、齐鲁交融的大动脉，盘活全省旅游发展的整体格局。

（1）仙境海岸旅游带。以仙境海岸旅游品牌为引领，按照"立足城市，做强岸线；依托海滨，延伸海上；东拓西联，开放发展；地区分工，集聚成长"的思路优化空间布局，发挥青岛、烟台两个重点旅游城市的带动作用，以海滨城市、优质海岸、特色海岛和广阔海域为载体，重点开发新型综合性休闲度假旅游项目，建设旅游产业集群，提升滨海度假旅游品质。

仙境海岸内含三条滨海特色旅游带：一是海洋旅游带，以海域和海岛旅游开发为基础，规划建设国家海洋公园，建设邮轮、游艇码头，开辟邮轮航线，推动青岛成为国际邮轮航线母港，烟台成为始发港，威海、日照等成为停靠港，开发海上观岛、邮轮游艇、海岛度假等新型旅游体验产品。二是海岸旅游带，延伸性开发海岸旅游，将蓬莱、海阳、山海天等旅游度假区逐步建成为高品质旅游度假区，构建以沿海城市、旅游度假区为主体，以近岸风景名胜区为支撑，以温泉旅游、乡村旅游、农业庄园等为重要补充的海岸旅游度假连绵带。三是滨海腹地旅游带，以青岛、烟台、威海、日照、潍坊、东营等沿海地市中的内陆县（市、区）为依托，挖掘莒文化、东夷文化、宗教文化等文化旅游资源，提升昆嵛山、五莲山、大泽山、大小珠山、浮来山、招虎山等生态旅游品质，形成独具特色的滨海腹地旅游带。通过滨海特色旅游带的建设，力争把仙境海岸建设成为全国一流水平的海滨度假旅游连绵带和国际知名海滨旅游目的地。

（2）大运河世界文化遗产旅游带。京杭大运河旅游以运河文化为灵魂，以"儒风运河"为旅游品牌，全面整合德州、聊城、泰安、济宁、枣庄等地市相关旅游资源，以济宁、聊城与台儿庄古城为旅游核心区，构筑临清古城、德州老城区、南旺枢纽考古遗址公园、南阳古镇、微山湖国家湿地公园、滕州红荷湿地、东平古州城、戴村坝等多点支撑的空间格局，开发运河遗产观光、运河文化体验、运河城镇休闲、水利科技修学等旅游产品，打造国际知名的大运河世界文化遗产旅游带。

（3）齐长城世界文化遗产旅游带。以"世界最古老的长城"为品牌统领，加强齐长城沿线的济南、泰安、淄博、临沂、潍坊、日照、青岛7个地级城市及相关县（市、区）的区域合作，坚持保护优先的原则，对齐长城文化遗产资源进行深度保护与合理修缮；针对遗存资源现状探索多种齐长城文化遗产保护与活化利用模式，开发考古、徒步、越野、露营、探险等特色旅游产品，完善沿线旅游服务设施，建设齐长城世界文化遗产旅游带。

（4）孔孟圣地旅游区。孔孟圣地旅游区主要是以济宁市的曲阜、邹城两市为核心，以孔子、孟子圣人文化为主体依托，以曾子、墨子等东方圣地系列名人文化为辅助，以习近平总书记关于儒学文化的重要讲话精神为引领，继承与发扬儒家学说，发挥曲阜"三孔"世界文化遗产的核心带动作用，实施"国家文化旅游高地"工程，开发体验性强、参与度高、生动活泼的文化旅游产品，设计特色国学研学旅游产品，力争建设成为中华旅游与文化融合发展的核心区和中华传统国学研学旅游的示范区。

（5）大泰山旅游区。大泰山旅游区是指以世界自然与文化双重遗产泰山为核心所形成的旅游一体化发展格局的空间区域，主要涵盖泰山辐射区的济南市南部、泰安市北部、莱芜市西部地区等。要完善泰山登山文化轴线，优化山城一体化空间，凸显双遗产价值，进一步提升泰山的美誉度，增强"平安泰山"旅游目的地品牌的影响力；通过泰山品牌引领和区域旅游合作，带动徂徕山、灵岩寺、雪野湖、大汶河、莲花山等旅游地发展，形成以泰山为核心的文化旅游产业集聚区。

（6）泉水文化旅游区。泉文化旅游区是以济南为中心，对接济南都市圈发展战略，充分发挥"泉城济南"品牌和省会职能优势，以济南泉水资源为核心，整合章丘、平阴等泉水资源，积极支持申报世界自然遗产；彰显济南"山、泉、湖、河、城"的城市特色，创新性地利用泉城文化遗产，深度发展天下第一泉旅游区、芙蓉街古城区和千佛山风景区，打造具有泉文化特色的国际城市旅游目的地。

（7）黄河三角洲生态旅游区。黄河三角洲生态旅游区主要包括东营、滨州两市，以"黄河入海"为旅游品牌，开发以高品质生态旅游为基础、以农业和工业旅游为特色的旅游产品体系，以黄河口生态旅游区、滨州贝壳堤和海岸湿地为重点，强化生态旅游资源的科学保护与有序开发，力争把黄河三角洲建设成为环渤海地区重要的生态休闲旅游胜地和具有一定国际影响力的生态旅游目的地。

（8）水浒文化旅游区。整合济宁市梁山县、聊城市阳谷县、菏泽市郓城县、泰安市东平县的水浒故里文化旅游资源，塑造各具特色的水浒旅游主题，加强区域合作，发挥各自优势，联合打造水浒旅游线，共推旅游市场，强化以点带面，联手做强做大水浒故里旅游品牌，打造地域特色鲜明的水浒文化旅游区，力争成为山东旅游的新增长极。

（9）沂蒙山旅游区。沂蒙山旅游区以沂蒙山（沂山、蒙山）国家5A级旅游景区为核心，以临沂市为中心，联合潍坊市的临朐县、淄博市的沂源县等相关地区，实施"大沂蒙山"发展战略，加快全域旅游资源的整合，塑造"亲情沂蒙"旅游品牌，积极申报岱崮地貌世界自然遗产，重点开发乡村旅游、红色旅游、地质旅游、生态旅游、农业旅游等产品，发挥旅游带动区域经济社会发展的作用，将沂蒙山旅游区打造成为全国红色旅游胜地和北方经典乡村旅游目的地。

（10）齐文化旅游区。齐文化旅游区是以临淄为核心载体，涵盖孙子故里、周村古商城、蒲松龄故里等相关旅游景区以及瓷都、琉璃等品牌资源，以"齐国故都"旅游品牌为引领，整合古车博物馆、东周殉马坑、齐国历史博物馆、田齐王陵等历史遗迹资源，规划建设齐故城遗址公园，改变博物馆静态展陈方式，活化齐文化遗产资源，打造具有现代参与体验性、动感性强，原真味道足的齐文化旅游项目精品，塑造具有国际影响力的齐文化旅游目的地。

（11）民俗文化旅游区。民俗文化旅游区以潍坊风筝节、高密市红高粱、寒亭区杨家埠年画、寿光蔬菜博览园等资源为核心载体，整合潍坊的民俗艺术品和乡村村落资源，开发民俗气息浓郁、游客参与性强、产业链价值高的旅游产品，推出四季民俗旅游活动，持续扩大潍坊国际风筝节的影响力，推进民俗文化资源的旅游化传承与利用；以青州古城、云门山、诸城恐龙等文化资源为载体，活化文化遗产，积极提升旅游品质，将潍坊打造成中国北方民俗文化旅游胜地。

| 第六章 |

全域旅游发展实现路径分析

为了实现全域旅游发展战略目标，必须在全域旅游发展动力、全域旅游技术流程、全域旅游创新发展等方面构建清晰的发展路径，推进以部门协作、环境优化、产业融合、创新引领为核心的体制机制变革，实现全域旅游核心竞争力的提升。

一、全域旅游发展动力路径

所谓动力，是指一个社会、区域、业态赖以运动、发展、变化的不同层级的关系和其产生的推动力量，而动力路径是指动力产生、传导并发生作用的过程、机理与方式，其本质是描述动力与事物运动与发展的内在联系。

以环境优化（生态环境、旅游环境、市场环境等软环境与硬环境）为前提，以综合竞争力塑造（旅游目的地品牌、重大项目、骨干企业、重要节事活动等）为核心，以部门协作（资源整合机制、环境保障机制、联合执法机制、多规合一机制、综合考核机制）为支撑，以产业融合（文化、农业、林业、交通、商务、水利、工业、教育等与旅游的深度融合，房车营地、邮轮游艇、会展会奖、康体养生、研学旅行、低空飞行、休闲垂钓等旅游新业态）为根本，以政策配套（管理体制、财政税收、旅游用地、金融贷款、人力资源等）为保障，以设施建设（"厕所革命"、交通先行、信息配置等）为基础，以服务提升（公共服务、旅游服务、社区服务等）为宗旨，以社会参与（居民融入、游客互动、社会就业等）为源泉，构建系统完备、持续恒久的全域旅游发展动力体系。具体如图 6-1 所示。

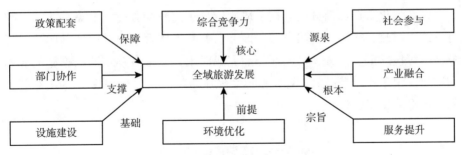

图 6 - 1　全域旅游发展动力路径

（一）全域旅游发展部门协作机制

1. 全域旅游部门协作的根源

全域旅游的综合性和复杂性决定了一个行业主管部门很难有力量统摄各个部门行业去发展一个全局性的大产业。地方文化和旅游部门多为政府的一个小部门，综合协调功能有限，人员配置较少，难以承担全域旅游发展的重担。

2. 全域旅游部门协作的重点

一是深化旅游管理体制改革。强化旅游部门综合协调职能，实现旅游发展从部门行为向党政统筹推进转变，形成综合产业综合抓的局面。各相关部门指导和按照部门联合、资源整合、产业融合的原则，探索建立住建、水利、农业、海洋渔业、林业等资源管理部门旅游资源整合机制，发展改革、国土资源、财政等政策管理部门政策扶持机制，公安、交通运输、环保、民航、铁路等社会管理部门环境保障机制，公安、工商、质监等执法监管部门联合执法机制，宣传、经信、文化、广电、外办、侨办等部门宣传营销机制，各部门涉及旅游事项工作情况综合考核机制。

二是健全旅游领导机制。建立全域旅游工作领导机制，建立党委、政府主要领导任组长的全域旅游发展工作领导小组，牵头负总责，发展改革、公安、自然资源、住房和城乡建设、交通运输、农业农村、文化旅游、卫健、市场监管、水利、农业等部门依据各自职责，协同推进，确保资金及时到位、政策聚焦实用、项目有序推进，形成部门协作、上下联动、有序推进的工作机制。

三是强化重点部门分工。在全域旅游推进过程中强化实施责任主体，拟订发改、财政、交通、自然资源、商务、教育、体育、卫健等各部门分工任务，内容包括重点任务、责任部门和完成时限，保证各项策略与措施的实施和功效。山东省以精品旅游建设推进全域旅游发展，表6-1所示为山东省精品旅游部门分工任务。①

表6-1　　　　　　　　　　山东省精品旅游重点任务分工

序号	重点任务	责任部门（单位）
1	大力发展海滨、近海、深海休闲度假旅游，丰富高端海洋旅游产品	省文化和旅游厅、省自然资源厅，沿海各市政府
2	实施精品民宿、精品乡村酒店和乡村旅游管理与服务品质提升工程，培育精品乡村旅游项目，打造乡村旅游齐鲁样板	省文化和旅游厅、省农业农村厅，各市政府
3	策划打造十大文化旅游目的地品牌尖端放电项目，推动文化旅游项目建设，深度开发传统文化旅游产品，铸造文化旅游精品	省文化和旅游厅，各市政府
4	推进济南、青岛、烟台等城市旅游项目和城市精品休闲旅游街区（社区）建设，提升城市节事活动，丰富城市旅游业态，培育城市旅游精品	省文化和旅游厅、省住房和城乡建设厅，各市政府
5	提升泰山、黄河三角洲、昆嵛山等生态旅游项目，发展高品质生态旅游	省文化和旅游厅、省生态环境厅，各市政府
6	提升刘公岛红色教育基地、台儿庄大战纪念馆、孟良崮战役旅游区等一批红色旅游重点项目，培育10个红色旅游经典，建设红色文化传承示范区	省文化和旅游厅、省发展改革委，各相关市政府
7	推动教育、通用航空、会展经济、科技、现代高新技术产业、高端制造业、特色工业及工业遗产与旅游融合互动，发展研学旅行、低空旅游、会展旅游、科技旅游、工业旅游产品。推进医养健康、体育与旅游融合发展，发展康养、体育旅游产品	省发改委、省经信委、省卫健委、省交通厅、省教育厅、省文化和旅游厅、省体育局、省卫生健康委员会、省中医药管理局、省科技厅、民航山东监管局，各市人民政府

---

① 《山东省人民政府关于印发山东省精品旅游发展专项规划（2018—2022年）的通知》，山东省人民政府网，http：//www.shandong.gov.cn/art/2018/11/8/art_2259_28967.html。

序号	重点任务	责任部门（单位）
8	组建山东文化旅游集团，鼓励各市整合文化旅游资产资源组建文旅集团，重点培育一批全国一流的旅游企业集团和旅游知名品牌。引进国内外大型旅游企业落户山东，推动大型企业集团转型发展旅游休闲产业，大力推进规模以上旅游企业规范化公司改制，支持省内旅游企业上市。积极引导支持发展充满创新活力的旅游中小企业和旅游创客	省发改委、省国资委、省文化和旅游厅
9	基本建成旅游云计算大数据中心，支持"互联网＋旅游"平台建设，全面利用新资源，实现"一机在手，畅游山东"	省经信委、省文化和旅游厅
10	实施旅游区管理与服务精品化建设工程，打造100个精品示范旅游区。全面提升旅游饭店业的管理水平和服务质量，培育200家"好客服务精品示范饭店"。实施鲁菜传承与创新发展工程，打造100家"精品鲁菜示范餐馆"。实施"山东有礼"旅游商品认证和品牌体系建设工程，培育200家"山东有礼"品牌店。培育壮大一批知名旅游演艺品牌	省经信委、省商务厅、省文化和旅游厅
11	到2022年，5A级旅游景区、国家级旅游度假区实现一级公路全覆盖。推动城乡基础设施与旅游设施的统筹与衔接，配套完善旅游集散中心、游客服务中心、旅游厕所、生态停车场、自驾车房车营地、游客中转站等旅游公共服务体系，安全有效运行。规范建设旅游引导标识体系，实施旅游"厕所革命"新三年计划	省交通厅、省公路局、省文化和旅游厅
12	研究制定旅游产业新旧动能转换暨精品旅游基地建设运营标准，评选精品旅游基地和精品旅游服务窗口，构建全覆盖的精品旅游标准化体系。实施旅游服务十百千工程	省文化和旅游厅
13	开发系列"好客山东"诚信品牌产品与服务，做大十大文化旅游目的地品牌，推进特色旅游城市品牌的打造，加强海洋、黄河、乡村、小镇、餐饮、购物等精品旅游产品品牌体系建设	省文化和旅游厅
14	制定"好客山东"品牌提升计划，加大国内外旅游市场营销力度，推进节庆活动市场化运作和国际影响力，打造精品节庆	省委宣传部、省文化和旅游厅，各市政府

续表

序号	重点任务	责任部门（单位）
15	建立健全党委领导下的精品旅游工作推进机制，转变政府职能，减少政府对旅游市场进行干预，减少旅游行政审批，实施"多规合一"	各市党委、人民政府、省自然资源厅
16	加大对精品旅游的资金支持力度，鼓励有条件的市设立精品旅游发展基金。支持旅游企业上市融资。争取国际邮轮入境旅游团15天免签政策。出台扶持邮轮旅游发展的政策措施	省财政厅、省金融办、省文化和旅游厅、青岛市人民政府、烟台市人民政府
17	研究制定引进高端旅游人才、旅游领军人才落户山东的优惠政策。培养1000名旅游精英人才和1000名山东省乡村旅游领军人才。整合国内外、驻鲁各大院校与科研院所的旅游学术研究力量，搭建旅游产业发展研究平台	省人社厅、省教育厅、省文化和旅游厅
18	开辟生态环境保护与景观建设、旅游产品空间布局有机结合的齐鲁风景道。制定游客行为准则、自驾车旅游绿色出行方案等严格的规章制度，倡导全社会共同承担环境保护责任。推动改善机场、车站、码头、商业区等游客聚集地、城乡街巷的卫生状况和建设面貌，联合开展主要旅游线路沿线风貌集中整治	省自然资源厅、省交通厅、省住建厅、省文化和旅游厅
19	建立健全与交通、公安、卫生、食药、工商、物价、质监、城市行政执法等监管部门进行联合执法、联合办案的长效机制。招募旅游服务质量社会监督员。建立健全"政府统一领导、部门依法监管、企业主体负责"的旅游安全责任体系。建成线上线下联动、高效便捷畅通的旅游投诉举报受理、处理、反馈机制。广泛开展"好客大使"文明旅游选树活动，深入开展文明行业创建和旅游志愿服务活动，改善行业风气	省文明办、省交通厅、省公安厅、省卫健委、省文化和旅游厅、省市场监督管理局，各市人民政府

（二）全域旅游发展环境优化机制①

　　全域旅游给游客最大的感受是全域皆景、处处风景，全域旅游发展的质量与规模很大程度上取决于城乡旅游环境的优化与营造，全域环境的优化对于全域旅游发展具有重要意义。我们认为助推全域旅游发展可以在环境永续

① 王旭科：《优化城乡旅游环境助推全域旅游发展》，载于《中国旅游报》2016年5月25日。

与社会和谐的层面上持续发力。

1. 保持优良的生态环境是全域旅游发展的首要条件

雾霾笼罩、污水横流不仅令当地居民深恶痛绝，而且常常成为外地游客进入一个区域的最大障碍；反之，蓝天白云、青山绿水不仅成为一个区域居民高幸福指数的一个重要指标，而且有时能成为该区域重要的旅游吸引物和旅游卖点。就全域旅游而言，保持优质的生态环境体现在四个方面：一是要保持清新的空气。旅游景区、旅游度假区、乡村旅游点等要达到《环境空气质量标准》（GB 3095 – 2012）一类区环境空气质量标准要求，城乡空气质量也应达到二类区环境空气质量标准要求。二是提高森林覆盖率。密集的森林对于改善空气质量、涵养水土、营造休闲旅游环境具有很大的作用，主要旅游景区森林覆盖率和城乡森林覆盖率总体上要达到或超过国家森林城市标准要求，森林覆盖率高、生态环境好的区域甚至可以突出清新的空气与宜人的天气来展现全域旅游的亮点。三是水质优良。我国南北降雨多寡不一，不是任何一地都溪流潺潺，但城乡地表水和集中饮用水源水质都应达到和超过《地表水环境质量标准》（GB 3838 – 2002）、《生活饮用水卫生标准》（GB 5749 – 2006）的标准要求。四是声环境宜人。城乡各地声环境和谐，主要旅游功能区无噪声，达到《声环境质量标准》（GB 3096 – 2008）标准。要达到上述要求，必须从后工业社会视角出发，清理高污染、高排放企业，建设"清洁工厂"，把工业生产带来的污染降低到最低程度。全域空间有了优质的生态环境做保障，当地的适游天数就会自然延长，旅游活动空间才能有全时空层面上的延展。

2. 营造惬意的旅游服务环境是全域旅游的品质所在

惬意的旅游服务环境取决于三个方面：一是文明东道主。通过政策引导、激励机制等引导城乡居民弘扬传统热情好客的美德，形成全域文明礼貌、和谐友善的氛围，提升区域的好客度；培养一批旅游志愿者、义务导游员、文明劝导员、卫生监督员、交通引导员和秩序维护员，塑造社会服务形象。二是游客文明旅游。游客文明旅游行为的培养不仅在于游客自身，常常需要旅游地去主观引导，如生态景区的生态教育中心设置、游客垃圾的跟踪式处理方式、警示化的标识等，都能在一定程度上约束与感化游客，制止游客非文明行为，引导游客自觉遵守"中国公民国内旅游文明行为公约"，营造文明出行游览的旅游服务环境。三是全社会服务窗口。旅游地所有服务窗口都应被看作旅游窗口，引导旅行社、景区、宾馆饭店、农家乐、社会餐馆、商场、车站、码头、车船公司等涉旅企业推进服务个性化、细微化、亲情化，提升全社会服务窗口的服务水准。

3. 创造特色地域空间环境是全域旅游可持续发展的载体

过去我们着力打造了旅游景区点，一个区域的特色空间环境主要体现在"点"上，但快速城市化使得旅游景区点日益蜕变成为一个个脱离环境母体支撑的孤岛，景区与周边的城市、镇村形成强烈的反差。因此，营造特色"线、面"空间环境成为下一步的重要任务。首先要降低城市化对城乡社区环境的冲击，强化"城市即旅游""宜居的必须是宜游的"发展理念，塑造优美宜人、赏心悦目、个性文化的城乡风貌，让本来与自然、景区有机融为一体的城市、镇村成为永不褪色的特色空间环境景观和旅游者体验的重要组成部分。特色地域空间环境还体现在线型空间上，即交通道路，要改变道路建设的单一运输通行价值取向，大力推进特色化与标准化、美学观感与经济实用有机结合的风景道建设，实现全域旅游一体化融合发展。

4. 保持洁净的卫生环境是全域旅游发展的前提要素

"旅游厕所革命"是全域旅游发展中环境治理的先导，对于优化各地城乡卫生环境起着极大的促进作用。

要想达到游客满意的洁净卫生环境，还要在此基础上提升城乡整体卫生标准。市容环境卫生和乡村环境卫生应达到和超过《城市容貌标准》《生态文明乡村（美丽乡村）建设规范》的要求。推进城乡垃圾与污水集中处理，尤其是处理能力弱的镇村。有些地区村落的"白色污染"已经大大影响了乡村旅游的开展，没有任何卫生设施的"原状态"村落很难留得住游客。因此，旅游发展重点镇村要大力推进"改水、改厕、改厨"行动，实现生活垃圾全部专业清扫、集中清运和无害化处理，实现居民生活污水全部集中处理。同时，加强旅游景区、宾馆饭店、乡村旅游点等卫生治理，提升旅行、游览、餐饮、住宿、娱乐、休闲、购物、停车等旅游活动场所的卫生水平，保障游客旅游过程的健康卫生。

5. 建设可靠的旅游安全环境是全域旅游发展的生命线

安全问题对全域旅游发展起着"一票否决"的作用。旅游景区的设施安全（如大型游乐设施、客运索道等特种设备）、旅游活动安全（如漂流、溜索、蹦极等安全系数大的旅游活动）和消防安全等内容已经被纳入国家 A 级旅游景区评定标准和旅游监管之中，得到了高度重视。除此之外，旅游景区之外的游客集聚区也是重要的安全隐患区域，原国家旅游局下发的《景区最大承载量核定导则》仅局限于旅游景区之内，没有纳入国家 A 级旅游景区范围内的城市广场、历史街区、古城镇、节事活动举办场所、传统古村落、乡村旅游点等在特定时间段也是游客的集中区，需要针对高密度的休闲旅游人流制订安全管控机制与预警方案，防止拥挤踩踏等安全事件的发生。

旅游安全环境的营造还在于区域应急系统和紧急救援机制应当将旅游作为一个子系统纳入进去，旅游应急电话、旅游应急救援支队、旅游应急通道应该是社会治安综合治理的重要内容，也应当作为全域旅游发展中的重要环节予以落实。

6. 塑造井然有序的旅游市场环境是全域旅游恒久推进的基石

我国不少地区旅游市场一直以来存在"低价组团""强行购物""黑车黑导"等非法旅游顽疾，大大影响了旅游业的形象。必须加强部门联手，成立旅游执法大队或旅游警察，建立旅游信用信息公示制度，定期发布"旅游失信行为记录"，开展综合性的协同治理，以净化旅游市场环境。随着交通条件的改善和游客需求的多元化，游客在一地的旅游空间大大超越旅游景区，古城古镇、街区里弄、古村民居、场馆公园、商场超市等常常成为游客驻足停留之地，游客任何一次消费行为有时都可能被看作一次旅游消费活动。因而，加强旅游景区之外与游客密切相关的更大范围社会空间的市场环境治理也成为塑造有序的旅游市场环境的重要组成部分，严厉打击贩假售假、以次充好、欺行霸市、敲诈勒索、虚假宣传等不法行为应当成为其中的重点工作。

（三）全域旅游综合竞争力培育机制

1. 大项目推动机制

全域旅游整体处于常态化平稳发展态势，旅游目的地缺乏影响力或存在旅游产品老化，在此情况下，应发挥体制机制、客源市场和区位交通优势，引入建设旅游大项目，培育全域旅游核心竞争力。

一是传统旅游目的地大项目建设。历史上旅游发展以观光旅游产品为主导，随着时代发展需要开发新产品以提升全域旅游影响力，延长游客停留时间，扩大产业链消费。如曲阜市多年以传统景区三孔（孔庙、孔府、孔林）作为旅游核心吸引物，借助 2016 年 3 月"曲阜优秀传统文化传承发展示范区"的重大建设内容列入国家"十三五"规划之际，在曲阜市东南 25 公里处的孔子诞生处——尼山建设尼山圣境。不仅推进了中华文化双创工程、中华文化传播工程、中国价值培育工程、中国故事体验工程、中华文化复兴工程五大文化工程建设，而且以孔子像、大学堂、耕读书院、尼山书院酒店等为主体打造了儒文化主题旅游体验地和儒学研学圣地，进一步擦亮了曲阜作为享誉世界的文化圣地和世界级人文旅游目的地名片。

二是旅游资源匮乏地区通过引入旅游大项目提升全域旅游发展能级，推动旅游业跨越式发展。如齐河县位于黄河之北，平原地貌无险无奇，名山名胜资源匮乏。该县境内的黄河北展区是为预防洪涝和凌汛于 1971 年经国家水电部批准而兴建的黄河北岸新堤。2008 年 7 月，国家水利部下文明确取消黄河北展区防洪防凌功能，同意当地政府自由开发利用。齐河县委县政府抢抓机遇，做出了"依托黄河北展区、建设黄河国际生态城"的战略决策。2009 年引进山东坤河旅游开发有限公司投资，在 10 平方公里的土地上先后落户重点旅游项目 15 个，总投资 200 亿元。其中，已建成的泉城海洋极地世界，是世界规模最大的单体室内海洋馆；泉城欧乐堡梦幻世界，拥有德国马克公司研制的全球领先、亚洲唯一的发射式蓝火过山车；欧乐堡水上世界，汇集了亚洲顶尖的各项水上娱乐设施；野生动植物园是国内规模最大的互动式、生态型野生动物世界；中国驿泉城中华饮食文化小镇集聚了各地的美食佳肴。这些集群项目建设，使得齐河黄河之畔区域成为一个现代旅游活力多彩之城，大力提升了齐河县旅游发展实力，使其一跃成为全国旅游强县。[①]

2. 景区带村机制

景村带村机制就是借助景区发展的优势，景区与周边乡村构建空间互应、资源共享、要素互补和利益互显的共同体，以满足游客与村民等主体共同利益的诉求，推动乡村按照景区的标准提质增效，充分挖掘乡村民俗文化和非

① 《齐河："旅游+"谋篇动能转换》，德州市人民政府网，http://www.dezhou.gov.cn/n42860412/n42860999/n42861158/n42935875/c49115198/content.html。

遗资源，推出高品质的乡村旅游产品，实现宜居宜游，推动全域旅游在乡村的持续发展。

一是景区辐射带动周边村庄发展。景区扩大自身对周边村庄的辐射影响，通过发展民宿集群，培育特色产业等方式，建立可持续的盈利模式。景区与周边村庄结成联盟，同时鼓励周边村民自主发展产业，还可通过"企业＋村集体＋农户""旅游合作社＋农户"等多种合作模式，充分发挥旅游产业链拉动效应，带动更多周边村庄发展，形成周边村庄与景区共建共享的发展格局。例如，济南南部山区的九如山景区周边形成了民宿集聚区，带动周边乡村旅游提档升级。

二是延长旅游产业链，增强景区与乡村之间的深度融合。突破一二三产业融合发展的瓶颈，完善旅游产业配套，以增强游客体验，推动景区周边的乡村种植业、手工业、加工业等产业的发展，辐射更多的乡村百姓。产业链的拉长丰富了乡村旅游业态，形成了旅游产业聚集区，打通了乡村和景区之间的便捷化通道，景区与周边村庄的旅游业态相互补充，形成良性互动。例如，青岛崂山附近的东麦窑村依托崂山的自然资源优势和旅游吸引力，成功开发了"仙居崂山"主题民宿项目，并通过平台化运作，建设高端民宿、婚纱摄影、土特产购物一条街等旅游体验项目，拉长区域化产业链条，开辟富民增收新路径。

三是通过市场主体助推景区与乡村互动发展。建立政府、企业、村集体参与的多元投融资体系，鼓励和引进在景区开发取得成功的民间资本、社会法人资本投资乡村旅游业，消除社会资本进入农村的制度障碍，通过村庄景区化、托管运营、市场合作等多种方式建立景区带村发展的便捷化通道，探索实施资源变资产、资金变股金、农民变股东等改革，以及资源捆绑、托管运营、市场合作等融资模式，以实现景区与乡村旅游互动壮大的良性发展。例如，临沂市竹泉村景区是由山东龙腾集团投资 1.5 亿元开发建设的国家AAAA 级旅游景区，经过十余年的发展，竹泉村村民人均年收入由 2007 年的不足 4000 元增长到 2019 年的超过 3 万元，成为名副其实的富裕村。200 名周边村民成为景区员工，景区内外发展商户、农家乐、民宿、农产品旅游商品加工售卖、采摘园、家庭农场等近 300 家。[①] 淄博红叶柿岩景区按照"以企

---

① 王雨晴：《"竹泉模式"引领乡村振兴齐鲁样板》，载于《中国旅游报》2019 年 9 月 19 日。

带村，村企融合，连片发展"的思路，以山东华旅旅游发展有限公司为核心，联合周边 9 个村成立"村企合作型"红叶柿岩联村党委，覆盖 1267 户、3885 人，其中党员 233 名。实行村企统一管理、集中开发、规范运营，各联建村通过资源入股、打包租赁等方式参与公司发展，人均年增收 5 万元，辐射带动 2000 余名村民增收。[①]

3. 景城联动机制

景城联动机制主要是对城市建设的成就与各种文化商业设施进行资源整合和优化配置，将城市资源转变为旅游吸引物，实现城市与旅游一体化融合发展，优化城市发展环境，提升城市服务质量，满足城市游客文化休闲度假需求，塑造高品质城市旅游品牌。

一是城市品质区域转变为旅游度假区。依托城市发展旅游度假区有国际国内先例，现代城市发展为旅游度假提供了良好的基础设施、文化氛围和商业服务设施，并因为交通便捷带来了大量的消费人流，因而国际上不少国家选择在城市周边发展旅游度假区，如美国夏威夷州首府檀香山市的威基基旅游度假区距离州府仅 2 公里，因为地利优势人气旺盛，集聚了大量的高星级酒店和度假娱乐设施，目前已经发展成为世界著名的旅游度假胜地。国内有不少地区也依托于大城市发展旅游度假区，如东部华侨城度假区位于深圳市区东部近郊，已经成为深圳市东部的核心产业板块，2015 年被国家旅游局批准为国家级旅游度假区。济南市槐荫区将文化旅游板块区域，即南至烟台路、西至西客站东广场、北至青岛路、东至济南森林公园的区域，规划成为槐荫旅游度假区，将山东省省会文化艺术中心（含省会大剧院、济南图书馆、济南美术馆、济南文化馆）、山东省科技新馆、山东国际会展中心、荣宝斋、济南时光艺术城、印象济南等文化旅游项目，印象济南·泉世界旅游休闲街区，以及多家高星级酒店与文化旅游深度融合，实现旅游度假与城市和谐共融发展。

二是城市场馆整合为主题旅游线路。对于城市中彼此距离不远却又孤立发展的景区，可根据各自特性，把分散的场馆有效地组合起来，经过整合和提升，赋予其一个更大、更好的概念，从而形成一个具有吸引力的统一旅游

---

① 翟明阳、陈颖：《红叶柿岩：乡村振兴的"博山典范"》，大众网，http：//paper. dzwww. com/ncdz/content/20201214/Articel03003MT. htm。

产品，带动整个城市片区全域旅游发展。例如，北京西城区西直门外大街有北京天文馆、中国古动物馆、北京动物园及北京海洋馆等众多各自管理运营的博物馆，后来四个场馆针对中小学生联合推出"天地生"修学旅游产品和旅游线路，即天（北京天文馆）、地（中国古动物馆）、生（北京动物园及北京海洋馆），被北京市旅游部门和旅行社采用，获得很好的市场反响和社会效益，成为北京知名旅游品牌，有效地解决了四个场馆空间上的分散性、发展上的孤立性、效益上的低效性和产品上的单调性等问题。

三是推进城市的景区化发展。首先是推进城市风貌的景区化，即选择景区具有地域代表性的建筑，对建筑风格与体量加以现代适应性改造，以其为蓝本，推广到城市建设之中，尤其是景区周边街区的公共建筑与设施，可规定建筑物的风格、造型、颜色和高度，塑造景区周边建筑风貌的地域化特征，这样景区内外风貌形成有机呼应。例如，苏州市在保持拙政园、网师园、狮子林等传统园林格局的基础上，按照"苏州园林"的风格和意蕴，对城市公共建筑，如公共厕所、公共汽车候车站、街头小品、休闲公园等按照传统古典园林风格进行改造建设，营造城市特色化的园林氛围。其次是推进城市文化的景区化，将最富有地域特色景区的文化渗透与扩散到城市之中，推动景区特色文化的城市传播，即以景区文化为内涵在城市建设富有地域特色的主题宾馆、主题餐厅、主题娱乐设施。如曲阜孔庙与孔府之间建设的主题宾馆——阙里宾舍，从外在风貌和内在文化上都按照厚重的儒学文化来规划设计，不仅没有对两个景区造成景观风貌上的冲突影响，而且有效融合了两个景区，是一种全域化发展理念。

4. 城乡互动机制

发挥城市的资本、人力、客源、信息等资源优势，通过城市与乡村的客源带动、市场引动、活动启动、资本撬动、人力触动等多种方式，实现城市与乡村协同并进。

一是建立市场开发的便捷通道，促进城市对乡村旅游的带动作用。按照互帮互助、互利互惠的原则，通过联合营销、互推市场、线路整合等途径，拓宽乡村旅游市场，如城市社区与周边乡村旅游地"结对帮扶"。中心城市景区通过高端带中端、中端带低端，借助新线路开辟、新市场开发、新品牌推广与乡村旅游村形成良性互动，促进和带动城郊乡村旅游发展。二是发挥城市景区影响力，共享市场发展。充分发挥城市高知名度景区和城市旅游集散地优势，打通与乡村旅游地的旅游线路连接，共享市场。例如，曲阜三孔景区作为世界文化遗产和国家 5A 级旅游景区，景区影响力大，优势突出。曲阜以"圣地乡村游"为主题推进乡村旅游蓬勃发展，打造鲁源村等儒学文化旅游村、儒学国际慢城等乡村旅游片区，推进由城区三孔观光旅游向全域乡村旅游发展升级，实现了由景区的门票经济向乡村休闲体验经济的转型。三是畅通城市与乡村旅游地的交通连接。提升交通便利性和舒适度，通过公共交通构建城市景区与乡村旅游地之间的便捷通道，这对于组织全域旅游线路、扩大乡村旅游影响力、增强乡村旅游辐射半径具有重要意义。

二、全域旅游发展技术路径

旅游资源的异质性、社会经济条件非同步性决定了全域旅游发展具有禀赋差异性和时空区分性，形成了千差万别的全域旅游发展形态，需要有针对性地开展分类技术指导。

（一）全域旅游分类技术指导

1. 全域旅游形态分类

从全域旅游形态上区分，根据各地基础条件确立全域旅游的深度发展区、加快发展区、培育发展区、起步启动区等，实行分级分类管理，界定各个类别区处于的时空阶段，界定各自的任务与重点，采取相应的发力点。

2. 全域旅游分类指导

全域旅游的深度发展区、加快发展区、培育发展区、起步启动区要开展分类指导，以全域旅游的深度发展区为标杆，总结模式推广经验，开展示范引领，推动加快发展区升级和培育发展区的全方位提升，带动起步启动区更新观念，从而构建全域旅游发展氛围与格局。具体如表 6-2 所示。

表 6 - 2　　　　　　　　　　　　　全域旅游发展形态分析

全域旅游发展形态	主要特征	主要发力点	山东省适用地区举例
深度发展区	全域旅游发展成熟，旅游业地位高，综合竞争力强，业态丰富，全局影响大	需要在旅游品质发展、旅游服务水平、旅游目的地品牌建设等方面深度发力	曲阜市、青州市、青岛市崂山区、烟台市蓬莱区、荣成市，临沂市沂水县、沂南县，济南市章丘区、历下区，泰安市泰山区，德州市齐河县
加快发展区	全域旅游发展已经启动，初具雏形，综合竞争力较强，但全域联动发展、社会支撑尚不足	需要在旅游产品与业态建设、旅游发展环境优化、旅游综合影响力等方面加快发展	济南市长清区、莱芜区，青岛市黄岛区、胶州市，淄博市淄川区、博山区、周村区，枣庄市台儿庄区、山亭区、滕州市，东营市垦利区、东营区，烟台市栖霞市，潍坊市临朐县、安丘市、诸城市，济宁市邹城市、泗水县、汶上县，泰安市岱岳区，威海市环翠区、文登区，日照市五莲县、东港区、莒县，临沂市河东区、蒙阴县、费县，滨州市惠民县、博兴县，菏泽市单县
培育发展区	全域旅游发展刚刚起步，旅游综合竞争力较弱，旅游发展社会氛围不足	需要在旅游产品与业态建设、旅游产业体系架构、旅游发展环境优化、体制机制革新等方面全方位进行大力培育	济南市槐荫区、市中区，青岛市即墨区、平度市，淄博市临淄区、沂源县、高青县，枣庄市峄城区，东营市广饶县，烟台市牟平区、龙口市、莱州市、福山区、海阳市，潍坊市奎文区，济宁市微山县、梁山县，威海市乳山市，泰安市东平县、肥城市，日照市岚山区，临沂市平邑县、兰陵县、兰山区、莒南县、临沭县，德州市夏津县，聊城市东阿县、阳谷县，滨州市无棣县、邹平市，菏泽市牡丹区、郓城县
起步启动区	全域旅游理念尚未贯彻，旅游产业尚未形成一定的规模，基本处于景区景点发展初级阶段	需要更新发展观念，推进全域旅游进入党委政府议事日程，提升景区与乡村旅游发展质量	济南市商河县、平阴县，淄博市张店区、桓台县，枣庄市峄城区，东营市广饶县，烟台市招远市、莱阳市，潍坊市高密市、寿光市、昌邑市，济宁市金乡县、嘉祥县、鱼台县，泰安市新泰市、宁阳县，临沂市郯城县、罗庄区，德州市乐陵市、德城区，聊城市临清市、高唐县，滨州市沾化区、邹平市，菏泽市巨野县、鄄城县

资料来源：根据各县（市、区）全域旅游相关材料概括提炼。

（二）全域旅游分区技术指导

1. 行政区全域旅游发展方向

全域旅游不等于全部区域都发展旅游，从行政区层面上来审视只有一部分省、市、县能进入全域旅游示范区名单之中，真正发挥政府体制力量推进全域旅游工作。作为行政区域推动全域旅游发展必须依靠自上而下的行政力量的有力推动，以"主客共享、共建共赢"为理念，建立以党政统筹领导、部门协同跟进、社会各界参与的全域旅游发展运行机制，形成资源聚合力和行动执行力，以创建国家级、省级全域旅游示范区为抓手，通过出台多元化政策措施推进多部门有效联动，实现科学引领、龙头带动、全域联动、景城乡一体、多业态融合的良性发展局面，形成全域旅游示范省、全域旅游示范市、全域旅游示范县、全域旅游示范镇等一批全域旅游发展先行区。具体如表6-3所示。

表6-3　　　　　　　　　　全域旅游示范区域类型

全域旅游示范区域	发展特征	发力重点	典型代表
全域旅游示范省（区、市）	生态环境优良，省域面积较小，旅游产业综合影响力大，具有比较优势	塑造整体品牌形象，制定并实施清晰的全省旅游发展战略和分工协作机制	海南省、宁夏回族自治区、贵州省、山东省等
全域旅游示范市（州、盟）	以旅游业为支柱产业，市域下辖县（市、区）较少，多因旅游发展而兴市，是传统意义上旅游目的地城市	由观光旅游向休闲度假旅游升级，推动旅游业发挥更多的社会经济促进与带动作用	黄山市、威海市、日照市、张家界市、桂林市、三亚市、阿坝州、嘉峪关市等
全域旅游示范县（市、区、旗）	旅游业为优势主导产业，景区群建设和乡村旅游发展良好，旅游市场形成一定的规模，旅游的社会综合影响力强	由全域旅游示范区创建向全域旅游发展转变，推动产业深度融合发展，优化社会环境与整体氛围，旅游业带动与统领经济社会全面发展	首批与第二批国家全域旅游示范区名录中的县（市、区、旗）

续表

全域旅游 示范区域	发展特征	发力重点	典型代表
全域旅游示范乡镇（街道）	旅游业在镇域社会经济中占有举足轻重的地位，由于镇域多数以乡村旅游为发展重点，实际上与全国乡村旅游重点镇重合	乡村旅游特色鲜明，拥有景区、民宿、农事体验、节事活动等多元业态，发挥旅游业助推乡村振兴的功效，推动旅游业富民强镇	第一批100家全国乡村旅游重点乡镇名录中的乡镇（街道）

资料来源：根据各地全域旅游相关材料总结提炼。

2. 功能区全域旅游发展方向

各地在创建全域旅游示范区的过程中，因为行政管辖的原因有些地方舍弃了行政区划版图上的部分空间，独立地推进全域旅游发展。有些区域原来是创建单位，因为行政区划分割的原因导致全域旅游发展止步不前。如济南市的历城区早在2016年就是首批国家全域旅游示范区创建单位，但因为旅游资源最富集、产业基础最强的区域——南部山区单独划为济南市的一个独立功能区，全域旅游示范区创建全面停止。因此，从实际出发探讨以经济开发区、旅游度假区等为代表的功能区全域旅游发展具有十分重要的现实意义。

开发区是指由国务院和省、自治区、直辖市人民政府批准在城市规划区内设立的经济技术开发、保税区、高新技术产业开发区、旅游度假区等实行国家特定优惠政策的各类开发区。开发区设有相应的管理委员会、投资公司，投入资金，对本辖区进行开发建设，具备政府职能部门的性质，其主要管理人员一般是当地政府行政管理的高层人员。开发区分为国家级与省级两个等级。国家级开发区是经国务院批准设立的开发区，省级开发区是指由省级人民政府批准设立的开发区，主要包括经济技术开发区、高新技术产业开发区、出口加工区、保税区、台商投资区、边境合作经济区、国家旅游度假区等类型，它们虽都具有享受特殊经济政策地域的共同特性，但相互之间也有明显的差别。省级开发区主要有两种类型：一类是经济开发区，功能类似于国家级经济技术开发区；另一类是工业园区（产业园区），功能以发展各类工业项目为主，其中还包括一部分省级高新技术产业园区。根据中国开发区网最新统计数据显示，截至2022年4月，我国国家级开发区和省级开发区共有 2777 家。各类国家级开发区 634 家，其中国家级经济技术开发区共有 230 家，国家级高新技术产业开发区共有 168 家，国家级海关特殊监管区 166 家，国家级边/跨境经济合作区共有 19 家，国家级自贸区共有 21 家，国家级新区共有 19 家，国家级自主创新示范区共有 19 家，其他国家级开发区共有 24 家；省级开发区共有 2111 家。据统计，开发区经济总量占所在城市 GDP 比例的平均值为 13%，区内产业结构中服务业比例平均达 23%，其开放水平、城市发展、管理能力、人才集聚、综合配套、社会服务等占据当地的高点，对地方经济的重要性不言而喻。① 因此，开发区发展全域旅游在体制机制的灵活性、政策的创新性、公共服务的配套性、投资建设的快捷性等方面具有先天优势。

（1）旅游度假区的全域旅游发展。旅游度假区，是指为旅游者提供度假休闲服务、有明确的空间边界和独立管理机构的区域。根据《中华人民共和国旅游度假区等级划分标准》（GB/T 26358 – 2010）的定义旅游度假区是指具有良好的资源与环境条件，能够满足游客休憩、康体、运动、益智、娱乐等休闲需求的，相对完整的度假设施聚集区。旅游度假区代表着最高端的消费、最丰富的业态、最兴旺的人气，以提供休闲度假旅游服务为主要功能、有明确空间边界和独立管理运营机构的综合性区域。这种综合性区域就是地方的一种功能区，一般面积至少 5 平方公里，因其主要功能是休闲度假旅游，严格来说旅游度假区就是一种面积规模和空间尺度较小的全域旅游示范区。

全国各省份基本上采取"先批后建"模式，由设区的市人民政府提出申请，省级政府批准设立后，进行旅游度假区建设，"先批后建"的行政审批制度在旅游度假区设立之初起到了一定作用。但随着国家对开发区职能的重新定位和休闲度假旅游的发展要求，这种"先上车再补票"的模式已经无法适应度假市场的发展趋势。就山东省而言，应当按照全域旅游的理念进一步规范认定和管理，推动旅游度假区提档升级，将度假区打造成为全域旅游的先行区及示范区。

一是激活旅游度假区体制机制活力。加强对旅游度假区建设指导，参考经济技术开发区、高新区的发展模式，推动旅游度假区建设和发展。建立充

---

① 中国开发区网，https：//www.cadz.org.cn/index.php/develop/index.html。

满活力、运行顺畅、务实高效的旅游度假区管理委员会，负责旅游度假区各项管理工作。同时，组建旅游开发运营公司，开展各种旅游产品和业态，延长产业链，为游客提供一条龙旅游服务。

二是对度假资源进行整合提升，做到全方位统筹发展。包括时间上长短统筹，短期提档升级与长期创新规划相统筹；空间上山海、山林、山湖等多元自然地貌的立体统筹保护与发展；经营上内外统筹，培育本地企业发展的同时，积极引进国内外品牌；季节上淡旺季统筹，增加冬季产品供给、丰富游客夜间旅游生活；业态上多业态统筹，包括吃、住、行、游、购、娱、商、养、学等。

三是塑造度假旅游品牌。完善与提升度假区综合服务配套设施，根据地域自然资源特征，塑造海滨度假、海岛度假、温泉度假、山地度假、滨海度假等度假品牌，高水平规划建设一批高端度假酒店、文化主题酒店、温泉酒店，配套开发现代娱乐项目，设计高品质主题体验活动，营造度假区氛围，打造现代度假区品牌。

四是去房地产化，推进旅游化。前期旅游度假区房地产投资压过旅游投资，有泡沫化倾向。应当还原旅游度假区的原有功能，将无法销售或烂尾的房地产开发项目转型改造为民宿和度假公寓，与旅游度假区的功能相衔接，丰富度假产品体系。

五是从全域旅游视角下构建旅游度假区考核指标体系。即从政府支持（包括管理机构设置、落实项目用地、公共财政投入）、产业发展（包括旅游业总收入占旅游度假区总收入比重、接待游客总量、服务业增加值占旅游度假区地区生产总值比重、服务业税收总额、当年旅游从业人数）、项目建设（包括当年完成旅游项目投入总额、当年完成基础设施投入总额、新开工旅游项目数、竣工旅游项目数、当年招商引资实际到账资金总额）、经营状况（包括休闲度假设施、知名品牌或主题酒店数量、住宿设施床位数、餐饮购物设施、人均逗留天数、过夜游客数、人均花费、游客满意度）、公共服务（包括旅游厕所、游客接待中心、生态停车场、标识系统、医疗救护、应急处置、紧急救援、智慧旅游）、规范管理（包括内部管理规范、总体规划编制报批、信息统计、安全保障）、生态环境（包括生态环境保护情况、绿化覆盖率、开发强度控制）、宣传营销（包括宣传营销机构、宣传促销经费、宣传促销活动、多语种宣传品）等方面综合评估，构建旅游度假区考核指标体系。

（2）全域旅游特区。从旅游业自身存在综合性和复杂性特点来说，要实现全域旅游理想发展模式必须有根本性的突破和革新，需要构建系统性和全局性的旅游要素。而在全域旅游发展过程中，如果地方政府不把旅游业摆在一个重要的战略位置，则全域旅游就很难真正实施。要想真正实现全域旅游，只有设立"旅游特区"了，因为省地县（市、区）镇（乡）的行政区划，导致区域资源只能常规性地、较为均质地配置在第一、第二、第三产业上，社会服务侧重于为本地解决问题，不可能全面长久地支撑旅游业作为主导产业、支柱产业来发展。只有作为功能区的"旅游特区"，国民经济与社会以旅游发展为主导，一切工作围绕旅游来转，所有的资源配置优先考虑或集中考虑旅游业的发展，所有部门都能协作推动旅游项目落地。这样就能破除体制的障碍，发挥地方政府的积极作用，建立适合全域旅游的推进机制。"旅游特区"是中国旅游改革创新的产物，是一种真正意义上的全域旅游示范区。按照行政区划主要包括以下三个层级：

一是省级全域旅游特区。海南省是典型代表，实际上就是"国际旅游岛"，是一个丰富完整的全域旅游体系，"国际旅游岛"的发展目标是将其建设成为世界一流的海滨度假旅游目的地，以旅游业为核心带动全岛发展。但目前的管理体制还是以省级的行政体制来主导发展，尚未形成与国家旅游岛匹配的旅游经济特区体制。

二是地市级全域旅游特区。旅游资源禀赋高，旅游目的地吸引力强，旅游产业发展具有很强的比较优势，旅游产业基础好与地位高的地级城市，如张家界市、丽江市、黄山市等。抑或是原来就是一种特殊的功能区，转型发展可以成为全域旅游特区，如神农架林区、黑龙江垦区部分下属农场等。

三是县级全域旅游特区。湖北省武当山旅游特区是个经典案例，2003年6月17日，湖北省委、省政府在武当山召开建设发展现场办公会，决定在武当山设立真正意义的旅游经济特区，实施"主权不变、治权独立、事权下放"管理体制，以旅游发展为主导架构管理体制，彻底激活了武当山旅游发展活力，在一个功能区内实现了全域旅游。我国的香格里拉、九寨沟、阳朔、荔波、武夷山、凤凰等县域旅游资源禀赋优质，旅游发展基础优秀，旅游吸引力强，可以通过旅游特区改革试点发展成为全域旅游特区。

3. 跨区域全域旅游发展方向

旅游本质上是游客在空间上的体验行为，因此全域旅游发展是要打破行政区藩篱，构建符合游客全旅游行程规律的全域旅游发展区域，全域旅游带实际是一种跨区域全域旅游形态。

从世界范围内来说，法国蓝色海岸、西班牙阳光海岸、澳大利亚黄金海岸、俄罗斯"金环"、美国加州太平洋海岸是闻名全球的旅游带，完全符合全域旅游发展理念。如法国蔚蓝海岸大致包括法国普罗旺斯—阿尔卑斯—蓝色海岸大区的阿维尼翁（Avignon）、马赛（Marseille）、尼斯（Nice）、戛纳（Cannes）、摩纳哥（Monaco）、尼姆（Nimes）等城市，沿海岸线总长约为300公里。以灿烂的阳光、蓝色的海岸和宜人的气候著称于世，沿线星罗棋布各种度假酒店、度假村，近年来游客年总消费约超过60亿欧元，旅游产业创造75000工作岗位。[1] 再如西班牙阳光海岸，位于南部地中海沿岸，长200多公里，将许多原来人烟稀少的沿海村庄打造成为度假社区和高端酒店，现成为欧洲最受欢迎的旅游度假胜地之一，拥有酒店435家，床位8.3万多个，2015年以来每年游客数量超过1000万人次，旅游业年均收入超过77亿欧元。澳大利亚黄金海岸位于澳大利亚东部海岸中段、布里斯班以南，在长约42公里的金色沙滩空间基础上创造了冲浪乐园、电影主题公园、海洋世界等多个景区吸引物，最终促成旅游带成型。[2] 俄罗斯"金环"是指俄罗斯东北部极具特色的8个古老城市保留了众多12～18世纪建筑古迹的路线，被视为俄罗斯境内最有趣和最具价值的游览路线之一，该路线上聚集着华美的教堂、庄严的修道院和有趣的民间工艺品博物馆，记录着古代俄罗斯最辉煌的时刻。即"金环"上包括谢尔盖耶夫镇、佩列斯拉夫尔—扎列斯基、大罗斯托夫、雅罗斯拉夫尔、科斯特罗马、伊万诺沃、苏兹达尔和弗拉基米尔八大旅游城市，目前已成为俄罗斯品牌旅游线路。[3] 美国加州太平洋海岸，南起加利福尼亚州的圣地亚哥，向北经洛杉矶、圣塔巴巴拉到旧金山海湾地区和萨克拉门托，以加州1号公路的建设为核心，完善沿路的观景与休闲服务设施，

---

[1]　齐镅：《国外旅游城市群发展研究——法国蔚蓝海岸精致度假旅游城市群》，载于《中国旅游报》2015年2月9日。

[2]　《澳大利亚著名景点：黄金海岸》，中华人民共和国商务部网，http://au.mofcom.gov.cn/article/todayheader/202006/20200602972855.shtml。

[3]　潘美含：《畅游俄罗斯金环城市》，载于《新民晚报》2019年6月23日。

其核心城市洛杉矶市内拥有 210 个公园、众多的游乐场所和旅游小镇，还有美国最大的城市公园——格里菲斯公园、迪斯尼乐园、阳光海滩等旅游吸引物。[①]

从国内来说，可以推进建设长城、长江三峡、长征文化、黄河文化、大兴安岭、太行山、长白山、大别山、武夷山、武陵山、秦岭、大运河、广西漓江、贵州赤水河、环太湖、环杭州湾、浙西、东南海岸、皖南、呼伦贝尔大草原、大香格里拉、伊犁河谷等多条跨行政区全域旅游带。

从山东省来说，可以依托资源禀赋特征，按照旅游发展规律和游客心理需求构建孔子之路、仙境海岸、葡萄酒海岸、阳光海岸、幸福海岸、沂蒙红色文化、黄河文化等多条跨行政区全域旅游带。

（三）全域旅游国际化技术导向

全域旅游国际化意味着建设国际一流水准的旅游目的地，在"环境、设施、功能、文化、形象、居民、营销和企业"等方面全方位国际化，采用国际惯例、交易方式、政策体系、奖励机制将旅游地引入国内外旅游发展主流之中，推动旅游业全面提升。尽快实现国际化是全域旅游发展进程中的关键一步，而要实现这关键一步，必须有效处理全域旅游产业体系建设过程中实施标准化与保持特色化的冲突，保障旅游发展的恒久活力。要达到这一目标必须处理好三点：一是要推进旅游标准化，建立市场化的体制机制，提升设施的文明层次与服务水准；二是全域旅游必须体现在地化，延续地脉文脉，传承文化基因，彰显地方特色；三是做好两者的结合，即标准化的产业要素、体制机制、基础设施等规范性建设和特色化的旅游形象、旅游产品、旅游服务、旅游业态等差异化建设要有机结合、并行不悖，旅游业的国际化、标准化应有合理尺度，防止模式化与雷同化的现象出现。具体如表 6-4 所示。

---

① 汪升华、陈田：《美国大都市旅游带的生长机理及其启示》，载于《世界地理研究》2006 年第 1 期，第 88 页。

表 6 – 4 全域旅游国际化发展

国际化领域	国际化具体内涵
区域形象的国际化	设计国际时尚形象，对旅游形象细分
旅游产品的国际化	旅游产品要具有国际品质，能吸引国际游客
发展目标的国际化	打造具有国际品位的景区度假区和旅游目的地
服务设施的国际化	包括饭店、餐饮、娱乐、商务、交通、通信等设施先进，但建筑风貌、内部装修体现本土特色
服务水准的国际化	建设旅游集散中心、游客服务中心；旅游预订、旅游结算、旅游服务等功能达到国际化水平
市场营销的国际化	完善与建立旅游目的地营销系统，全方位推进旅游形象宣传
企业经营的国际化	按照市场化机制组建旅游集团，引进国内外知名旅游品牌（包括饭店集团、旅游投资公司等），开展深入合作
生态环境的国际化	坚持环境立市，实施生态保育工程，要建设生态化和人文化的旅游城市
文化环境的国际化	越是具有民族特色的越是世界的，越是特色的和地域的越是世界的，彰显本土化就是国际化
社会环境的国际化	语言素质、道德水准、文明程度等要达到高水准

三、全域旅游创新发展路径

　　全域旅游发展理念的提出和推进工作极大地鼓舞了地方政府和文化旅游系统的干部群众，近年来全国掀起了全域旅游发展的热潮，从星星之火到燎原之势，全域旅游已经成为社会各界关注的热点和各地重要的区域发展战略，成为落实创新发展理念、推动旅游产业转型升级的重要抓手。全域旅游发展已经取得了阶段性成就，各地在实际推进工作中形成了很多因地制宜的发展模式与实现路径，丰富了全域旅游发展实践操作体系。但是不可否认，全域旅游作为一种全新的发展理念与战略尚未得到真正的深入贯彻，其本身在推进发展过程中也需要不断结合实际进行创新，如何在深化发展中创新发展机制与实现路径，破解发展中的困境与迷惑，引导各地走一条特色化的全域旅游创新发展之路，成为新时期文化旅游工作的重要任务。

（一）全域旅游创新发展的实践困境

在实践推进过程中，不少地方对全域旅游理念理解不透，对其内涵与精神领会不深，对其价值与作用重视不够，导致诸多困境与问题，急需进行破解。

1. 理念认识困境，存在概念化和标签化问题

把全域旅游当作一个概念任意套用，不求甚解，不领悟其本质内涵。实际工作中又简单地认为全域旅游发展仅仅是编制全域旅游规划、申报相关材料与迎接验收检查，导致难有实质性的突破与进展。

2. 重点突出困境，存在空心化和空泛化问题

不少地方提出全域旅游发展"十全"战略，却忽视关键性的旅游吸引物和旅游服务质量的提升，缺乏旅游目的地核心产业要素支撑，全域旅游发展举步不前，难以深入推进深化。

3. 改革创新困境，存在表面化和形式化问题

不少地区选择的发展路径落伍，举措缺乏新意，实践推进又因循守旧，裹足不前，造成改革滞后，没有形成可推广、可示范的发展模式与成功经验。

4. 特色彰显困境，存在同质化和低端化问题

推进全域旅游过程中存在盲目复制、生搬硬套等现象，忽视了特色旅游元素的挖掘与凸显，造成整体品质不高，不少地方趋向区域雷同。

5. 部门协作困境，存在孤立化和分散化问题

受体制机制的影响和部门利益的阻隔，全域旅游尚未引起当地党委政府高度重视，部门协作僵化，造成文化和旅游部门独立支撑全域发展，组织力量分散，发展能力薄弱。

6. 市场推动困境，存在行政化问题

把创建全域旅游示范区当作一项政治任务与政绩工程，长官意识和行政色彩浓，全域旅游停留在喊口号、形象工程建设层面，没有充分发挥市场主体对全域旅游发展的推动作用。

7. 共建共享困境，存在本位化和封闭化问题

开放合作意识不强，社会各界人士参与力度不够，形成自我封闭、画地为牢的格局，全域旅游成为个别部门、部分区域的独角戏。

8. 落地实施困境，存在教条化和常规化问题

完全囿于既有的条条框框，按部就班地推进实施，主动作为意识和创新能力不足，导致不少地方全域旅游难以落地生根。

（二）破解全域旅游创新发展困境的路径

1. 破解理念认识困惑，构筑全新旅游发展观

要在资源观、战略观、产品观、营销观、服务观、管理观等方面锐意创新，用全域的眼光依据市场特性来发现资源与再造需求，以全局的战略视角来谋划和推动旅游目的地发展，以全时空的格局来创意与建设产品，从旅居生活的范畴考虑全社会流动人群的目的地选择、消费倾向与营销策略，从全域服务的高度提升与完善旅游行业服务，从全社会综合治理层面来考虑旅游管理的升级，达到全域统筹、全局谋划、全业融合、全员参与，实现全域旅游跨界发展。

2. 加强特色要素培育，提升产业供给质量

加大旅游新产品、新业态、新体系等高端旅游元素培育力度，加快提升食、住、行、游、购、娱、商、养、学、闲、情、奇等旅游产业要素质量，实现全域旅游高质量发展；因地制宜创立符合当地实际的发展模式、推进机制、主打产品、主题形象等，强化各类产品、设施、项目的特色化建设，形成高品质、各具特色、差异化推进的全域旅游发展局面。

3. 破解制度性障碍，构建高效协作发展机制

按照部门联合、资源整合、产业融合原则，建立文化旅游与住建、水利、农业、海洋渔业、林业等资源管理部门资源整合机制，与发改、财政、自然资源等政策管理部门政策扶持机制，与公安、交通、生态环境、民航、铁路等社会管理部门环境保障机制，与公安、市场监管、城市管理等执法监管部门联合执法机制，与商务、工信、体育、教育等事业产业管理部门的业态融合发展机制，与宣传、外办、广电、侨办等外宣外联部门宣传营销机制，以及与各部门涉及旅游事项综合考核机制，破解部门分立的体制阻隔，构建高效的全域旅游协作发展机制。

4. 深化改革攻坚，激发全域旅游创新活力

全面深化旅游综合改革，在景区管理体制、门票制度、旅游投融资体制、

考核评价体系等方面积极探索，建立健全与全域旅游发展相适应的旅游业产业定位、旅游综合管理、旅游业发展引导、旅游公共服务、旅游市场监管等体制。以创新统筹职能、创新政策措施、创新产业引导为指引，探索全域旅游改革先行先试，向改革要红利，激发创新活力。

5. 优化发展环境，营造包容创新的生态

发展环境是软实力，是全域旅游创新发展的外部变量。优化创新发展的软环境，为各种新思路、新举措、新经验的不断涌现奠定人文环境基础。一是要深入推进"简政放权、放管结合、优化服务"。转变政府职能，减少旅游行政审批，降低市场主体的运行成本，促进市场主体的活力和创新能力；二是要为新企业、新团队、新组织等市场主体提供政策、信息、人才等方面优质服务，为全域旅游创新发展创造良好的成长环境。

6. 促进高水平开放合作，提升全域资源配置能力

对标国际先进，积极探索合作新模式，通过资源引入、产业链整合、国际化互动，以高水平对外开放合作提升外部资源整合水平；强化全社会各行业、各领域、各部门的开放资源、开放市场、开放服务的开放机制建立和全域旅游开放氛围的营造，不断提升内部资源配置整合能力。

（三）全域旅游创新发展思路与关系应对

1. 创新思路

一是创新理念认识。推进全行业思想再解放、改革再深入，推动观念变革，激发创新灵感，提升全域旅游发展的思想境界、能力水平与创新精神。

二是创新发展模式。因地制宜，突出特色，凝聚发展模式，大力应用新技术、新方法、新路径，推动旅游产品创新、旅游组织创新与旅游制度创新，实现全域旅游质量变革和效率变革。

三是创新体制机制。大力创新全域旅游发展的政府动力机制、市场化主导机制、社会参与机制和共建共享机制，激活体制机制的内生活力。

四是创新发展平台。打破地域与行政阻隔，加强各行各业密切协作，推进产业深度渗透融合，开展跨区域合作交流，推进区域统筹、城乡统筹、内外统筹，形成全域旅游发展共同体，搭建多部门、多行业、多地域的发展新平台。

　　五是创新发展动力。加强政策集成，集聚各层级各行业政策精准落地旅游，创新政策动力。应用大数据、云计算、物联网等新技术于旅游，创新科技动力。补齐短板，挖掘潜力，做好人才服务，优化旅游人才产出方式，创新人才动力。

　　2. 关系把握

　　全域旅游创新发展是个系统工程，需要重点把握好五个发展关系，做好结合，选择正确的实现路径，才能实现全域统筹协调发展，创新环境宽松顺畅，创新能力持续提升，创新动力不断增强。

　　一是处理好全和域的结合。既要在"全"字上做文章，突出"处处、行行、业业、人人"；又要发力于"域"，着力构建全域旅游的产业域、空间域、管理域、产品域和消费域。

　　二是处理好广度与深度的结合。既要有一定的广度扩展，扩大全域旅游对地方的综合带动与催化效应，又要有深度聚合，着力创新全域旅游的核心载体和品牌体系。

　　三是处理好硬件建设和软环境提升的结合。既要推进全域旅游项目、设施、景观等硬件建设的品质化，又要在旅游服务、人文环境、社会参与等软环境提升上突出特色。

　　四是处理好政府主导与市场主体的结合。既要推进各级政府部门的大力作为，形成新的体制机制、政策举措，又要发挥市场机制对创新的主体作用，构建创新主体与发展亮点。

　　五是处理好对外和对内的结合。开放性和动态性是全域旅游创新发展的重要特征，必须统筹对外开放和对内改革，释放改革与开放的双重红利，实现共建共治与主客共享。

| 第七章 |

全域旅游发展实践路径

一、国内旅游地全域旅游发展路径

本章选择笔者曾经主持或负责编制的国内地级城市、县域旅游发展课题，对这些区域提出全域旅游发展实践路径具有一定的参考价值。

（一）伊犁河谷：全域视角谋划全域旅游发展之路

伊犁河谷位于新疆维吾尔自治区中西部，属天山最西段，整个河谷呈"三山夹两谷"的地貌格局，地势东高西低，向西敞开，形成独特的"天山河谷"地形地貌，使得伊犁河谷雨量充沛，成为亚欧大陆腹地干旱荒漠区中的一个"瀚海湿谷"；伊犁河谷沃野千里，草地、森林、水域覆盖了伊犁72.6%的面积，成为名副其实的"西域绿谷"；伊犁河谷气候温和湿润，昼夜温差大，夏热少酷暑，形成了独特气候的"新疆凉谷"；丰沛的降水，适宜的温度与地形条件，在伊犁河谷形成了亚洲中部完整的天山山地垂直植物—土壤带谱，拥有新疆面积最大的绿色生态森林和山地草原，是新疆的"生物基因库"，可谓"中亚生谷"。① 2008 年，伊犁河谷以票数第三入选《中国国家地理》评选的中国"十大新天府"之一，成为紧随成都平原、台

---

① 孙浩捷：《新疆区域旅游资源整合研究——以伊犁河谷为例》，载于《干旱区资源与环境》2009 年第 9 期，第 196 页。

湾嘉南平原之后，被人们视为最适合生存和生活的"人间天堂"。伊犁河谷作为一种独特的生态系统和人类生产生活方式的地理空间，如何针对全球后工业化时代人们返璞归真的心灵需求，从社会经济发展整体大格局角度谋划全域旅游发展，因地制宜地选择实践路径，保存与延续这一片"纯净河谷"和"人间净土"是旅游发展的重要问题。

1. 社会经济转型

以生态保护和文化传承为高线和最大利益，通过旅游实现社会经济转型发展。经济建设上，从塑造形象和集约发展的角度出发用旅游来约束产业性质，有效集聚工业布局，积极发展现代服务业与新型产业；城乡建设上，旅游与文化的深度融入，用文化引领城市与乡村的品质化建设，加强城镇特色景观的营建、环境的美化和农村的个性化建设，展现个性化的城乡独特之处；社会发展上，旅游提升生活品质与休闲空间，建设更加幸福的西域天府，从而用旅游的形象功能和动力功能来引领和推动社会经济的全方位可持续发展。具体如图 7 - 1 所示。

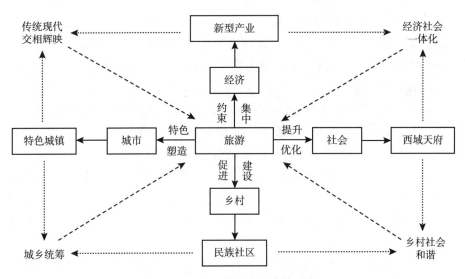

图 7 - 1　伊犁河谷社会经济转型发展

2. 全面融合发展

首先，全产业融合，即以绿色旅游业为基底，与第一产业、第二产业、第三产业的融合共创，旅游发展与各种新业态融合发展，走以旅游与现代服务业为主线的新型区域发展道路。一是旅游发展与农牧业融合发展，把旅游与农业产业结构转型升级结合起来，将部分生产牧场转变为景观牧场，将田园果林转变为旅游景观，将农副产品转变为旅游商品，将农牧业生产活动转变为特色农事体验活动；二是把文化与旅游融合起来，以文化为魂，以旅游为体，把旅游发展与保护文物文化、打造文化产业结合起来，实现文化与旅游的完美结合；三是边贸流通业与旅游融合起来，发展旅游边贸购物、旅游配送服务；四是交通运输业与旅游融合起来，发展旅游、旅游汽车租赁等新业态；五是会展体育业与旅游融合起来，发展"一带一路"会展、民族体育节事旅游等。

其次，全空间融合，即旅游发展与草原、乡村、社区、城镇、兵团团场、社会服务进行有机融合。一是把旅游与城市建设的民俗文化街区结合起来，为游客和市民一起打造城市，把旅游城市变成城市旅游；二是把打造特色旅游乡村与乡村振兴结合起来，建设民族民俗旅游村；三是把旅游发展与兵团建设发展融合起来，推动团场社会经济发展水准的提升；四是把社区建设与旅游发展融合起来，创造伊犁河谷风情社区与幸福家园；五是把旅游公共服务体系建设与社会公共文明、幸福指数提升结合起来；六是把旅游发展与边疆地区维持稳定结合起来，旅游成为民族团结的重要载体。

3. 调控生态空间

首先，加强工业调控，转移工矿项目。伊犁河谷东五县（尼勒克县、巩留县、昭苏县、特克斯县、新源县）是伊犁河谷生态环境最优的区域，目前小煤矿、小乳品、小皮革、小水泥、小水电"五小"工业的存在对生态环境产生了严重破坏，应当实施"腾笼换鸟"，在潜在危害较小的伊宁周边建立产业转移工业园，将矿产开采、水泥加工等产业腾退出去，东五县优先发展以旅游业为主的第三产业和循环经济以及食品加工业；本着生态优先原则关闭各类小煤矿、小水电。

其次，种植业过度发展对牧草业发展和草原生态产生巨大影响，同时也影响了旅游整体环境的营造，要推进退耕还草，降低农耕生产对山地草原的冲击；减少草原放牧量，开展退牧还草，恢复草地植被群落，采取禁牧、休牧、轮牧等方式，逐步形成与旅游发展相匹配的景观牧场与社区牧场。

4. 传承文化基因

在城市建设中传承地域文化基因，城镇空间面貌应突出本地区哈萨克族、维吾尔族、蒙古族、锡伯族，以及乌孙文化、军垦文化等风貌和元素。城镇布局因地制宜、依山就势，城乡建设与自然环境充分融合，保持密切结合山水环境和地形地势的布局特点，彰显自然而非图案格式，形成"生长"于本地的城镇总体风貌；城市保持固有的街道肌理和空间尺度，慎用常见的笔直宽阔的飞机跑道式大马路，避免对空间的硬性切割。保持各民族固有的建筑体形，是实现"差异化"城镇景观环境的重要方面，如维吾尔族多为黏土生土建筑，装饰复杂；哈萨克族多为类帐幕式建筑或石屋，布局因地制宜，依山就势；俄罗斯族多为木构建筑，弧形门廊，檐头重花纹砖雕，装饰多变化。建筑色彩上维吾尔族以蓝、白、赭三色为主，重要部位饰以红色、橘色、黄色。建筑材质以砖、木、石为主，可在隐蔽部位采用钢筋混凝土结构，忌用玻璃幕墙和贴瓷砖。

5. 实施特殊化政策

实行旅游政策特殊化，消除旅游业发展的唯 GDP 思维障碍。一是调整政绩考核指标。把加强生态环境保护放在更加突出的位置，树立经济发展是政绩，生态环境保护也是政绩而且是更重要的政绩的思想观念，改变产值 GDP 考核为主的制度，在政绩考核上不以 GDP 的多少作为考核的唯一或重要标准，对东五县实行分类考核，有的县市以绿色 GDP（即以生态环境保护和生态资源产生的价值来衡量）和旅游发展来进行政绩考核，有的县市不主要以产值 GDP 来进行政绩考核，不给主要行政官员增加 GDP 增收的冲动，从而为发展旅游业创造条件。二是调整财税政策。加大对东五县的财政转移支付力度，将每年中央均衡性转移支付资金增量部分主要用于补助东五县，州财政从全州一盘棋的角度出发，维持伊犁河谷各县财政状况的基本平衡，推进基本公共服务均等化。从财政根子上制止东五县工业矿产随意开发和小水电建设。加大对旅游基础设施、宣传促销和旅游公共服务体系的投入，州级财政设立旅游发展专项基金、现代服务业发展专项资金、旅游扶贫专项基金、农牧业保险发展资金、农牧民小额贷款贴息资金和可再生能源建筑应用引导专项资金等。三是项目准入政策。当工业、矿产开发等建设项目与生态环境发生矛盾时，必须服从生态环境；当文化产业、旅游等项目对生态环境不利的情况下，以生态环境保护为先，要强化环境保护法治建设和严格执法，严格环境准入，严格执行环境影响评价制度。具体如表 7 - 1 所示。

表 7 - 1　　　　　　　　　伊犁河谷各县市政绩考核标准设定

县市名称	政绩考核标准
伊宁市	产值 GDP 与绿色 GDP、旅游发展考核兼顾
伊宁县	绿色 GDP、旅游发展考核为主
霍城县	产值 GDP 与绿色 GDP 考核兼顾
新源县	绿色 GDP、旅游发展考核为主
尼勒克县	绿色 GDP、旅游发展考核为主
巩留县	绿色 GDP、旅游发展考核为主
特克斯县	绿色 GDP、旅游发展考核为主
昭苏县	绿色 GDP、旅游发展考核为主
察布查尔锡伯自治县	产值 GDP 与绿色 GDP、旅游发展考核兼顾
奎屯市	GDP 考核为主

（二）峨眉山市：从一山旅游到全域旅游之路

1. 旅游发展定位：从单一目标到全域愿景

一是全球视野。峨眉山市要用全球视野配置一流的产业要素，不能以国内的风景名胜、旅游观光的模式、机制与部门管理来推进旅游发展，要站在天下名山角度来看待峨眉山的发展，要以国际化的模式、平台、机制来运营峨眉山旅游业。在"环境、设施、功能、文化、形象、居民、营销和企业"等方面全方位国际化，采用国际惯例和交易方式将峨眉山市引入国内外旅游发展主流之中，推动旅游业全面提升。二是世界标准。峨眉山作为"天下第一山"要引领天下，不仅要成为资源的第一，而且要成为发展标准的第一，要引领中国旅游发展，创新东方旅游发展模式，在改革创新上走在前列。创建新的中国山地度假标准——东方山地度假旅游标准模式，每年发布山地度假旅游指数，引领中国山地度假旅游业的发展。三是中国典范。要通过旅游改革创新攻坚、发展模式创新、文化内涵挖掘、区域联动以旅游业引领区域发展，成为中国全域旅游的排头兵和典范之地。四是地方特色。武术文化、茶叶文化、中药材文化、养生文化与城市、乡镇、旅游设施建设融合一体；度假酒店、旅游设施的建设要避免淡化地方特色、盲目现代化的误区。

2. 旅游空间布局：从一山独大到"山城一体、山水一体"

全域发展峨眉山旅游，构建形成"一廊四片六小镇"的旅游空间发展格局。

一是峨眉河世界遗产廊道，以峨眉河为东西主轴，串联国际佛教中心、中华药博园、养老基地等，成为游客进入峨眉山市的第一站和对接峨眉山佛教文化的世界文化遗产旅游廊道。二是山城一体综合旅游片区，包括峨眉山市区、峨眉山风景区、峨秀湖国际度假区、飞来殿片区等，该旅游区实现风景区与城区及周边的一体化发展。峨眉山市区优化城市建筑风貌，完善旅游服务功能，建设特色旅游城市；峨眉山风景区是峨眉山市的主体风景区，根据《峨眉山风景名胜区规划》划分为风景游览区（包括金顶、洗象池、万年寺、清音阁、四季坪、神水阁、报国寺七个景区）、生态保护区、服务接待区（包括龙洞、黄湾、报国小区三个区域）和特殊功能区（即西南交通大学校区）。峨秀湖国际旅游度假区依托于峨秀湖及其周边区域进行综合开发建设，以温泉、会展、度假、购物、演艺等为主要内容，是一个综合型度假旅游片区。飞来殿景区以优化景区基础设施和配套环境、建设为国家 4A 级景区为目的，发展养老旅游产品。三是南部山区生态旅游片区，以罗目西部、高桥、龙池及张沟为载体，以湖泊、峡谷、山地、森林、溶洞、古镇等资源为依托，开发山水体验、民俗休闲、生态度假旅游产品。四是北部乡村旅游度假片区，以乡村田园、山林环境、生态湖泊为依托，以观音湖度假、川主西部、绥山西部、双福、普兴为空间载体，开发山林度假、滨湖休闲度假旅游产品。五是现代工业文明特色旅游片区，依托于现代农业基础和交通区位优势，结合工业化、城镇化进程，积极发展农业生态观光体验旅游和工业文明游。旅游小镇分散于市辖境内，重点打造黄湾武术小镇、峨秀度假小镇、罗目文化古镇、龙池山水旅游小镇、川主休闲旅游小镇、符溪农业旅游小镇等特色旅游小镇，以旅游统筹城乡发展，带动各个空间板块的发展。

3. 旅游产品：从峨眉山旅游到峨眉山市全境旅游

（1）提升观光旅游产品品位。观光旅游是峨眉山作为旅游目的地首要吸引力的旅游产品。第一，要全面保护世界遗产资源的景观风貌与环境，严格遵守世界遗产公约和国家级风景名胜区保护条例，杜绝风景区的城市化建设。

第二，山城一体，是指山与城在文化、服务与功能上的联系和一致。峨眉山风景区金顶现在有视觉冲击力，但要去除现代的视觉污染，彰显深山古刹的形象；协调区内沿途道路配置驿站、茶馆、武馆、传统风貌的客栈与酒店，营造文化氛围；峨眉山市区要定位为旅游城市，以游客为导向来建设城市，提升城市的文化品质和服务功能。第三，景区净化，注重建设项目及设施景观风貌与周边环境的协调统一。

（2）推出休闲度假旅游产品。峨眉山市具备了休闲度假的良好环境和气候条件，峨眉山地处"北纬30度"这条神秘的纬度线上，处于盆地到高山的过渡地带，境内属亚热带湿润季风气候区，气候温和，年平均气温为17.2℃，年均降雨量为1555.3毫米。因峨眉山平地拔起，垂直高差大，立体气候差异明显，避暑度假环境优越。峨眉山拥有硫化氢泉、氡泉、碳酸泉三种温泉，被科学地命名为："含偏硼酸、偏硅酸的硫化氢、氨、锶、镭的医疗热矿泉"，具有卓越的医疗保健价值。[①] 要发展高端避暑度假、温泉养生度假、商务会议度假等多种类型度假旅游产品，以峨秀湖旅游度假区为核心支撑，大力建设精品度假酒店和度假服务设施。

（3）积极策划文化体验旅游产品。峨眉山不仅是佛教圣地，而且被称为中国三大武术流派之一的峨眉派武术的发源地，峨眉茶叶种植历史悠久，驰名中外，品种多样，质量上乘，竹叶青和峨眉雪芽已经成为茶叶名品。文化体验产品首先是以佛教文化为内涵的禅修体验旅游；其次是以武术文化为内涵的武术研学旅游产品；最后是以茶文化、中医药文化为内涵的特色文化体验旅游产品。文化体验旅游产品开发注重传统文化的保护与转化，并与现代时尚需求相结合。

（4）有序发展康体养生旅游产品。依托于良好的气候条件、山林环境、医疗温泉和禅修体验、茶道养生、武术健身、中药材等资源，可配套康体、医疗、购物设施，营造良好的社区环境，吸引大城市老年人来此旅居生活，打造独具地方特色和东方文化情趣的养生养老旅游产品。

（5）合理开发山地探险旅游产品。依托峨眉山风景区开发户外运动、科考探险、摄影、露营等旅游产品，结合原生态森林、峡谷丛林、溪流湖泊等

---

① 《峨眉山概况》，峨眉山人民政府网，http://www.emeishan.gov.cn/emss/dqgka/202103/05e4e8db736344259e27a94fa1779707.shtml。

自然资源进行开发，其主要包括徒步、登山、探险、穿越、露营、越野、野外挑战赛、极限运动等。

4. 旅游联动：从近地协作从全域合作

峨眉山市要与周边旅游目的地形成发展分工，大力推进大区域旅游合作。积极推动峨眉山市与乐山旅游一体化，以嘉峨城市快速干道建设和峨眉河田园风光休闲度假带开发为契机，大力推进旅游一体化发展，衔接旅游线路，完善旅游配套设施，实现旅游咨询、宣传促销、住宿、游览一体化，统一旅游景点、道路交通标识，共同打造国际文化旅游目的地。加强与成都的旅游合作，以绵成乐铁路客运专线建成运营和成贵高铁建成为契机，发挥成都西部旅游集散地和重要客源地的优势，促进与成都旅游业的垂直分工，实现旅游集散地与旅游目的地的全方位衔接，形成完整的旅游服务链，消除旅游壁垒与进入障碍，建成统一开放的旅游市场。联合构建西部旅游大环线，积极开展与四川省内主要景点的旅游营销合作，促进西部旅游大合作，整合贵州、云南、重庆等西部地区世界级旅游资源，以西部世界遗产为核心，以绵成乐、成西、成昆、成兰等快速铁路为通道，联合构建中国西部旅游大环线。与世界自然与文化遗产地泰山、黄山、武夷山等开展自然文化双遗产旅游合作，推进世界遗产旅游在国内外的影响。

5. 旅游体制：从一市两制到全域统筹

峨眉山于 1988 年撤县设市，由乐山市代管，为省辖县级市。同年，峨眉山市成立峨眉山景区管委会，负责峨眉山景区的规划建设和开发管理。2008年，峨眉山景区管委会和乐山大佛景区管委会整合，成立峨眉山乐山大佛景区管委会，管委会内设机构设置同政府机构设置相对应，为乐山市人民政府派出机构。峨眉山市人民政府与景区管委会平行同级，两个机构、两块牌子、两个班子、两套人马。峨眉山风景区的划定和管理机构的成立，使得旅游资源得到了有效的保护、利用和合理开发，通过近 30 年的不懈努力，峨眉山风景区无论在基础设施、环境保护、开发利用以及各方面的配套设施都是一流的。但市区的基础设施、接待设施和风貌景观等都相对落后于景区，山上山下发展严重失衡，峨眉山旅游仅停留在观光旅游阶段，要全面推进观光旅游向休闲度假旅游的转型，需要山上山下一盘棋，统一领导、统一规划、统一打造、统一管理、统一营销，变"协调发展"为"统筹发展"。可整合涉及旅游部门相关职能、建立大旅游管理体制，实行两块牌子、一个班子、一套人马，统筹景区、市区旅游产业的开发建设和保护管理。

（三）安徽泾县：江南小城如何实现全域旅游①

安徽省泾县自古素有"汉家旧县、江左名邦""山川清淑，秀甲江南"之誉。从旅游区位来说，泾县"枕徽襟池，缘江带河"，系黄山山脉的北部余脉和古徽州文化圈的北部门户区，既处于两山一湖（黄山、九华山、太平湖）大旅游圈的怀抱之中，又是皖南国际文化旅游示范区的重要功能区，母亲河青弋江串联皖南山水直通长江，具有良好的区位条件。从资源禀赋来说，泾县的白色（世界非物质文化遗产宣纸制作技艺源地）、红色（皖南事变发生地、新四军军部旧址、王稼祥故里）、绿色（绿色山林环境和竹、木、茶、鱼等绿色有机物产）、蓝色（河溪密布、山水清澈）、古色（徽韵古村与江南古镇众多、名人名姓辈出、桃花潭诗歌文化底蕴深厚）等五色旅游资源交相辉映，具有发展全域旅游的优质环境与文化资源。从市场开发潜力来说，泾县毗邻长三角经济圈和皖江城市群，距离江浙沪地区的大都市都在3个小时车程之内；被誉为"中国最美高铁"的合福高铁穿县而过，大大缩短了泾县与长江以北、东南沿海城市的时空距离，为开拓中远程旅游市场、推动大旅游流进入提供了绝佳的交通条件。作为一个江南小城要实现全域旅游，必须创新发展理念，提升旅游发展能级。

1. 以品牌打造整合全域旅游资源

泾县"不缺产品缺精品"，缺乏具有全国影响力、排在全国与全省一线地位的主打旅游景区，导致"观光无牌"，大旅游流较难进入。应当充分利用李白笔下桃花潭的知名度与文化底蕴，整合泾县西南部的桃花潭景区、查济古村、黄田古村、王稼祥故居、翟氏宗祠等旅游景区（点），以诗词文化、友情文化、古村落文化、名姓文化为核心复原历史胜景，按照"十里桃花、万家酒店"的主题定位，在桃花潭镇打造青弋江"一江两岸"传统古街区，建设具有桃花潭诗词意境与民俗趣味的文化旅游产品，打造大桃花潭旅游区，升级旅游目的地主打品牌，引动中远程旅游流。

① 王旭科：《泾县全域旅游发展策略》，载于《中国旅游报》2016年7月5日。

2. 用参与体验方式提升全域旅游产品品质

首先要提升红色旅游品质。重点挖掘抗日文化，将云岭新四军军部旧址从纪念地开发向体验性场景地开发转变，复原新四军军部的战斗、防卫、后勤与生活系统，将种墨园、修械所、大礼堂、战地服务团、女兵宿舍等军部旧址按照新四军军部的历史场景进行包装，利用周边的田园绿野建设新四军抗战体验园，开发仿真军事体验运动旅游活动；皖南事变烈士陵园、新四军史料馆更新展示方式，增强科技实景再现，突出互动性和参与性。

其次要提高宣纸旅游的原真性。利用小岭村的山谷溪流、古道村落和曹氏造纸历史渊源，打造"中国宣纸发源地"，保护古宣纸槽遗址，用场景化的方法恢复明清时期土法宣纸作坊，传承古法宣纸技艺，让游客真实体验宣纸制作。

3. 以旅游主题功能区建设铸造全域旅游之体

全域旅游不等于全地域旅游开发，应当将区域内最优质的资源划为旅游主题功能区开展保护性旅游开发，以旅游业引领功能区国民经济与社会整体协调发展。除了西部的桃花潭旅游区外，泾县的东南山区生态环境优越，应当谋划把"汀溪、浙溪、西阳、蔡村、爱民"片区生态山水空间划为全县生态旅游特区，强化绿色生态脆弱区域的空间管制与生态资源的可持续利用，在不影响生态环境的基础上有序发展生态休闲度假旅游；依托查济、蔡村、黄村等地乡村旅游发展的优势基础，统筹乡村项目建设资金与涉农资金进行重点投放，建设乡村旅游集聚区，促进连片发展与旅游业态集聚，打造成为全县乡村旅游品牌化发展的示范区。

4. 以文化和旅游深度融合为核心推进全域"旅游＋""＋旅游"行动

推进文化和旅游深度融合，以闻名中外的"红星牌"宣纸为核心，联合"汪同和""汪六吉""千年古宣""常春纸业""桃记"等打造宣纸书画纸品牌，优化提升以榔桥镇乌溪村为主的宣纸生产基地和以丁家桥镇为主的宣纸书画纸生产基地，强化原产地域保护，开发宣纸新产品，拓展产业链，丰富宣纸旅游购物品，提高宣纸产品的旅游增加值。推进宣纸博物馆体验区和文房四宝研发中心的建设，建设宣纸技艺传习基地，培养宣纸技艺传承人，把宣纸的原料采集、碾碎、发酵、打浆、捞纸、烘干、裁剪、包装等制作全过程以及宣纸书画艺术活动转变为特色宣纸文化旅游体验活动。

5. 以多元化旅游营销提高全域旅游知名度

一是形象营销。目前泾县的文化品牌，如宣纸宣笔、李白诗词、皖南事变、文化名人等在小众人群和专项旅游市场有影响力，但是对主流旅游市场的影响力尚不足。要面向主体旅游市场通过各种媒介塑造"江南抗日军都、宣纸诗画山水"旅游形象，构建与全域旅游发展相适应的旅游形象体系。二是高铁营销。开展合福高铁沿线城市合作，推进高铁旅游圈市场营销合作，扩大本县在合福高铁沿线旅游市场的影响力。三是捆绑营销。整合推出地标性的十大旅游胜景，即"宣纸家园、抗日军都、稼祥故里、桃潭诗韵、查济名村、茂林古镇、徽北高山、水墨汀溪、江南漂流、皖南天路"，开展捆绑组合营销。四是专题营销。泾县要与宣州、旌德、绩溪、歙县等区县合作推广文房四宝之旅，扩大文房四宝之乡旅游品牌的影响力。

6. 以旅游道路建设构建全域旅游空间网络体系

推进泾县与周边的青阳县、南陵县、旌德县的公路建设，提升公路等级，形成内外旅游公路环线，消灭县域之间与景区之间的断头路。以苏红至汀溪段的九里岭、桃花潭至查济段的道路为载体，建设"皖南天路"风景道，完善沿线的景观配置、特色树种绿化、观景平台设置、旅游厕所与旅游标识牌等设施建设等，提升沿线乡村旅游点的品质，营造特色自驾车观赏景观廊道。完善自驾车旅游服务体系和旅游车流预警系统，及时通过电视、网络媒体发布节假日各主要旅游公路道路拥堵状况和停车场容量信息，合理引导旅游公路自驾车流量，改变山区道路拥堵状况，提升自驾车游客在泾县的满意度。

7. 以共建共享、旅居一体为理念树立全域旅游发展宗旨

全域旅游发展不仅要满足外地游客追新求异体验本土特色的需求，而且也要满足本地居民的文化休闲需求，让他们享受全域旅游发展的成果，实现共建共享的全域旅游发展宗旨。开展全民旅游知识普及和全域旅游建设宣传教育活动，把乡土文化旅游知识写进全县干部培训、全县中小学乡土教育教材之中，实现"干部人人当导游，居民人人懂旅游，学生人人爱旅游"的旅游全民化普及。定期开展"旅游下乡、送戏进村""龙舟竞赛""舞龙舞狮表演""山地自行车赛""油菜花马拉松"等具有地方特色的文化旅游与群众性体育活动，繁荣全县的文化休闲与旅游生活。

8. 以党政工作旅游主导模式来激活全域旅游发展机制

与国内先进的旅游县市相比，全县旅游体制改革的力度有待增强，全域旅游发展的体制活力尚未完全激活。全县党政社会经济发展政策和各部门工作要向旅游靠拢、为旅游出力，产业规划、人事调整、项目安排、资金预算、土地指标、形象宣传、招商引资、人力培训等环节，要为旅游开绿灯，为旅游留空间；要建立为旅游业"特事特办、速决速办"的绿色通道，形成县域旅游政策高度特殊的体制机制，助力"旅游兴县"战略，真正通过全域旅游的务实科学、系统持久发展引领全县国民经济与社会发展水平达到一个新高度。

二、山东省全域旅游发展路径

（一）山东省整体全域旅游发展路径

1. 全域旅游发展历程

山东省是在全国开展全域旅游比较早的省份。早在国家启动全域旅游示范区创建工作之前，山东省已有部分县（市、区）开始了具有全域旅游理念的创新探索。2014 年时已经有县（市、区）开始探索全域化发展的旅游发展路径。其中，2014 年沂水县提出了"全景沂水、全域旅游"的发展理念，"沂水现象"成为中国旅游业一个重要的市场化发展模式。青岛市崂山区提出了"崂山全域皆景区"的发展理念。2015 年原山东省旅游局组织编制了《山东省全域旅游示范市县评定标准》，在全国属于首创，该标准得到原国家旅游局规划财务司的肯定，部分成果被《全域旅游示范区创建工作导则》所吸纳。2016 年山东省邀请世界旅游组织专家编制《山东省全域旅游发展规划》。2017 年山东省被列为全域旅游示范省创建单位。

2. 全域旅游示范区创建

山东省将创建全域旅游示范区作为引领和推进全域旅游发展的重要手段，全域旅游示范区创建等方面并取得显著成绩。2019 年 9 月，文化和旅游部经过验收评审公布了首批 71 家国家级全域旅游示范区，青岛崂山区、潍坊青州市、济宁曲阜市成功获评首批国家全域旅游示范区，山东省成为全国 13 个推荐名额全部通过的省份之一。① 2020 年 11 月 18 日，文化和旅游部公布了第二批 97 个国家全域旅游示范区名单，威海市荣成市、临沂市沂南县、烟台市蓬莱区、德州市齐河县、济南市章丘区成功入选，山东省成为全国全域旅游示范区验收成功最多的省份之一。②

与此同时，山东省全域旅游示范区验收工作也在积极推进。2019 年，山东省文化和旅游厅组织开展了第一批山东省全域旅游示范区验收认定工作，通过专家会议评审、现场暗访等方式，确定了首批共 15 家"山东省全域旅游示范区"名单，包括济南市章丘区、济南市长清区、淄博市淄川区、枣庄市台儿庄区、烟台市蓬莱市、潍坊市临朐县、济宁市邹城市、济宁市泗水县、泰安市泰山区、威海市荣成市、日照市五莲县、临沂市沂南县、临沂市沂水县、德州市齐河县、滨州市惠民县。③ 2020 年，山东省文化和旅游厅组织开展了第二批山东省全域旅游示范区验收认定工作，在各市初审验收的基础上，综合专家评审、现场检查结果和线上答辩，并经公示，确定了第二批共 10 家"山东省全域旅游示范区"名单，包括济南市历下区、淄博市博山区、枣庄市山亭区、东营市垦利区、潍坊市安丘市、威海市环翠区、日照市东港区、临沂市河东区、滨州市博兴县、菏泽市单县等。④ 2021 年 6 月，山东省省文化和旅游厅开展了第三批山东省全域旅游示范区验收认定工作，经各市申报、专家评审、现场暗访、视频答辩等程序，确定了第三批 12 家"山东省全域旅游示范区"名单，济南市莱芜区、淄博市周村区、枣庄市滕州市、东营市东营区、烟台市栖霞市、潍坊市诸城市、济宁市汶上县、泰安市岱岳区、威海

---

① 《首批国家全域旅游示范区名单正式公布》，中华人民共和国中央人民政府网，http：//www. gov. cn/fuwu/2019 – 09/27/content_5433799. htm。

② 《文化和旅游部关于公示第二批国家全域旅游示范区名单的公告》，中华人民共和国中央人民政府网，http：//www. gov. cn/zhengce/zhengceku/2020 – 11/19/content_5562501. htm。

③ 《关于公布首批山东省全域旅游示范区名单的通知》，山东省文化和旅游厅网，http：//whhly. shandong. gov. cn/art/2019/12/25/art_100579_8468372. html？xxgkhide = 1。

④ 《关于公布第二批山东省全域旅游示范区名单的通知》，山东省文化和旅游厅网，http：//whhly. shandong. gov. cn/art/2020/12/31/art_100579_10284522. html？xxgkhide = 1。

市文登区、日照市莒县、临沂市蒙阴县和费县。①

（二）山东省全域旅游实践策略

贵州省提出建设"山地公园省·多彩贵州风"，打造品质更优、颜值更高、气质更佳的山地旅游大省和全域旅游示范省；浙江省提出以全域旅游践行生态文明思想，建设"诗画浙江"大花园；海南省以国际旅游岛建设为总抓手，以全国首个"全域旅游创建示范省"为引领，构建"日月同辉满天星"的全域旅游发展新格局，打造世界一流的国际旅游目的地；云南省按照"国际化、高端化、特色化、智慧化"的发展目标和"云南只有一个景区，这个景区叫云南"的理念，全面推进"旅游革命"，建设世界一流旅游目的地；陕西省以确立国际一流文化旅游中心和"一带一路"旅游核心区地位，推进全域旅游与国家战略对接；宁夏回族自治区持续打造"塞上江南·神奇宁夏"旅游形象，统领打造"美丽宁夏""动感宁夏""星星故乡""葡萄酒之都"等品牌体系，建设大西北旅游目的地、中转站和国际旅游目的地；四川省以"天府旅游名县"的建设为抓手，凝聚全域旅游发展合力，建设"文化强省、旅游强省"和"世界重要旅游目的地"；福建省推出"清新福建"品牌，全省要作为一个景区来打造，实现"省域即景区，景区即省域"，全域旅游打造"景区福建"。山东省则大力推进新旧动能转换重大工程，以十强产业之一——精品旅游打造推进全域旅游高质量发展，发挥"好客山东"的品牌优势，建设全域旅游示范省。

2018 年国务院批复《山东省新旧动能转换综合试验区建设总体方案》（以下简称《总体方案》），其中，"精品旅游"被列入引领全省经济社会发展的"十强产业"。新旧动能转换是解决发展的动能转换问题，解决供给侧结构性改革的原动力问题。《总体方案》中指出，旅游业要在与上下游产业融合发展的基础上，创新发展机制，扩大高质量、个性化旅游精品供给，完善旅游服务体系，积极发展新业态旅游项目，积极创建全域旅游示范省，加强旅游市场综合整治，严厉打击旅游失信行为，全面提升"好客山东"品牌价

---

① 《关于公布第三批山东省全域旅游示范区名单的通知》，山东省文化和旅游厅网，http://whhly. shandong. gov. cn/art/2021/12/17/art_100579_10296105. html? xxgkhide = 1。

值和影响力。这从省级政策层面为山东省全域旅游确立了方向。全面提升山东旅游产业发展质量，以精品旅游推动山东全域旅游发展的实践策略体现在以下五个方面。

1. 提出"创新融合协同优质共享"的旅游发展战略

对接中央提出的创新、协调、绿色、开放、共享的发展理念，制定前瞻性发展战略。一是创新发展。以系统创新为综合路径，以新技术、新产业、新业态、新模式为手段，以新知识、信息技术、大数据等新生产要素为支撑，实现旅游产业发展的制度创新、机制创新、产品创新、管理创新、服务创新、营销创新。二是融合发展。以"双化融合"为思维方式，以"旅游化"的思维推进旅游与相关产业的高度融合，推进"旅游+"，实现旅游效益最大化；以"化旅游"的方法推进各个产业向旅游业渗透、融合，推进"+旅游"，促进产业融合、部门融合、区域融合，实现城市建设、产业发展的效益多样化。三是协同发展。以"精""全"协同为发展路径，以精品旅游为核心动力，全域发展为综合载体，推动创建国家全域旅游示范省与促进精品旅游协同发展、同步推进、双重发力，以精促全，以全带精，实现山东省旅游产业全面升级、系统优化。四是优质发展。深入贯彻高质量发展要求，推动旅游业发展方式从资源驱动型向产品创新、设施建设、服务提升驱动型转变，产业体系从观光为主的单一功能向观光、休闲、度假、体验综合功能的转型，区域旅游发展从项目建设、景区建设向目的地建设、品牌化方向转型，实现具有山东特色的产品、服务、管理、环境等品质提升。五是共享发展。以人民为中心，全面增强区域旅游功能，补齐发展不平衡的格局短板，推动游客与居民之间共建共享、行业产业之间共建共享、城乡之间共建共享、区域之间共建共享，使游客能满意、居民得实惠、政府有税收、企业有发展，全域旅游发展成果惠及各方，实现全省旅游均衡性发展。

2. 聚焦核心和关键，突出产品精品化打造

围绕供给侧结构性改革的总体要求，以产品创新带动消费升级，满足市场需求。一是发展高端海洋旅游，借鉴国际度假旅游目的地发展模式，发挥山东优质沙滩资源优势，规划建设滨海休闲度假酒店集群，打造国际著名温带海滨度假连绵带。依托丰富的海岛资源，坚持一岛一品特色化开发，打造中国北方最大规模、最高品位的海岛旅游集群。建设青岛中国邮轮旅游发展实验区，威海、日照邮轮访问港和帆船（游艇）基地，开展烟台邮轮无目的

地公海游试点。以烟台葡萄酒文化为主题，整合葡萄种植、葡萄酒庄、葡萄酒小镇等资源，培育世界著名"葡萄酒海岸"。二是提档升级乡村旅游，推动乡村旅游产品、服务、环境、配套从"有"到"好"，培育产品多元、业态丰富，配套设施完善的精品乡村旅游，打造乡村旅游齐鲁样板。引导泰山、蒙山、微山湖、东平湖、海岸线、齐长城、黄河、运河、沂河沿线地区乡村旅游集聚发展，重点培育一批精品旅游特色村、精品旅游小镇、精品创意农业旅游园区和精品乡村旅游度假区，带动形成一批百亿级、千亿级农村产业融合发展集群。实施精品民宿、精品乡村酒店和乡村旅游管理与服务品质提升工程，打造一批标志性、示范性乡村旅游精品项目，整体推动全省乡村旅游提档升级。三是打造文化旅游精品，加快推进十大文化旅游目的地品牌建设，重点培育儒家文化、泰山文化、齐文化、运河文化四大文化旅游带以及古城文化旅游集群片区，打造曲阜东方圣城中国传统文化精品旅游发展高地和齐国故都齐文化精品旅游发展高地。全面统筹文物资源、文化艺术事业、文化艺术产业、非物质文化遗产和传统民间文化与旅游融合发展，深度开发精品文化旅游产品。四是提升城市旅游品位，按照精准化、精细化服务的要求，遵从宜居、宜业、宜游的愿景，提升全省城市旅游品位。积极发挥城市在历史、文化、科技、教育、产业、社区、公共服务等方面的优势，综合打造城市观光、休闲、娱乐、研学、体验等产品体系，重点建设城市精品旅游街区、精品旅游社区，形成各具特色的城市旅游品牌。依托中央商务区、特色建筑、历史遗存等打造核心吸引物，加大历史文化街区、特色风情街区、重大文化片区、重要开埠区、古街巷、百年老字号等特色资源的保护利用，打造具有地方特色的美食街、娱乐街、购物街等精品旅游街区。积极培育会展、商务、休闲、文化体验、康体养生等旅游业态，发展夜景、夜购、夜娱、夜休闲等旅游项目，打造夜旅游经济聚集区。五是培育生态旅游产品。与国际保护组织或著名生态旅游景区运营商加强合作，以黄河三角洲为重点建设一批生态保护与旅游发展一体化的精品生态旅游示范基地和生态友好型旅游项目。在长岛和沿海的重点自然保护区，提升自然环境解说系统标准，发展精品小众生态旅游产品。支持将与人类活动密切相关、具有典型意义的垃圾焚烧、污水处理、人工湿地水质净化工程等作为旅游资源，发挥其环境教育大课堂的作用，探索发展高品质环保主题旅游。六是铸造红色旅游经典。传承红色文化基因，培育红色旅游经典项目，以孟良崮、红嫂旅游区以及爱国主义教育基地为核心，打造全国一流的沂蒙红色文化精品旅游发展高地。以刘公岛、烟台山教学区、杨子荣纪念馆等胶东党性教育基地为代表，打造胶东红色文化旅游目的地。以铁道游击队文化园、台儿庄大战纪念地为代表，培育枣庄市铁道游击队和台儿庄大战红色旅游目的地。重点打造红色沂蒙红色旅游专线、山水圣人红色旅游专线、胶东红色旅游专线、济南红色生态之旅专线、渤海革命老区红色旅游专线、重温红色经典专线、鲁南红色旅游专线、华东地区解放战争主题游、聊城鲁西红色研学游、莱芜"红色记忆"系列展馆项目、冀鲁边抗日主题红色旅游胜地等线路产品。

3. 搭建新平台，促进相关产业高质量、高效益发展

积极推动旅游与相关产业融合发展，打造一批旅游新业态精品产品，提高旅游产业边际效益和其他产业附加值。

一是教育与旅游融合互动，发展研学旅行。依托各地的博物馆、旅游区、科技馆、风景名胜区、典型文化景观、工农业产业园区和高校，规划建设精品研学基地。设计包含自然、文化、地理、历史、艺术、科技等多元化内容的研学活动课程，健全师资与教材、安全与管理体系，打造具有山东特色和优势的研学旅游产品体系。发挥山东儒学文化优势，重点围绕曲阜国际孔子学院总部基地和中华优秀传统文化传承发展示范区建设，打造国内外知名的精品研学旅游高地。二是医养健康与旅游融合互动，发展康体养生旅游。挖掘道家养生文化，加快开发滨海疗养、森林康养、温泉浴养、研修康养等健康旅游业态以及高端健康体检、医学美容、养生护理、医疗保健等健康旅游项目，推动医养健康与旅游深度融合。建设一批集特色医疗、休闲度假、保健养生于一体的国际健康旅游服务综合体，开发中医药观光旅游、中医药文化体验旅游、中医药特色医疗旅游、中医药康复旅游等精品中医药康养旅游产品。以先进的医疗设施为基础，结合康体医疗的需求，提供医疗旅游服务，开发以预防衰老、强身健体的医疗技术为核心的疗养精品旅游产品。三是通用航空与旅游融合互动，发展低空飞行。完善政策措施，推动通用航空机场的审批建设，对标通用航空旅游服务标准，建设一批国内领先的精品低空旅游基地。依托通用航空机场，加强与民用机场的衔接，构建便捷、高端、专业的低空旅游交通体系。大力发展城市、著名景区和自然奇观的空中观光旅游，推出多种飞行器体验项目，丰富低空旅游产品。丰富精品旅游业态，建设航空运动主题公园和航空小镇等。提高主要航空节事活动的吸引力，举办

特色飞行器表演与赛事等。四是会展经济与旅游融合互动，发展会展旅游。积极引进会展组织品牌机构和领军人才，提升全省会展服务的专业化、国际化水平。重点加快济南、青岛等板块集群发展，发展高端会展经济，建设具有国际影响力的会展旅游目的地。依托中国（曲阜）国际孔子文化节、潍坊国际风筝会等，打造精品会展节事活动，促进会展旅游品质提升。合理规划会展旅游功能布局，完善"1＋N"配套，1个重点场馆，N个酒店配套设施建设。五是推进旅游与现代高新技术产业、高端制造业、特色工业及工业遗产等融合互动，发展工业旅游。挖掘山东工匠精神，讲好山东工业故事，将青岛啤酒、海尔、张裕、阿胶等工业企业打造成为国际知名的工业旅游品牌，将山东建设成为具有突出齐鲁地域风格、鲜明时代特征、完备品牌体系的国内外著名工业旅游目的地。完善旅游设施改造和环境提升，强化项目的体验性、参与性，重点建设工业博物馆、工业文化创意基地和工业产业园区、观光工厂等精品工业旅游产品。六是体育与旅游融合互动，发展体育旅游。大力发展房车露营、帆船旅游、山地户外运动、冰雪运动等体育旅游业态。培育国家级体育旅游示范基地和精品赛事，支持各地举办一批高水平、高质量的运动主题赛事活动，进一步提升泰山国际登山节、黄河口（东营）国际马拉松赛、中国（日照）国民休闲水上运动会、威海国际铁人三项赛、青岛国际帆船周等赛事的国际影响力。七是推进科技与旅游融合互动，大力发展科技旅游。提升旅游产品科技含量，大力培育精品科技旅游。开发多种类型以科学技术为主题的旅游产品，建设一批旅游科技场馆、旅游科技园区、旅游科普基地等精品科技旅游项目。推进以互联网、物联网、云平台、大数据为代表的现代科学技术在旅游产业中的应用，加大旅游设施设备的研发力度，提升旅游休闲产品科技含量。引导构建精品旅游技术创新联盟，推动跨领域跨行业协同创新，促进旅游发展与科技深度融合发展。

4. 加快协调推进，提高精品旅游要素质量

以"游、宿、食、购、娱"等要素为重点，加快多主体协调推进，提高精品旅游核心要素质量。一是建设精品旅游区。实施旅游区管理与服务精品化建设工程，以国际前沿标准为依据，制定《好客山东精品旅游区管理与服务规范》，全面提升旅游区的管理、服务质量与运营水平，鼓励旅游区经营机构在标准化基础上创建具有自身特色的管理服务流程、技术规范、岗位手册等企业标准化体系。积极发展海滨度假、山地度假、滨湖度假等精品旅游

147

度假区，提升国家级旅游度假区的旅游服务品质，完善高标准度假旅游设施，推动一批省级旅游度假区创建国家级旅游度假区，打造一批精品旅游度假区；推动创建国家 5A 级旅游景区，依托国家 5A 级旅游景区和重点文化旅游景区，打造精品旅游景区。二是培育精品酒店，全面提升旅游饭店业的管理水平和服务质量，以"好客精神"为文化主题，以开展"好客服务"行动为抓手，积极推进全省旅游饭店业的精品化建设。制定《山东省旅游饭店"好客服务"规范》，着力提升星级饭店管理水平和服务质量；引进一批国际顶级饭店品牌，推动全省旅游饭店业的国际化进程。高水平规划建设一批高星级酒店、高端度假酒店、文化主题酒店、乡村精品酒店、温泉酒店，形成布局结构合理、主题特色鲜明、文化元素独具的星级饭店发展体系。三是打造精品餐饮，实施鲁菜传承与创新发展工程，挖掘和宣传各地旅游美食餐饮资源，完善孔府菜、济南菜、胶东菜、运河菜、博山菜标准，打造好客山东鲁菜馆等鲁菜旗舰店，规划建设一批特色美食街区、鲁菜特色餐饮企业和名小吃品牌店，提高星级饭店鲁菜服务水平，推动鲁菜品牌高端化发展，推出一批"精品鲁菜示范餐馆"。深度挖掘地方特色的名优小吃，开展"金牌小吃评选"活动，推动餐馆企业的品牌化发展，规划建设一批特色美食街区、地方小吃品牌店，在全省各地形成各具特色的地方名优特色小吃系列，塑造"山东味道""美食山东"齐鲁旅游美食品牌。四是发展精品购物。实施"山东有礼"旅游商品认证和品牌体系建设工程，推动全省旅游商品研发、生产、经营品牌化、品质化发展，加强老字号、特色农产品、地理标志商品注册保护力度，提升地理标志产品品牌影响力，提升工业旅游购物品牌美誉度。实施"乡村旅游后备箱"工程示范基地建设，建成一批"山东省乡村旅游后备箱工程示范基地"。实施目的地、旅游景区文创商品研发工程，推动景区开发代表自身文化特色的标志性文创旅游商品。实施城市旅游商业街区示范工程，高标准打造具有山东特色的城市旅游商业街区体系。支持开设旅游商品旗舰店，与电商平台合作运营"山东有礼旗舰店"，塑造"好客山东·山东有礼"旅游商品品牌，搭建山东旅游商品集散平台。五是丰富精品娱乐，培育壮大知名旅游演艺品牌，推出一批代表山东文化特色的地方戏曲经典剧目，丰富文化旅游演艺市场。推动非物质文化遗产、民俗展演、山东绝活等进景区、进度假区、进乡村旅游集聚区，推广"景区＋游乐""景区＋剧场""景区＋演艺"等文化活动模式，在主要旅游城市、5A 级景区、国家级旅游度假区打造常年演出的精品文化旅游演艺项目。结合山东文化和气候特点，建设精品文化娱乐产品体系。

5. 深化旅游改革，完善精品旅游保障体系

推进体制机制、旅游政策、旅游人才、发展环境、市场监管等方面的旅游综合改革，进一步完善精品旅游保障体系。

一是创新发展体制机制。建立健全党委领导下的精品旅游工作推进机制，转变政府职能减少政府对旅游市场进行干预，减少旅游行政审批，构建服务便民化体系，实现旅游审批事项"最多跑一次"，降低市场主体的市场运行成本，促进旅游市场主体的活力和创新能力，为精品旅游发展创造良好的行政环境。二是完善旅游政策。加大对精品旅游的支持力度，实施"以奖代补"政策，对"厕所革命"、五星级饭店、品牌连锁饭店、主题文化酒店、精品民宿、精品旅游小镇、旅游新业态等按规定给予奖励补助。精品旅游项目优先纳入各级新旧动能转换重大项目库，优先推荐申报国家级优选项目。改革完善旅游用地管理制度，推动土地差别化管理与引导旅游供给结构调整相结合。年度土地供应要适当增加精品旅游发展用地。对依托山林自然风景资源开发休闲度假、露营运动等精品旅游项目，探索灵活多样的供地方式。三是强化旅游人才保障。实施"山东省旅游精英人才双千人计划"（含"山东省金牌导游""山东省旅游管理领军人才"等）。研究制定引进高端旅游人才、旅游领军人才落户山东的优惠政策。依托高校，以旅游和相关领域在岗优秀管理人员、高校高年级旅游管理类在校生为基础，有计划选拔、培养旅游精英人才；以优秀乡村旅游经营管理人员、回乡创业大学生等为基础，有计划选拔、培养乡村旅游领军人才。四是优化旅游环境。贯彻落实"绿水青山就是金山银山"理念，坚持保护优先，严守生态环境保护红线，确保各类旅游开发符合自然保护区相关法律要求。五是加强旅游市场监管。建立健全与交通、公安、卫生、食药、工商、物价、质监、城市行政执法等监管部门进行联合执法、联合办案的长效机制，提高旅游综合治理能力；建立旅游服务质量社会化监督队伍，健全旅游监督机制；建立健全"政府统一领导、部门依法监管、企业主体负责"的旅游安全责任体系，强化精品旅游安全保障；积极运用"好客山东旅游市场监管信息平台"、12301 智慧旅游服务平台、12345 政府服务热线以及手机 APP、微信公众号、热线电话、咨询中心等多种手段，健全旅游投诉机制；加强文明旅游教育，大力倡导文明旅游。

三、重要地级城市全域旅游发展路径

（一）济南市全域旅游发展路径

1. 围绕核心城市空间，实现城旅一体

济南老城区，即泉城国家旅游标志区，空间上包括大明湖、芙蓉街区、趵突泉等三大名胜与相关景区，积淀了厚重的泉文化、明清文化、民俗文化和以杜甫、老舍为代表的名人文化，大明湖在城市中的地位类似于杭州的西湖，文化积淀不亚于西湖，应当发挥大明湖所具有的"西湖效应"。

我们认为在拆掉围墙、免费开放景区、激活人气的基础上，下一步要增强核心城市空间的旅游氛围与旅游业态集聚，提升济南市核心空间的旅游吸引力与旅游综合效益。一是开展管理体制整合，大明湖与周边社区配置高规格机构统一开发，控制周边的土地使用和一次性的房地产开发，严格控制建筑密度、风格和颜色；二是加强湖畔区域生态建设和泉城核心空间社区的环境整治；三是整合明府城街巷与院落空间，以百花洲为核心开展文化资源资本化经营，发展与集聚多元旅游业态。

2. 建设黄河流域国际知名文化旅游目的地

以高标准打造黄河文化旅游带为抓手，发挥济南183公里黄河生态风貌带不同地域文化旅游特征，推进资源整合、串珠成链、连片成面，形成沿黄文化旅游廊道、山水圣人中华文化枢轴、黄河文化地标核心区以及黄河传奇古村、湿地绿洲、农耕田园、动感体验、温泉康养五个文旅组团为内容的"一廊一轴一核五组团"空间布局，重点推进黄河农耕文化、水工文化、山水文化、红色文化、民俗文化、名人文化的保护与挖掘，建设以黄河文化展示、河水工大观、黄河康体疗养、黄河民俗体验、黄河农耕参与、黄河科普研学等多功能于一体的黄河文化旅游长廊，全力打造国际知名黄河文化旅游目的地。

3. 南部山区要提档升级，开发品质山地度假旅游

利用成立南部山区管理委员会的契机，以优质的生态环境资源为载体，

划定为旅游主题功能区，实现城乡建设规划、土地利用规划、交通规划、农业规划、林业规划与旅游规划的多规融合，建设齐鲁中央公园，以特色小镇（柳埠镇、西营镇等）、生态度假区、康养基地、古村落精品民宿、房车露营地、旅游风景道为着力点进行系统打造，优化生态环境，提升旅游品质，建设山地度假旅游精品项目。

4. 优化济南商埠——大观园区域，打造济南旅游综合体

按照民国社区的内涵优化提升济南商埠—大观园区域，商埠区和火车站周围的西洋建筑要保存好，采取腾笼换鸟的模式，进行土地置换为旅游所用，重点恢复打造 1930 年代社区街区风貌，发展多种传统与时尚旅游业态，开展各种场景化的演艺活动，形成齐鲁传统演艺的集聚区，丰富济南的夜生活，打造成济南最具民国风情的传统旅游社区与旅游综合体。

5. 围绕高铁和轨道交通建设，提升济南的旅游集散地位

充分利用京沪（北京至上海）高铁、济青（济南至青岛）高铁、济石（济南至石家庄）高铁的交通优势和高铁西客站、新东站的站点优势，与市区景点、周边城市通过观光巴士、旅游专线车、轻轨、汽车租赁等进行连接，提供便捷的旅游交通服务，实现交通设施的旅游化和交通运输的休闲化，打造旅游交通集散中心，集聚大旅游流，提升济南作为山东省乃至华北中南部旅游集散中心的地位。

6. 推进环城游憩带开发，构建四大全域旅游片区

持续推进济南环城市游憩带开发，构建四大全域旅游片区，提升济南环城与远郊区旅游品质。一是玫瑰乡村片区，即西南部平阴县，以玫瑰为亮点，以阿胶文化为底蕴，重点开发玫瑰文化品赏、阿胶古城体验、洪范泉乡休闲、山寨探奇、古村民俗休闲等旅游产品；二是山水长清片区，即长清区，主要开发禅修养生、乡村休闲、齐长城探奇、户外运动、山野探险等旅游产品；三是古城山林片区，即章丘区，主要开发古村体验、泉水观览、文化访古、山林度假等旅游产品；四是济北田园片区，即济阳县、商河县和天桥区的部分。把最具特色的农业资源转化为有地方特色和吸引力的旅游产品，实现农业与旅游的全方位融合；集中力量打造高品质生态温泉度假园区，提升温泉度假疗养的品质，树立黄河以北温泉旅游开发的标杆和示范。

7. 以自然人文环境优化提升为全域旅游创造品质空间

必须加强雾霾治理，加强重点企业污染源监控与管制，建设"清洁工

厂",增加优良天气的天数,为全域旅游提供生态保障;在旅游啄木鸟、旅游志愿者基础上,培养一批义务导游员、旅游文明劝导员、旅游秩序维护员、旅游扶贫团、旅游送智队、旅游讲师团等,塑造旅游社会服务形象,提升好客泉城的服务形象;创新泉城旅游服务礼仪——体态 LOGO、旅游服饰(泉水标志)、微笑用语等,应用到旅游行政管理、旅游企业服务、公共管理服务等各行各样之中,塑造泉城品质服务规范,诠释好客山东旅游服务的真谛。

(二) 全域旅游视角下泉城国际旅游标志区建设①

1. 泉城国际旅游标志区的概念与范围

济南市城市核心区即济南明府城区域保留有济南三大历史文化名胜趵突泉、大明湖,四大泉群——趵突泉、五龙潭、珍珠泉、黑虎泉分布于其间,芙蓉街历史文化街区是其中保留最好的一片传统古街区。2015 年济南市政府出台《加快旅游业发展的意见》明确将"东至黑虎泉北路,西至趵突泉、五龙潭,南至泺源大街南侧,北至大明湖的明府城为核心,并辐射至泉城公园、大千佛山景区的范围"划定为泉城国际旅游标志区。我们认为"泉城国际旅游标志区"是代表泉城济南旅游形象、具有深厚泉文化底蕴与国际化吸引力的标志性旅游区,是集聚济南市泉水资源、历史文化遗产和传统社区风情的地标区。因而,其是当前全域旅游发展新形势下山东省建设"泉城济南"旅游目的地品牌的核心载体区域。

目前济南"天下第一泉"风景区已经整合了趵突泉、大明湖、五龙潭、黑虎泉、环城公园等,实现了主要旅游景区的一体化发展和品牌整合,但是泉城国际旅游标志区范围的多数旅游景区景点仍然限于相对孤立化发展,泉水文化的城市品牌价值与泉城旅游标志区的整体品牌效应尚没有凸显。

2. 泉城国际旅游标志区建设的模式

(1) 全景开放的空间重构模式。目前大明湖已经实现了向公众免费开放,得到了广大游客的广泛赞誉。今后要在此基础上以千佛山、珍珠泉、五龙潭公园等为主体,拆除围墙,逐步搬迁腾退机关单位,实现所有景区景点

---

① 王旭科:《全域旅游视角下的济南泉城国际旅游标志区建设》,载于《中国旅游报》2017 年 7 月 18 日。

与场馆的免费开放；保护整治"一城一湖一环"（古城、大明湖、环城公园）核心标志性景区，控制区域内尤其是景区景点周边的房地产开发和建筑高度，保持好景观天际线，营造景观过渡廊道与背景空间；保护古城的街巷肌理和泉池园林水系，增加开敞空间；完善城市绿道和慢行道路系统，打通旅游连接通道，顺畅旅游游览环线，将泉城国际旅游标志区整个空间重构为一个开放式的、不收费的全景式、社区型文化旅游区，塑造全新的全域旅游空间形态。

（2）文脉延伸的景观再造模式。泉水文化不能固守在景区内观赏，仅仅成为观光线路中的一个景点，要实现从单一观光景点建设管理向综合目的地发展转变，推进泉水文化的文脉延伸，多方面增加旅游产品供给。要对泉文化进行活化体验，推衍至街区、社区与城市空间，再造泉城特色景观，升级旅游产品，增强旅游吸引力，把泉水与泉水文化、城市与泉城文化作为泉城旅游标志区的核心产品来打造。从"观泉、赏泉、品泉"拓展到"唱泉、书泉、演泉、泡泉、论泉、拍泉、画泉、吟泉"，将泉文化融入渗透到街巷道路、水系、社区等空间，用泉水文化装扮城市，推进城市的景区化发展，恢复文化空间，构建历史场景，完善古城景观游览体系；活化泉文化、名士文化、民俗文化与宗教文化等，创新以"曲山艺海""泉水宴""民间小吃"等为主体的旅游多要素体验产品，再造特色泉水文化旅游产品，增强区域核心旅游吸引力。

（3）价值倍增的品牌升级模式。用城市经济的视角看待泉城国际旅游标志区，把它看作城市发展的潜力型区域，按照全域旅游发展理念用"泉城济南"目的地品牌覆盖整个空间区域，并整合各个景区点的小品牌，化零散于集中，大力推进整合营销，建立政府、部门、企业、媒体、公众、游客等多方参与的品牌营销模式，将原有的泉水文化品牌、旅游景区小品牌转化为城市文化旅游目的地品牌，进而提升打造成为城市形象品牌与经济品牌。通过品牌升级实现泉水资源的高资产价值和综合旅游效益，实现从门票经济向产业经济、城市经济的转型升级。

（4）景政合一的一体化管理模式。打破旅游资源的部门专有隶属关系和行政藩篱，将泉水文化资源、景区景点与周边社区进行全面整合，成立泉城国际旅游标志区管理委员会进行一体化管理，推进多规融合、景观塑造和开发建设的深度融合，推进城市建设与旅游发展一体化，实施景区管理与社区管理统一化，实现全域布局与景城一体，有效解决景区与社区、部门与全局、部分与整体的发展矛盾，将局部的利益冲突化为整体的协同共赢，成为济南市景政合一的旅游示范功能区。

3. 泉城国际旅游标志区建设的机制

（1）资源有机整合机制。拓展泉城国际旅游标志区内旅游吸引物的范围，将空间范围内一切可以利用的资源整合成为吸引游客前来济南旅游的全要素旅游吸引物体系，全面挖掘泉水自然遗产资源、泉水文化旅游资源和明府城传统历史街区旅游资源。同时，整合传统景区、历史街区之外的城市人文、商业资源以及非物质化的吸引要素资源，实现从封闭型泉水小旅游向开放型泉城大旅游的"旅游＋"转变，满足新形势下大众旅游时代的旅游消费新需求。

（2）全员参与的动力机制。要建立持续的旅游发展动力机制，以"旅游啄木鸟"行动为引领，强化全民参与意识与企业的社会责任，广泛动员、全员参与、多方联动，充分调动全社会各个阶层，尤其是各个部门、城市社区居民、企业等以主人翁态度共同参与泉城国际旅游标志区建设，加大政策扶持，把全社会发展动力集聚到泉城国际旅游标志区之中，实现从企业单打独享到社会共建共享转变，激活体制活力，激发社会热情，完善居民参与旅游发展受益机制，营造浓郁的泉城旅游"好客""温馨"的城市精神与公共服务体系。

（3）社会容量管控机制。泉城国际旅游标志区要从主要服务于本地居民向服务于外地游客、本地居民兼具的发展目标转变，采取现代科技手段并对接智慧城市建设有效测度区域内的土地承载力、人口承载力与交通承载力指标，采取"减房、减人、减车"和峰值期旅游流的容量管控机制，提出泉城国际旅游标志区空间范围内的人口、交通、房屋最佳容量值，并采取措施逐步降低泉城国际旅游标志区的人口、交通与住房压力，消除旅游发展的空间阻力，为泉水文化旅游预留发展空间，以利于泉城国际旅游标志区更好地承载各种新兴的旅游业态与旅游功能。

（4）多元市场运营机制。把泉城国际旅游标志区的生态与文化资源转变为富有活力可产生新价值的资本，授权成立专门的旅游运营公司，按照公司合资经营、特许经营模式、众筹模式等多种资本运营方式，通过拍卖、出租或承包商业网点与商业服务设施特许经营权，吸引民间资本和企业资本参与景观与社区的保护与建设，并依托于改造后的环境运营城市民宿、实景购物、特色餐馆、主题饭店、场景演艺、现代娱乐、曲艺研学、泉水养生、泉水戏苑、文化创意等多种旅游新业态，融入泉水文化内涵，盘活特色旅游服务业，激活整个空间区域的发展活力。

（三）济宁市全域旅游发展路径

1. 围绕旅游目的地品牌建设，打造国际文化旅游目的地

充分发挥济宁作为儒家文化发祥地的优势地位，对接山东省十大文化旅游目的地品牌建设，利用济宁涵盖"东方圣地、鲁风运河、水浒故里、黄河入海"等文化旅游目的地品牌的空间与资源优势，大力推进文化旅游产品深度开发，提升孔孟文化、运河文化、水浒文化旅游的影响力和竞争力，着力构建以中华文化圣地、国际文化旅游目的地为主要内涵的文化旅游产业高地，把济宁市建设成为国内外知名的文化旅游强市。

2. 着力建设八大旅游片区，构筑旅游核心板块空间

一是孔孟圣地旅游区。主要是以济宁市的曲阜、邹城两市为核心，以孔子、孟子圣人文化为主体依托，以曾子、墨子等东方圣地系列名人文化为辅助，以习近平总书记关于儒学文化的重要讲话精神为引领，继承与发扬儒家学说，发挥曲阜"三孔"世界文化遗产的核心带动作用，实施"国家文化旅游高地"工程，开发体验性强、参与度高、生动活泼的文化旅游产品，设计特色国学研修旅游产品，建设成为儒家文化传承创新示范区、中华传统美德首善区、中华旅游与文化融合发展的核心区和中华传统国学研学旅游的示范区。二是运河之都旅游区。主体分布于济宁城区、太白湖新区，包含微山县、汶上县部分区域，该区是被誉为世界奇迹之一的京杭大运河的必经之地，以济宁段为核心，构筑北方都江堰——南旺枢纽考古遗址公园、南阳水上古镇、微山湖国家湿地公园、戴村坝等多点支撑的空间格局，开发运河遗产观光、运河文化体验、运河古镇休闲、水利科技修学等旅游产品，打造京杭大运河文化遗产带上的核心体验旅游区和运河国家文化公园核心区。三是禅修文化旅游区。主体分布于兖州区、汶上县。两地地域上相近，开发联动条件优越，依托汶上宝相寺、兖州兴隆文化产业园区的建设，打造禅修体验综合旅游区，建设国际性禅修圣地。四是圣源生态文化休闲区。泗水应以泉林和圣公山为

中心，联合曲阜，打造以泗河文化为内涵的圣源旅游文化区。邹东地区继续提升"邹东深呼吸"的品牌效应，突出生态优势，推出山地度假旅游产品。五是微山湖休闲度假旅游区。微山、鱼台共同构筑大微山湖旅游格局，完善渔乡旅游系统和旅游公共服务体系，打造江北最大的内陆湖泊区综合型观光旅游与休闲度假目的地，建成环微山湖乡村旅游度假带和国家5A级旅游景区。六是大义梁山旅游区。主体分布于梁山县境内，突出大义梁山品牌，建设环山景观体系，构建武学研学基地，并与阳谷县、郓城县、东平县联手做大做强水浒故里旅游品牌。七是羊山军事文化旅游区。全面展示羊山军事文化，突出军事体验、户外拓展与红色休闲特色，构建特色旅游产品体系，建成鲁西南军事文化旅游基地。八是两汉古韵旅游区。依托嘉祥县的武氏祠、曾庙、汉画像石等资源，塑造高品位曾子文化遗产品牌，突出汉画像文化、孝文化、石雕文化和民间信仰文化，建设两汉文化旅游地，实现济宁西部旅游的跨越式发展。

3. 推进文化遗产的深度开发，开发高品质旅游产品

以曲阜三孔、大运河等世界文化遗产为核心载体，引导文化遗产资源的集聚整合，推进文化资源向特色产品、旅游精品的转化，加快文物景点、文博场馆的旅游化进程，建设文化旅游产业集聚区/带；落地建设尼山圣境、曲阜文化国际慢城、济宁古城、邹鲁古城、南阳古镇等一批精品旅游项目，将博大精深的文化遗产转变成有说头、有看头、有玩头的文化旅游产品，让孔子孟子圣人走下神坛，开发系列文化创意旅游产品；大力推进微山湖、孟庙孟府孟林创建国家5A级旅游景区，提升景区档次和产品品质；依托济宁东部的邹东与泗水山地森林资源、太白湖湖泊湿地资源开发高品质度假旅游产品，积极谋划创建国家级旅游度假区，打造精品旅游区。

4. 大力推进"+旅游"行动，实现产业深度融合

依托济宁市产业基础与发展条件，大力推进旅游与文化、国学、农业、林业、水利、渔业、中医药、养老、教育、交通、工业信息化等产业的深度融合，积极发展现代农业庄园、创意农业、休闲渔业、精品民宿、中医药健康旅游、工业旅游、自驾车营地、内河游艇、旅游装备制造等旅游新业态，推进娱乐与旅游、节庆与旅游、文化与餐饮、文艺与旅游、文博与旅游的一体化创意开发，催生一批新兴文化旅游业态，完善实景演出、研学修学、文化盛宴、地方节庆、文艺娱乐、文博盛会等文化旅游新业态，尤其加强国学

与旅游的融合发展，提升国学研学的品质与市场影响力。

5. 整合全域营销资源，提升旅游目的地整体营销效果

围绕儒家文化特色，开展多层次、高水平和全方位的文化旅游宣传营销。扩大孔子文化品牌效应和对外影响力，办好世界儒学大会和尼山论坛，利用遍布世界的孔子学院和中小学孔子课堂等媒介开展孔子文化旅游营销，对接"一带一路"沿线国家，带动国外高端人群来济宁旅游，推进入境旅游持续增长。进一步包装"曲阜国际孔子文化节、孔子教育奖、孔子文化奖"等重大旅游节庆，策划组织各种新颖的文化节庆博览会，积极应用旅游大数据开展旅游市场分析，实施精准化营销；统筹宣传部、广电局、外事办等全域营销资源，利用国内外主流媒体、影视作品及主流网站、微信、微博、微电影等新媒体，构造多媒体立体式的全域旅游营销宣传格局。

6. 实施旅游公共服务保障工程，构建"快旅慢游"的旅游交通体系

持续推进旅游厕所、游客中心、旅游标识牌、生态停车场、旅游驿站、免费网络覆盖、旅游投诉、旅游预警、旅游安全等旅游公共服务保障工程建设，扩大旅游公共信息服务覆盖面，充分利用大数据时代信息传输的特点，连接服务端点，加强旅游信息的定点推送，为来济宁的游客提供个性化、全过程的信息服务，不断满足游客日益增长的多方面旅游需求。在全社会倡导孔孟礼仪标准化服务，发扬"孔孟之乡"的传统待客之道，塑造孔孟圣地特色的旅游服务形象。

充分利用京沪高铁、鲁南高铁、曲阜机场的交通优势和曲阜东站、济宁北站、曲阜南站等站点优势，与市内景区、周边城市通过观光巴士、旅游专线车、汽车租赁等进行连接，提供便捷的旅游交通服务，实现机场、高铁站、客运码头到景区的无缝衔接，集聚大旅游流；重点建设孔孟大道、大运河风景道等特色旅游道路，完善旅游交通配套，打造多层级旅游交通体系，提升济宁作为鲁西南地区乃至黄淮海地区的旅游集散中心地位。

7. 做大做强旅游企业集团，构建旅游发展的载体平台

综合运用市场、资本、资源和制度的力量，发挥比较优势，创新旅游运营模式，引导组建集资源、资本、创意、科技等于一体的大型综合性旅游企业集团，培育济宁旅游行业领军型企业。积极引进有追求、有实力、有情怀的大企业、大公司、大集团投资旅游业，挖掘中国儒学文化和创新现代新文化，提升旅游产品的文化内涵。大力支持以资本为主的旅游企业主体，探索

PPP 等新模式投资旅游业，壮大旅游资本市场；做大做强以资源为主的旅游企业主体，提升传统企业竞争力。培育乡村旅游新型经营主体，支持乡村旅游创客基地建设，推广"公司＋农户""协会＋农户""合作社＋农户"等乡村旅游新型产业组织模式，支持多种形式的合作社，如乡村旅游合作社、农民旅游合作社，提高乡村旅游组织化水平。

（四）全域旅游思维再造泰山旅游

1. 泰山景区的问题

一是"小泰山"。从景区发展来说，景区内快捷的交通设施使景区内部完全成了通衢大道，上下极为方便，加快了游客在泰山游览的速度（据测算最短只要两个小时左右）。游客从天外村广场乘车去中天门，又从中天门乘索道至南天门，游客出了门，几乎可以一步不走到达南天门，使南天门成了泰山风景区的大门，旅游的面积只有岱顶的 0.6 平方公里，泰山中轴线上丰富的自然文化遗产景观被绕过了。从游客的感知来说，这种紊乱的交通配置导致游客在风景区内旅行而不是在风景区内游览，来泰山成了"旅泰山"，而不是"游泰山"，使得游客找不到品味泰山的感觉，加之很多游客不知道多条上山线路，这样泰山游很容易演化成了"小泰山、岱顶游"。[①] 二是"老泰山"。泰山文化厚重，多年来就是文化观光产品，游客到泰山就是看看山、看看庙，或者是不爬山坐索道上去，这种旅游方式是一种老化的旅游产品，缺乏与现代游客的回应，游客难以获得深度体验。泰山的品牌形象是"五岳独尊"和"圣山"，拉大了泰山与现代游客之间的心理距离，降低了泰山的亲和力，导致泰山综合吸引力减弱。同时，泰山景区的体制机制老化也是显而易见的现象。三是"病泰山"。景区内一系列错误的开发措施，尤其是商业设施过多导致景区城市化、商业化倾向十分严重，例如岱顶就是个代表，游览意境被冲淡，天庭仙境变成了人间闹市，岱顶完全变成了泰安市的翻版，成了名副其实的"泰安镇"，加上登山中轴线上各种摊贩店铺，使得游客找不到历史上逐步登天封仙的印记，呈现在游客面前的是一个满身伤病的"病

---

① 王旭科：《泰安市旅游业创新发展的对策研究》，载于《岱宗学刊》2004 年第 1 期，第30 页。

泰山",这不是一个机体的破坏,是对泰山灵魂的污染。反而各种游客急需的游客中心、旅游标识牌、智慧旅游信息服务等缺失很多。四是"弱泰山"。游客都从中路上山导致停留时间很短,其他的二次消费就很低,对整个泰安市的拉动较弱,泰山旅游业门票经济依赖性强,与国内名山如黄山相比综合收入差距拉大,泰山"大而不强",整体竞争力在减弱。

2. 再造泰山旅游对策

(1) 营造大泰山。开辟组织好多条旅游线路,从小泰山向大泰山升级。重点完善三层空间一条轴线的景观系统,在一条传统纵向中轴线上营造相互有别、各有特色的文化景观意境,并主动引导游客走三重空间一条轴线,让游客通过登山体验,找到真实的泰山。岱顶营造天庭氛围,开辟祭天活动,塑造岱顶又一景观亮点,北侧延伸至后石坞,该区域奇峰耸秀、苍松遒劲、怪石突兀、沟涧纵横,兼具奥、静、幽、秀等美学特征,最能映射出泰山雄峻的自然本色,开发自然遗产旅游线路。设计泰山遗产线路网络体系,开辟"秦皇路""汉武路""生态路""探险路""休闲路"等。强化泰安城的旅游功能,主要通过泰安古城轮廓形象的显现、泰安南城门的恢复、文化旅游步行街的设计,以及岱庙至红门路段建筑物的改造与包装,恢复古城历史文化记忆,增强对游客吸引力,来实现这一目标。泰山西侧开辟傲徕峰、扇子崖等休闲线路,实现零卖泰山的策略。将大汶河作为泰山的母亲河进行匹配开发,建设大汶河至泰安城的旅游通道,构筑倒"T"字形的大旅游景观结构。加强区域间的联合,如灵岩寺本身就是泰山的一部分,泰山世界遗产名录中包含灵岩寺,古有"游泰山不游灵岩不成游也"之说,但隶属济南市;梁父山和云亭山是古代泰山禅地之所在,然梁父山属于新泰市,云亭山属于岱岳区,应在产品、线路组织方面将它们纳入大泰山的范围之列。

(2) 做实活泰山。按照景区标准化要求改进游客中心、咨询点、停车场、旅游标识牌、休闲设施等旅游服务设施,提升泰山旅游服务水准,设计平安泰山手势、语言等形象服务体系,提升泰山人本化服务品质。加强泰山景区部门协作管理,实现风景区内经营的许可证制度,清除景区商业化的积弊,祛除泰山景区内的城市化设施,消除一切降低中华国山品位的现代交通、建筑和商业设施,优化泰山自然文化双遗产的原真风貌与真实面目。

(3) 构建新泰山。一是树立新理念,对标国际品牌景区找差距,定标杆来赶超，以全域旅游思维来再造泰山旅游新崛起。二是确立新形象，根据细分客源市场特点，抓住时尚需求设计感知新颖的泰山系列形象和IP。三是开发新产品，从现代游客心理出发，深入发掘泰山石敢当文化、挑山工文化等，策划推出重大文化旅游项目，开发满足"90后""00后"新生代游客的文化体验、地质研学、文创购物、夜游等多种新业态；培育泰山文化多种衍生业态，讲好泰山故事，挖掘帝王封禅、孔子登临等泰山文化故事、传说，创新传播形式，策划推出平安文化祈福活动，创新以"文化演艺""非遗剧场"等经典文化体验产品。四是应用数字新技术，设置大数据运营中心，建设智慧旅游，实施山上山下旅游信息互通互联，全面构建泰山旅游新发展格局。

（4）打造强泰山。过去泰山旅游开发把目光仅仅盯在游客人数、门票和索道收入上，忽略了游客消费的多样性和旅游收入的综合性，造成泰山旅游总收入止步不前。应当从门票经济向产业经济转变，增加游客人均消费和综合支出应该从满足游客食、住、行、游、购、娱等方面出发，提高旅游供给能力和高质量业态供给，带动相关旅游收入的增长。

从部门多头管理向现代产业管理转型，推进泰山体制机制改革，在保护世界遗产的基础上，构建实质性的"管委会＋公司"模式，激活泰山体制机制活力，真正让泰山以人为本面向游客，推动泰山旅游收入和综合竞争力做大做强。

（五）菏泽全域旅游发展路径选择

1. 全域旅游发展路径的选择

鉴于菏泽市旅游资源相对贫乏、旅游发展基础薄弱等不利条件，落后于山东省旅游总体发展水平，是典型的旅游欠发达地区。在当前宏观政策背景下，菏泽市全域旅游发展应站在三层基点上进行考虑：一是发展道路的艰巨性和渐进性；二是区域产业集群的整体联动从而有效降低旅游发展成本；三是发达地区的经验示范性和有效介入。结合菏泽市的整体国民经济状况和旅游业发展情况，选择适合菏泽发展条件的全域旅游发展路径。

（1）全域旅游基础依托。一是开发依托。旅游产品开发首先是以高品位资源点和中心城市做点状依托，寻找突破口；其次是区内的点状资源点和线路的点线状依托；最后是大区域和跨区域的整合，依赖于资源本身属性的整合和交通来引动。二是市场依托。以抓住鲁苏豫皖四省近程高收入市场、中近程大众市场为基础市场，再寻求京津冀、中原城市群等国内远程市场和海外市场的带动，对专项市场、农村市场给予较高的关注度。

（2）全域旅游发展动力。一是内力与外力的双重倚重。内力指的是菏泽本地要加强对旅游业的地位认识和重视程度，对旅游业予以政策倾斜，在资金调拨、人员配置、财政税收等方面给予一定的政策照顾，相关产业发展、相关部门工作要以旅游业为核心进行适度的功能设置与调整。内力还表现在由于菏泽旅游基点低，各项指标低，旅游产业自身的调整优化能形成短期旅游发展的加速度，推动旅游地发展面貌的迅速转变。外力指的是菏泽本地人力资源匮乏、经济欠账与财政的拮据决定了必须借助外部动力，要制定优惠政策，开放旅游市场，吸引国内外大型企业集团投资旅游开发和组织产品经营等，同时要积极吸引本地的民间资金投资到旅游开发建设上。二是政府与市场的双管齐下。加强政府主导的力度，政府应扮演重要的领航员角色，不仅要以宏观政策和体制改革起着引领旅游产业发展方向的战略任务，而且表现在基础设施建设的投入和项目启动的投入上要予以扶持，在营销上更是要有直接的经费投入，以表率性的作用带动资金流的进入。同时重视民间市场对旅游业的投入与支持，应建立多种形式的旅游投资服务机构，制定投资鼓励政策，鼓励社会资本参股，最大程度地吸纳民间资金，形成宽口径的跨区域融资通道，逐步进入市场化的轨道。

2. 全域旅游发展路径具体内涵

（1）确立切实可行的目标定位。一是在发展目标上依据菏泽的地情和资源禀赋，提出构建世界牡丹文化旅游核心区、黄河文化旅游带重要节点城市、鲁苏豫皖四省交界地休闲度假目的地、水浒文化旅游目的地的构想；二是在产业地位上，限于旅游业发展的先天条件不似旅游发达地区的旅游业枢纽性和关键性作用，菏泽在发展初期是一个优化产业，要优化社会资源配置、优化产业结构、优化相关产业素质、优化区域形象等。而发展中远期旅游业应成为第三产业的龙头产业，引领和带动第三产业的整体发展。

（2）推出旅游形象品牌体系，打造"1＋9＋N"的旅游形象品牌体系。确立"花样菏泽"总体旅游品牌形象定位，深化牡丹文化推广与弘扬；设计9个县区旅游品牌形象；"N"就是历史名人、旅游美食、文创商品、非物质文化遗产等系列专项品牌，融入武术、戏曲、民间艺术等非遗演艺剧场品牌，以及单县羊肉汤、曹县烧牛肉、曹州烧饼、郓城壮馍等美食品牌。"1+9+N"三个方面的品牌相互补充、相互支撑，丰富内涵、一体推介、一体打造、捆绑营销，形成对外宣传影响力。

（3）创造文化旅游融合发展的"菏泽模式"，即"以文塑旅，以旅彰文，品牌引领，非遗突破"。作为后发展旅游目的地，通过地域文化提炼出区域品牌形象，借助文化的内在深厚价值展示地域文化旅游形象；传统文化要对接时代需求进行充分转化，要对应新生代游客的消费心理进行开发，创造传统文化对接现代化的文化卖点；名人生平故里、传说故事、历史典故要原汁原味地原点打造，通过多种现代手段恢复历史场景，创新文化旅游开发方式；厚重的农耕文明、灿烂的鲁西南文化要活化利用，文化向旅游产业全方位拓展转换成多种旅游业态和多元要素产品，打造一批好吃、好看、好玩、好听、好学、好买的文化旅游产品；从"一都四乡"非物质文化遗产中找寻时尚的元素与符号，借助文化演艺、非遗剧场、特色街区、文创产品等方式实现非遗与民间文化的复兴传承，以非遗文化的挖掘、整理与旅游化利用实现旅游发展突破。

（4）塑造串珠成链、集群发展的全域旅游格局。优化完善"一个文化旅游核心区、两条精品旅游带、七大文化旅游集群片区"的空间布局，实现一核引领、两带串联、七区支撑。一个文化旅游核心区即菏泽城区牡丹区，围绕"牡丹花城、多彩曹州"的主题定位，充分体现菏泽牡丹特色和地域品牌特色，用牡丹包装菏泽城区，将其打造成高品质牡丹花城。黄河文化旅游带，涵盖东明县、牡丹区、鄄城县、郓城县，以构建国家黄河文化旅游带重要节点为总目标，以黄河大堤风景廊道为纽带，加强四县黄河文化旅游开发的分工与合作，打造以黄河文化展示、黄河水工大观、黄河康体疗养、黄河民俗体验、黄河农耕参与、黄河科普研学等多种功能于一体的黄河精品文化旅游带。黄河故道生态旅游带以"黄河水上长城"为品牌，以黄河故道沿线道路建设、景观提升与生态环境营造为重点，建设黄河故道绿色长廊，整合沿线的村落民俗、特色农业种植园区等产业资源、河流湿地等自然资源，打造黄河故道、湿地、村落、田园互融呼应，以生态观光、休闲垂钓、湿地研学、自然科普为特色的生态旅游景观廊道。重点建设定陶中华商圣、曹县八里湾、成武千年湖城、单县古城、巨野金山、郓城水浒、鄄城孙膑文化旅游集群片区，实现旅游产业集聚组团发展。

（5）大力推进"高精尖"精品旅游项目开发。重点规划建设黄河文化公园、牡丹花街、羊肉汤文化公园、牡丹博物馆、鲁西南堌堆文化园、单州老牌坊街区、黄河原乡、富春乡居、伯乐文化旅游景区、刘邓大军强渡黄河景区、定陶汉墓遗址公园等一批特色文化旅游项目；完善提升曹州牡丹园、成武千年湖城、宋江湖湿地公园、鲁西南记忆、黄河故道风景道、尧陵历史文化旅游风景区、鄄城中医药康养示范基地等一批需提档升级的文化旅游项目；加快招大引强，大力引进"高精尖"精品项目，推进方特熊出没主题乐园、曹州古城、水浒好汉城、宇生动漫城、定陶汽车小镇、华夏伏羲文化园等一批在建的重大文化旅游项目，依法对在菏泽投资大型文化旅游项目的企业做好立项、土地、税费等多种优惠政策支持，助推菏泽市文化旅游产业转型升级，提升文化旅游整体品质。

四、县域全域旅游发展路径

（一）孟子故里全域旅游突破之路

王衍用先生在《地理学与国土研究》1993年第2期发表了《孟子故里旅游开发战略研究》一文，提出著名的"阴影区"理论，并赞成邹城做"天下母亲"文章，摆脱三孔阴影。时光荏苒，30年过去了孟子故里邹城市旅游发展的形势已经发生翻天覆地的变化，应该从新时代全域旅游视角来审视邹城市旅游发展条件，提出切合实际的战略思路。

1. 邹城市旅游发展的问题

一是"不缺产品缺精品"。邹城市旅游资源丰富，景区众多，但无一个国家AAAAA级旅游景区。现有旅游景区规模小，缺乏具有全国影响力、排在全国全省一线地位的主打旅游景区，导致"观光无牌"，孟府孟庙景区和峄山景区仍旧体验性较弱，大旅游流难以进来。二是"不缺观光少度假"。整体来说邹城旅游还处于观光时代，尚未开发优质的中高端度假旅游，旅游新业态产品也较为匮乏。三是"不缺投入缺产出"。邹城市近些年来旅游投入大，但是旅游产出较少，主要是缺少市场化经营理念。四是"乡村旅游少特色"。邹城特色乡村旅游项目少，多以传统农业采摘、观光为主，游客停留时间少，造成目前旅游产业链不长，旅游收入少。

2. 邹城市全域旅游发展的突破点

邹城市全域旅游发展重点在于旅游产品突破，即打造邹鲁古城文化体验旅游产品、孟子国学研学旅游产品、邹东深呼吸休闲旅游产品、中华母亲节文化旅游产品，形成城区与两孟、文化与自然、名人与乡村的互动联通，构建名人品牌特色、国学亲子研学和生态休闲度假产品的多核驱动，共同引领邹城市全域旅游发展。

（1）以孟庙孟府为核心建设邹鲁古城。邹鲁文化发源地邹城市，它是东夷文化和邾娄文化的延续和发展，融会了周文化、殷文化和东夷文化而后形成的文化，博大而精深。邹鲁也是儒学的发源地，以鲁产孔子、邹产孟子而著称于世。"邹鲁"一直被尊崇，影响国内外，在中国各地，有很多类似"滨海邹鲁""江南邹鲁"称呼，"邹鲁"之词亦不绝于史书典籍。全国有"邹鲁"美称的城市有41个，国外像韩国等国家也有所涉及。因此，打造具有影响力的"邹鲁古城"有着可行的基础条件。具体见表7-2所示。

表7-2 邹鲁在全国的影响力

邹鲁分类	城市（区、县）名称	数量
海滨邹鲁	厦门市、泉州市、漳州市、莆田市、福州市、长乐区、泉州市惠安县、漳州市漳浦县、汕头、揭阳、潮州、潮州市饶平县、江门市新会区、普宁市、晋江市、文昌市、南安市、福清市、东山县	19
东南邹鲁	建瓯、黄山市徽州区、歙县、休宁县、绩溪县、旌德县、上饶市婺源县	7
闽邦邹鲁	昭武市、武夷山市、建阳区、南平市、南平市浦城县	5
闽海邹鲁	福安市	1
浙南邹鲁	温州市	1
江南邹鲁	金华市	1
小邹鲁	金华市、台州市黄岩区	2
浙东邹鲁	宁波市	1

邹鲁分类	城市（区、县）名称	数量
东南小邹鲁	温州市瑞安市、平阳县	2
江省邹鲁	哈尔滨市呼兰区	1
滇南邹鲁	建水县	1
梓东邹鲁	遂宁市蓬溪县	1
合计		41

在孟府孟庙景区北部城区复建古城，恢复老城东南西北的瞻岳门、崇教门、襟济门、近鲁门四个古城门、城墙以及老城区的县衙、子思祠、关帝庙、城隍庙、文庙、近圣书院、重兴塔等行政、宗教、礼仪建筑设施，复原古韵原貌，复兴邹鲁文化，营造游客游览的历史空间，在子思书院基础上有机穿插与展现各种文化景观。

保护孟府孟庙的古建筑、古碑刻等文物，合理控制游客游览空间与容量；孟府孟庙保护缓冲带设置绿植带及景观小品，限制车流、噪声。提升孟府孟庙景区产品吸引力与市场影响力，设置夜游孟府项目，增加游客的停留时间，弥补夜间旅游空白。

孟府孟庙周围亚圣路、过街棚街和东门里大街及胡同发展成为旅游休闲街区，开发具有深厚孟子文化底蕴的文化旅游业态，精心建设孟子文化主题客栈、主题餐厅、美食参观、实景演出等特色业态，展示孟子故里文化风情特色；鼓励与支持具有地域文化特色的餐饮小吃、住宿、娱乐、购物、休闲等多元业态引入到周边多条胡同内，如地方美食风味店、传统作坊、民俗手工艺铺、主题客栈、文化民宿、咖啡馆、茶馆、土特产商店等。

优化街区两侧建筑与店铺风貌，街道两侧的建筑高度、体量与建筑风格与《邹城孟庙孟府孟林文物保护规划》确立的一类、二类、三类建设控制地带的要求吻合，街道性质确立为以旅游休闲功能为主，沿街道路街道尺度维持历史街道的空间尺度，具有人性化尺度。街区外立面、路灯、装饰物等细节丰富充实儒家文化元素，提升街区整体品质。

（2）建设中华国学研学旅游胜地。邹城市最重要的精神资源就是孟子文化精神，孟子的民贵君轻的精神，富贵不能淫，威武不能屈，贫贱不能移的浩然正气和孟母教子的母亲文化精神等传承千年经久不衰，不断发展和传承，受到所有中国人的爱戴，值得所有人去研学，可以与曲阜进行差异化定位，深入提炼孟子特色研学旅游产品。一是实现核心突破，将孟府内原有学堂改造设立儒家学堂，以展示儒家文化为目的，培养专门演员，席地而坐，行周礼，演示孟子讲学的场景。每天早上团队游客进入景区时举行欢迎仪式，其他时段按需安排孟庙启扉仪式、古代成人礼、乡射礼、祭拜礼、孟府婚礼等传统仪式。二是在优化提升访圣怀古、学儒习礼等基本内容基础上，大力开发成人礼、开笔礼、乡射礼、祭祀孟子仪式等儒家传统礼仪修学体验项目，改变以往研学旅游"静态展示""游多学少"的局面，打造一整套寓教于乐、游学相长、文旅融合的新型孟子研学旅游产品，真正让游客在邹城有所玩、有所学、有所悟。三是以上九山古村、石古墩村、山沃村等村落为依托建设孟子儒学民俗村，开发乡村民俗研学游，各村设有民俗体验馆，将邹城市古村民俗一一展示，并有专人讲解和传授，将传统生活方式活化展示，游客看到的不仅仅是生硬的文字，也能看到真正的传统生活方式，打造有特色的乡村研学基地。提升研学旅游内涵与孟子文化传承弘扬的融合，不仅为儒家传统礼仪和孟子文化精神活态传承提供新平台，而且孟子研学游的品质提升对增强两孟和邹城的旅游吸引力也具有重要的促进作用。

（3）做强邹东深呼吸休闲品牌。加强旅游与健康养生的融合发展，积极发展山地康养、森林康养、研修康养旅游，发挥邹东地区优质的生态环境优势，在鸿山、葛炉山、五宝庵山、凤凰山等景区结合道家养生文化，以多种山地药材为元素，以传统健康养生方式为内涵，大力支持各种健康养生企业与机构投资开发面向不同游客群的多层次康体健身、养生休闲旅游产品；积极推动深呼吸氧吧和负氧离子房等特色健康养生类项目落地建设，将邹东地区优质的空气质量优势体现出来，让邹东深呼吸品牌落地。

（4）深入挖掘孟子文创产品。蔡志忠是闻名海内外的漫画家，在《蔡志忠给孩子的国学漫画：孟子》中，蔡志忠先生通过简约流畅的漫画、睿智凝练的诠释，对《孟子》进行了生动幽默的解读与再创造，活泼形象，通俗易懂。可以蔡志忠孟子漫画为灵感和素材，将此转化成各种文创商品，做成电影动画图书等，开发"卡通孟子"，打造"网红孟子"，拉近孟子与游客的距离，增强邹城旅游购物的竞争力。

（二）莱芜"长城故乡"全域旅游品牌建设

齐长城是中国长城乃至世界长城建置年代最早、迄今保留最完好的古代宏伟建筑之一，也是中国万里长城的源头。

目前宁夏、山西、河北、北京都把长城旅游作为当地主打的旅游产品，八达岭、金山岭、山海关等地成为长城旅游的重要节点；南方苗疆长城已经被开发成特色旅游产品，山东省的齐长城正在谋划开发成为横贯山东省东西的特色长城遗产旅游廊道和齐长城国家文化公园。

我们认为莱芜要以"长城故乡"为主题进行旅游目的地品牌打造，与雪野省级旅游度假区、中国国际航空体育节共同形成莱芜旅游吸引力的三大支撑，以期在国内外形成较高的旅游知名度，为莱芜经济和社会发展做出新的贡献。

1. 长城故乡品牌定位的可行性[①]

齐长城莱芜段是有文化深度的、是能代表莱芜的、是有发展条件的、是有广阔市场的。深入营销"世界最古老长城"，把"长城故乡"作为莱芜旅游的特色名片来打造合理且可行。

（1）齐长城之价值。齐长城横亘齐鲁大地，始建于春秋时期，距今已2500余年。西起黄河，东至黄海，全长 618.893 公里。齐长城遗址在中国历史上占有重要地位，具有很高的考古和旅游价值，它比欧洲雅典壁垒早200余年，比秦长城早400余年，堪称"中国长城之父""世界壁垒之最"。齐长城遗址是继山东一山、一水、一圣人之后的又一大旅游胜景。齐长城作为春秋战国史上的古战场、东夷文化的发源地、齐鲁文化交流的纽带、齐鲁大地的分水岭，有着丰富的文化内涵，是古老的人文景观。齐长城把黄河泰山和东海在山东一省境内联起，形成千里风景线。无论是沿齐长城走向考察或参观长城遗址、目睹两千年前的军事防御工程，还是游览长城沿线的古迹，名胜都会让人感叹自然景观与人文景观的奇妙结合，发思古之幽情的同时为中华文明而自豪。

---

① 《2500 岁的齐长城遗址：锦阳关里听"鼓角争鸣"！现代化保护体系正在建设》，莱芜区人民政府网，http://www.laiwu.gov.cn/art/2022/3/3/art_35260_4788194.html。

（2）莱芜段之价值。齐长城莱芜段是齐长城中保存最好、堪称精华的一段。莱芜段西起大王庄镇，经雪野镇、茶业口镇、和庄镇，最后自和庄镇平州村出境，共跨越 200 余个山头、35 个村庄，全长 64.16 公里。关隘、城墙、烽火台，齐长城这些主要组成部分，在莱芜都有遗迹可寻，主要有三大关、十二小关。三大关建在山垭要道上，自西而东为锦阳关、黄石关、青石关。十二小关即天门关、胡家庄关、北门关、阎王鼻子关、马头崖关、东关、北栾宫关、九顶山关、珍峪关、霹雳尖关、风门道关、东车辐关。莱芜齐长城沿线发生和流传的孟姜女传说最具代表性。高家庄村是孟姜女的老家，三大关中的锦阳关之下有孟姜女庙。清道光《章丘县志》卷 3《山水考》记载："长城岭在县治南百余里……俗名长林岭，岭上有古长城遗迹，相传齐所筑以御楚……莱芜土人又谓长春岭，旧有孟姜庙"。十二小关中的天门关之下有孟姜女庙，位于关南东侧，建筑一间。三大关中的黄石关之下上王庄村有孟姜女庙，建筑有三间，前出厦，厦柱础石尚存，庙的东邻有孟姜女坟和衣冠冢等。更值得注意的是，这里发现了齐长城沿线目前所见最早的孟姜女碑——《孟姜女纪铭》。以茶业口镇北王庄村为核心，内容丰富、形式多样的孟姜女哭长城传说世世代代广为流传。在 2014 年 12 月，莱芜市的"孟姜女传说"作为民间文学拓展项目，正式被公布为第四批国家非物质文化遗产。具有浓郁地方色彩的孟姜女传说和大大小小孟姜女庙的存在，无疑大大提高了莱芜段齐长城的历史地位和典型意义。此外，莱芜段齐长城沿线娘娘庙、吕祖泉、青石关、卧云铺、逯家岭等古村落密集分布、古蕴深厚。中国长城学会副会长董耀会等专家学者，对莱芜段的历史文化价值也都给予高度评价。莱芜齐长城一带也成为国内外历史学家、军事学家、考古学家以及文人墨客欣然前往、寻古探幽的胜地。

（3）齐长城于莱芜之价值。齐长城是莱芜最重要的历史文化遗产。这段中国最古老的长城，见证过长勺之战、艾陵之战的刀光剑影，阅历了嬴城的兴建与衰败，倾听过黄巢练兵的雄壮呐喊，一直到抗日战争时期，人民武装还曾经依托它，给日寇以坚决的抵抗。《左传》中"一鼓作气"、毛主席说的"敌疲我打"方针都来自"长勺之战"。齐长城是莱芜旅游最具特色的名片。既要实现对齐长城的保护，又要发挥文化遗产的当代价值，发展旅游是最为现实、最为合理的途径。齐长城沿途自然风光秀丽，山河壮阔，南北古道、商道、兵道连绵纵横，适合于开发成为自然与文化特色交汇、观光与休闲功能齐全的旅游综合体和自然与文化遗产旅游廊道。值得一提的是，莱芜段齐长城有九成位于现在的雪野旅游度假区，这一独特的文化遗产，与雪野湖周边的美丽风光、中国国际航空体育节三者共同造就了莱芜最具竞争力的旅游板块。

2. 长城故乡品牌定位的必要性

（1）推进山东齐长城旅游发展。齐长城是目前山东唯一没有进行综合旅游发展利用的顶级世界遗产类旅游资源，必须尽快深入挖掘，丰富山东旅游的内涵。

（2）铸造齐鲁旅游脊梁势在必行。齐长城是齐鲁的脊梁，是齐鲁旅游中部凸起、实现南北互动的关键纽带，这个焦点是齐鲁之心所在——莱芜。

（3）整合莱芜旅游资源推进全域旅游发展的"穿针线"。长城旅游既有线又有点，扛起长城旅游大旗，可以盘活莱芜旅游，形成整体一体化发展格局。

（4）带动沿线山区居民精准脱贫的重要抓手。发展齐长城旅游是引领山区居民社会经济全面发展的重要一步与关键抓手。

3. 长城故乡品牌支撑

"长城故乡"应重点依托齐长城、古村落、雪野湖、齐鲁大峡谷及莱芜的历史故事、名人传说等重点旅游资源，深度挖掘齐鲁文化、嬴秦文化、大汶河文化，打造齐长城文化活态博物园区，建设集文化体验、山村休闲、寻古探幽、健身运动、航空体育等功能于一体的知名旅游目的地。"长城故乡"品牌形象由以下几个部分组成。

（1）核心吸引力。齐长城物态形象，城墙、关隘、烽火台。

（2）核心资源。

①长城古村：沿线古村落及居民生产生活方式，卧云铺、逯家岭、娘娘庙、吕祖泉、青石关、红哨子等。

②长城古道：连通齐都临淄和鲁都曲阜的齐鲁古道、茶盐古道、青石关古道等。

③长城文化：孟姜女传说、长勺之战、艾陵之战、夹谷会盟等历史事件及人物故事。

（3）核心旅游产品。自然环境的呈现、悠久文化的呈现、传统乡村传统聚落乡村生活基本状态的呈现、体验式消费和休闲度假形态的呈现。开发

"齐长城 +"旅游产品,如齐长城 + 民宿、考古、研学、乡村、露营、度假、徒步、探险、文创。

核心吸引力突出,核心区域文化资源集中,核心旅游产品体验性强,才能支撑起"长城故乡",从而对整个旅游市场产生辐射和带动作用。在这种带动下,莱芜的生态山水、休闲运动、健身康养、红色精神也将不断地被认知与体验,最终也使"长城故乡"的形象更充实丰富。

4."长城故乡"品牌打造策略

近几年来,各界关于"长城保护"的话题不绝于耳,甚至掀起一阵长城保护热潮。国家多次就长城保护展开专题研究,并提出提高长城保护水平,更好地发挥了长城文化遗产在传承和弘扬优秀传统文化中的独特作用,让长城保护成果更多地造福人民。对于传承和弘扬山东齐长城历史文化、宣传齐长城独特的文化资源价值、推动齐长城的保护发展具有重要意义。加大对齐长城文化旅游资源的整理挖掘,做好保护性开发,把"长城故乡"作为莱芜旅游的特色名片来打造。

(1)列入山东省文化旅游目的地品牌之中。推动将"长城故乡"列入山东省文化旅游目的地品牌,按照山东省十大文化旅游目的地品牌建设实施方案的要求,配套相关支持政策,将"长城故乡"作为一个区域文化旅游目的地新品牌进行打造。

(2)加大"长城故乡"营销推广力度。聘请专业营销机构,设计旅游品牌标示体系,对"长城故乡"形象进行全面包装,明确市场定位,确定营销目标、营销内容和渠道。加强媒体宣传、节事活动宣传,形成重点集中、多方力量叠加的精准营销机制。

(3)深挖文化内涵打造核心旅游产品。把齐长城沿线的历史名人、重大事件充分挖掘好,为讲好齐长城故事打好基础。重点做好文化的提炼和情感的体验,挖掘与齐长城相关的故事素材,除了保护传统村落建筑外,还要重视长期生活于此的人,切实做好文旅融合发展。做好齐长城业态产品的创新,打造集文化廊道、风景廊道、生态廊道、旅游廊道于一体的四个廊道,建立一个多部门联动的协调机构推动齐长城的保护利用。

(4)提升齐长城沿线旅游公共服务。提升齐长城沿线公共服务。在资源保护性开发的基础上做好齐长城周边配套设施服务,重点加快推进主干道到齐长城旅游点的公共交通建设,特别是做好齐长城沿线行人步道、自行车道的修建和旅游指引标识的安装，提高游客可进入性；完善沿线停车场、游客集散中心、旅游厕所等旅游基础设施。

（三）荣成市海洋牧场渔旅融合发展之策

1. 海洋牧场渔旅融合发展的优势

（1）海洋资源优势突出。荣成市临近黄海、渤海、东海三大渔场，位于三条洋流的交汇处，海水循环周期短，循环速度快。渤海湾内区域的水体循环一次需要 17 年，而荣成只需要半年。洋流的频繁汇聚为荣成带来了富饶的海产、独特的微气候和大天鹅、黑尾鸥等壮观的候鸟资源。

（2）政策发力优势明显。海洋牧场建设是海洋渔业资源利用的重要方式，也是生态用海、科学用海的必然选择。2017 年，荣成市抓住时机按照省委、省政府建设"海上粮仓"的总体部署，以"提质增效、减量增收、绿色发展、富裕渔民"为动力，大力建设海洋牧场，加快推动渔业供给侧改革和新旧动能转换，全面促推渔业转型升级。

（3）渔旅组合优势显著。荣成拥有西霞口集团、威海长青、山东好当家等 7 家国家级海洋牧场，规模、数量居全国前列、全省首位。高标准建设"一厅一室一院一馆"，即海洋牧场陆域配套建设展示厅、监控室、研究院和体验馆，布局建设了具有世界先进水平的海洋牧场观测网，对海水质量、生物繁殖、鱼类品种等实现了即时、远程可见，初步实现了海底环境"可视、可测、可控、可预警"，基础建设先进。同时海洋牧场大多数毗邻荣成的成山头、那香海、花斑彩石旅游区、西霞口野生动物园、天鹅湖、海驴岛、东楮岛村、烟墩角村等主要旅游资源和景区，可以形成组合打造渔旅一体化海洋牧场。具体见表 7-3 所示。

表 7-3 　　　　　　荣成市海洋牧场与周边旅游资源组合状况

海洋牧场名称	海洋牧场类型	周边旅游资源与景区
西霞口集团国家级海洋牧场	投礁型	成山头、西霞口野生动物园、海驴岛、摩天岭、隆霞湖、始皇庙

续表

海洋牧场名称	海洋牧场类型	周边旅游资源与景区
威海长青国家级海洋牧场	田园型	荣成国际会展中心、郭永怀事迹陈列馆、樱花湖、桑沟湾湿地公园、中韩边贸城、海洋食品博览中心
山东好当家国家级海洋牧场	田园型	好当家海参博物馆、高尔夫球场、国防教育基地
荣成泓泰国家级海洋牧场	游钓型	湖海田园生态采摘园
荣成成山鸿源国家级海洋牧场	投礁型	瓦屋石村、沙滩
荣成烟墩角国家级海洋牧场	游钓型	花斑彩石旅游区、烟墩角海草房村落、天鹅湖
荣成马山国家级海洋牧场	游钓型	马山岛
荣成楮岛海洋牧场	游钓型	东楮岛海草房村落、百年楮树
靖海集团海洋牧场	投礁型	苏山岛、靖海卫古村、渔港码头
山东鑫弘海洋牧场	游钓型	综合工船
山东人和海洋牧场	投礁型	九顶铁槎山、娘娘庙、玛祖雕像、大王家岛、小王家岛
山东九顶省级海洋牧场	投礁型	九顶铁槎山、沙口村石头村落、赤山景区
鑫城山海洋牧场	田园型	成山森林公园、天鹅湖
桑沟湾鸻鹬岛省级海洋牧场	田园型	青龙石造船厂、鸻鹬岛、湖海田园生态采摘园
那香海海洋牧场	综合型	鸡鸣岛

（4）客源市场优势显现。荣成年平均气温在13℃左右，冬无严寒，夏无酷暑，四季分明，海洋特色鲜明，对内陆游客有较大的吸引力，市场需求大。

2. 海洋牧场渔旅融合发展存在的问题

一是参与体验性不强，海洋牧场注重海洋渔业生产，供游客参与体验的服务设施较为匮乏，游客尚不能多角度体验海洋牧场的趣味。二是海洋旅游产品雷同，海洋旅游是海洋牧场功能产品之一，但缺乏线路和产品的综合规划和开发，造成海洋产品的雷同，尤其是在海洋特色活动、海洋购物品开发等方面缺乏自身特色。三是生态红线问题，因海洋生态红线划定滞后于国家级海洋牧场的申报时间，所以部分海洋牧场申报建设在海洋生态红线之内，需要进行位置调整；同时，因人工渔礁需要变更海域属性，涉及红线、保护区、海洋湿地、航道等问题，导致发展受阻，推进缓慢。四是管理不规范，海洋牧场建设保障措施仍不完善，相关标准和规范尚不健全，现行法律法规和规章尚未对海洋牧场管理平台及休闲海钓渔船做出管理规范，存在多头管理问题，综合协调有待加强。

3. 海洋牧场渔旅融合发展之策

（1）统筹建设三个海洋牧场片区。以西霞口集团国家级海洋牧场、荣成市鑫城山海洋牧场、荣成烟墩角游钓型海洋牧场、荣成天鹅湖游钓型海洋牧场、那香海海洋牧场等为重点，与度假区相结合，打造北部海洋牧场片区；以荣成成山鸿源投礁型海洋牧场和威海长青国家级海洋牧场为重点，以苗种培育和海上休闲为特色，建设中部海洋牧场片区；以山东好当家田园型海洋牧场、靖海集团投礁型海洋牧场、山东鑫弘游钓型海洋牧场、山东人和投礁型海洋牧场、山东九顶省级海洋牧场、荣成泓泰游钓型海洋牧场、荣成楮岛游钓型海洋牧场、桑沟湾鹁鸽岛省级海洋牧场等为重点，依托海产品、海港、海湾、景区等，建设南部海洋牧场片区，将海洋牧场谋划成为荣成全域旅游发展中的重要支撑区。

（2）确立发展战略重点。以爱伦湾海洋大地景观、好当家海参文化主题厨房、爱连养生园、桑沟湾河豚馆、鑫弘综合工船、人和大小王家岛、那香海鸡鸣岛、桑沟湾鹁鸽岛、烟墩角海草房民宿、靖海凤凰尾景观船十个海洋牧场精品项目为重点，注重全产业链、全服务链衔接，满足游客对个性化、体验化、情感化、休闲化海洋牧场的追求，打造吃、住、行、游、购、娱等配套和特色鲜明的"海上高尔夫"，推动荣成市建设成为集休闲海钓、海上采摘、海洋研学、海洋康养、休闲养生等多种功能于一体的海洋牧场集聚区与示范区。

（3）综合配套发展休闲渔业。在海洋牧场展示厅、海洋牧场体验馆等海洋牧场标准化设施基础上，海上建设满足游客需求的浮体平台、自升式多功能平台，陆地建设海洋科普基地、岸钓钓场、渔家民宿、海景长廊、海洋动物乐园等旅游休闲设施，配套建设海鲜美食广场、游客服务中心、渔家民俗酒店、游艇码头、生态停车场等公共服务设施。利用鲍、扇贝、魁蚶等贝类及海带、海参等优良海产品资源优势，对照"好品山东"标准"山东手造"实施方案，开发针对游客的特色海洋旅游购物品。

（4）整合塑造形象品牌。整合荣成海洋牧场资源，与荣成"自由呼吸、自在荣成"全域旅游品牌相协调，海洋牧场整体品牌定位"自由蓝海"，并建立起标识、服饰、接待用语、服务礼仪等形象系统，提升海洋品牌服务质量。

（5）积极寻找政策突破点。对于存在的多头管理问题：一是政府整合各相关部门的职权，形成协调海洋牧场发展的专门机构；二是联合相关部门共同出台或由专门机构出台政策标准，填补相应的空白地段。对于生态红线问题，在坚持"陆海统筹、多措并举、科学实施、分区分策、严格监管"的原则以及按照"严标准、限开发、护生态、抓修复、减排放、控总量、提能力、强监管"的总体思路的前提下，寻找更多的发展政策突破。

（四）建立临淄全域旅游思维

临淄是国家历史文化名城、世界足球起源地，作为"春秋五霸之首，战国七雄之冠"的齐国故城长达 800 余年，孕育了博大精深、辉煌灿烂、名人众多的齐文化，旅游发展的文化资源禀赋优良。临淄区旅游起步较早，车马坑、殉马坑、齐国历史博物馆等系列文化场馆早在 20 世纪 90 年代就闻名四方。经济实力雄厚，2020 年全区生产总值达到 733 亿元，排名山东省前 30位，民间涌现出一批富裕的企业家。① 临淄空间区位绝佳，地处济南与青岛之间，济青高速铁路的通车进一步缩短了临淄区与国内主体市场的时间距离。按照常理来说，在大好形势下临淄旅游应该有个突飞猛进的发展节奏与成就，但近年来临淄旅游发展却差强人意。

1. 临淄区旅游存在的思维障碍

（1）文化思维太重。齐文化太厚重，在我国区域文化体系中占有极其重要的地位，任何一个要素拿出来都可以大书特书，也正因如此，到了旅游开发之时感觉众星闪烁却不知什么才是急需做的。齐文化与鲁文化相比具象资源少，除了土城墙和地下出土文物建设的博物馆之外，大多数文化属于有说头、有听头、没看头的文物遗址和历史文献，真实的地面遗存很少，这是制约齐文化旅游迅速崛起的先天障碍。

---

① 临淄区统计局：《2020 年临淄区国民经济和社会发展统计公报》，临淄区人民政府网，ht-tp：//www. linzi. gov. cn/gongkai/site_lzqtjj/channel_c_5f9f6cdc1ebfe2f7fcddefdf_n_1605681558. 653/doc_606eb71a4c378c9c2ccd1aa9. html。

（2）工业思维太强。临淄区工业经济太强，党委政府与全社会的关注点落在工业大发展上面，经济发展是首要大事情，工业 GDP 是首位考核指标，旅游尚未进入干大事的议事日程，大旅游、大产业、大开发的理念还没有树立起来，全部门协同发展旅游的意识落后，全社会参与旅游产业发展的氛围不足。

（3）体制思维太虚。全区旅游管理与建设存在主要领导重视没落到实处、发展力度不大、政策缺位与滞后、政府过多投入文化事业、宣传营销落伍等问题，旅游发展的体制机制活力尚未释放出来。

（4）保护思维太僵。齐文化太厚重、太珍贵，以至于全社会的眼光都关注在文物保护上。齐文化保护与开发的关系一直没有处理好，齐文化基本上处于以静态保护为主，与时俱进的旅游发展为辅的局面，导致把以文物保护、静态展示为主的博物馆建设当作齐文化旅游发展的主要任务，殉马坑、车马馆、齐国历史博物馆、管仲纪念馆、齐文化博物园这些场馆与项目要么缺乏参与体验，要么创意不足，游客也就很难为一堆没有现代动感参与体验的博物馆买单。这也是齐文化旅游徘徊不前的重要原因。

（5）事业思维太浓。临淄厚重的文化资源多数锁在博物馆之中，文化不仅缺乏与旅游全面融合，而且以静态的、孤立的文化事业状态而存在，所以临淄区缺乏能够吸引游客的旅游精品，自然围绕游览的吃、住、行、购、娱等旅游要素难以做大，完整的旅游产业链无法形成，多业融合的态势也就难以呼应，最终导致旅游综合效益较低，对全区国民经济与社会发展的整体拉动力不强。

（6）环境思维太弱。我们不可回避的问题是，齐鲁石化以及众多工业、化工企业对旅游业发展产生极为不利的影响，临淄在践行"两山理论"建设"生态淄博"中的欠账较多，旅游发展依托的生态环境较差，大大影响了外地游客的环境感受和旅游愉悦度，临淄到了真正彻底解决环境污染、还青山绿水的时候了。

2. 重塑临淄全域旅游思维

当前经济新常态下我国旅游业与相关产业呈现加速融合态势，旅游产业已经成为拉动内需扩大消费的内在要求，成为转方式调结构、推动新旧动能转换的重要途径。临淄区应该深入挖掘齐文化资源，锐意改革，大力创新，加强齐文化旅游资源的市场化配置，推动齐文化资源优势转变为产品和产业优势，以全域旅游思维推进旅游产业跨越式发展。

（1）强化领导思维。强化"一把手工程"，区委区政府主要领导亲自抓旅游，这一经验被我国许多地方验证，如河南省栾川县、福建省泰宁县等；建立旅游相关成员单位定期会议制度，及时协调解决旅游业发展中的重大问题；理顺发展体制，建立管理统一、协调有力、运转高效的旅游管理体制和运行机制，释放体制机制活力，对文化旅游实行科学规划与运营管理。

（2）重视考核思维。目前虽然出台了《中共临淄区委、临淄区人民政府关于加快发展旅游业意见》，但缺乏实施与执行力度，应当根据意见制定区委、区政府以及各部门的旅游重点工作分工。建立严格的全区旅游工作考核制度，将旅游业发展指标纳入对区委、区政府有关部门、单位和乡镇科学发展观与绩效考核内容，调动全区各部门发展旅游的主动性。

（3）建立服务思维。将符合国家产业政策，投资大、市场前景好的旅游项目优先列入全区重点建设项目，享受重点建设项目扶持政策，给予新增建设用地计划指标和金融、税收等政策支持；为旅游项目的建设审批提供全方位服务，帮助办理有关审批手续，协助解决在建项目核准、建设审批等方面的问题；重点旅游项目建设实行区级领导干部包保责任制，及时解决项目建设中遇到的困难和问题，为项目建设创造良好环境。

（4）革新项目思维。打破原有博物馆式的文化事业发展方式，革新静态场馆建设思维，积极开发打造以齐文化为主题、具有现代参与体验性、动感性强、原真味道足的旅游项目精品，提升齐文化的旅游吸引力，做大山东省十大旅游目的地品牌之一——"齐国古都"的旅游影响。

（5）培育企业思维。积极引导市场资金投资旅游发展，加强政府统筹，创造条件引导工业化工企业投入旅游做贡献；培育大型旅游企业，鼓励其整合上下游资源，建设旅游精品，延伸旅游产业链；鼓励大型投资商与旅游企业来临淄投资发展，出台相关政策和优惠措施予以积极支持。

（6）升级营销思维。统筹全区对外宣传资源，加大旅游宣传营销力度，积极利用各种高端媒体和新媒体营销全区旅游形象与旅游产品，提升临淄区对外的影响力和知名度，引动客流的增长。

（五）东营区"城旅共生、油游共融"全域旅游发展之路

东营区既是胜利油田的发源基地，又是东营市的主城区，在黄河流域生态保护和高质量发展国家战略的引领下，要按照"把主城区作为旅游度假区来打造"的要求，不断探索推进全域旅游改革创新，开拓一条"城旅共生、油游共融"的全域旅游特色发展之路，树立了黄河入海文化旅游目的地标杆示范。

1. 城旅共生：开启城市与旅游发展一体化

按照"城市即景区、景区即城市"的愿景，充分发挥东营市主城区的城市优势，借助市场机制的催化作用，将城市各种有形和无形资源进行有效整合和优化配置，富集会展经济、湿地景观、城市休闲、高端住宿、夜间旅游、特色购物等多元化业态和旅游吸引物，开启现代城市与旅游发展一体化。

（1）商旅一体化。依托王府井、万达广场等商业综合体，构建以东营区新区、西城油田基地为核心的旅游休闲街区，发展万达万恋街、燕山路美食街、文汇火车美食小镇等特色夜间旅游业态；借助主城区商业消费优势培育高星级酒店、休闲街区、特色餐馆为核心的夜间文旅消费集聚区，围绕蓝海酒店主体，配套旅游超市购物基地，构建"一体两翼"产业化发展新模式；依托城区南部完善的基础设施和便捷的区位交通，整合提升城市公园、酒庄、民宿、场馆等，建设城市休闲度假旅游集群片区。

（2）环境保护与旅游发展一体化。按照宜居宜游的理念，围绕建设湿地城市和生态城市，推进全域生态治理和绿化工程，加快新增造林，建设改造生态公园，扩大绿化面。创新开展生态环保和"四增四减"行动，增减空气优良天数，推动东营区旅游形象提升和黄河流域生态环境治理与保护行动。

（3）公共服务与旅游服务一体化。加强城市公共服务体系的建设，从主对市民服务向主对"市民＋游客"的角度建设城市，出台《关于加强规划引领提升城市建设品质的实施意见》，在城市风貌、街道绿化、信息服务、交通设施等方面突出旅游元素与功能，展现城市个性化特色，为游客提供人性化、便捷化的旅游服务。

（4）交通与旅游一体化。将南二路城市主干道打造成为旅游景观大道，在道路建设上融入特色景观元素，将大型旅游园区布局沿路，串珠成链，连

线成面，构建通河达海、河海互动的城市旅游景观带；用绿道、拱桥将耿井湿地旅游片区与动物园、花仙谷、揽翠湖连点成线，精心塑造湿地城市"绿肺"和全域旅游"核心"，实现城市交通与旅游发展有机衔接。

2. 油游共融：实现资源型城市转型升级

东营区要发挥胜利油田发源地和石油基地的地缘优势和工业基础，抓住石油这个最具城市辨识度的符号，积极推动石油文化融入湿地城市建设，不仅为资源型城市转型升级探索方向，而且也可以创新发展"油游共融"全域旅游模式。

（1）石油设施景观化。站在文化资源、城市景观的视角，对油井、抽油机、油管、阀门等工业化油田设施进行景观美学化改造，打造特色雕塑与产业景观。对油田系统移交的广场与公园进行基础设施完善、景观提升、业态丰富，成为城市旅游新载体。系统展现胜利油田发展进程和现代石油科技成果，构建以华八井、营二井等国家工业遗存和全国最大石油科技馆——胜利石油科技馆为主体的石油文化旅游体系，塑造特色鲜明、品位高雅的石油文化旅游名城。

（2）社区文化化。在油田社区设立文化馆分馆、图书馆分馆，开展文化旅游活动，增强了油地文化认同、情感认同，形成协同发展、共同繁荣的新型油地关系，借助全域旅游全力推进资源型城市转型升级与提质增效。

（3）油城节事化。举办"黄河入海"文化旅游目的地品牌建设系列活动，如国际石油装备与技术展览会、丝绸服装商品博览会、汽车展览会等展会活动，策划黄河口马拉松赛、中国石油文化节、黄河口啤酒美食节等大型文化消费旅游活动，全年全季举办多样性节会活动，提升石油城市的文化旅游知名度和美誉度。

（4）油企旅游化。扶持以蓝海等一批龙头企业，积极引导石油化工企业通过主体产业做大、投资旅游兴业和产业链延伸等多种方式打造山东省"十强"产业集群领军企业和全国酒店强企，成为全省旅游企业的标杆。

参 考 文 献

[1] 石培华:《如何认识与理解全域旅游》,载于《中国旅游报》2016年2月3日。

[2] 厉新建等:《全域旅游:建设世界一流旅游目的地的理念创新》,载于《人文地理》2013年第3期。

[3] 李柏文、曾博伟、陈晓芬:《全域旅游的内涵辨析与理论归因分析》,载于《华东经济管理》2018年第10期。

[4] 高元衡、王艳、吴琳等:《从实践到认知:全域旅游内涵的经济地理学理论探索》,载于《旅游论坛》2018年第5期。

[5] 赵传松、任建兰、陈延斌、刘凯:《全域旅游背景下中国省域旅游产业与区域发展时空耦合及驱动力》,载于《中国人口·资源与环境》2018第3期。

[6] 张辉、岳燕祥:《全域旅游的理性思考》,载于《旅游学刊》2016年第9期。

[7] 丰晓旭、夏杰长:《中国全域旅游发展水平评价及其空间特征》,载于《经济地理》2018年第4期。

[8] 王国华:《论全域旅游战略实施的路径与方法》,载于《北京联合大学学报(人文社会科学版)》2017年第3期。

[9] 石培华:《新时代旅游理论创新的路径模式:兼论全域旅游的科学原理与理论体系》,载于《南开管理评论》2018年第2期。

[10] 吕俊芳:《城乡统筹视阈下中国全域旅游发展范式研究》,载于《河南科学》2014年第1期。

[11] 喇明英:《川甘青交界区文化生态旅游融合发展的理念与路径探讨》,载于《西南民族大学学报(人文社科版)》2016年第2期。

［12］盛毅、喇明英、盛祖添：《民族地区全域旅游导向下的供给侧结构性改革》，载于《经济体制改革》2017 年第 5 期。

［13］陈斯琪、伍世代：《全域旅游的社会空间营造内涵研究》，载于《华侨大学学报》2019 年第 4 期。

［14］丰晓旭：《全域旅游和区域绿色发展的关联度》，载于《改革》2018 年第 2 期。

［15］文传浩、许芯萍：《流域绿色发展、精准扶贫与全域旅游融合发展的理论框架》，载于《陕西师范大学学报（哲学社会科学版)》2018 年第 6 期。

［16］王磊、刘家明：《宁夏建设全域旅游示范区研究》，载于《宁夏社会科学》2016 年第 4 期。

［17］赵慧莎、王金莲：《国家全域旅游示范区空间分布特征及影响因素》，载于《干旱区资源与环境》2017 年第 7 期。

［18］林明水、廖茂林、王开泳：《国家全域旅游示范区竞争力评价研究》，载于《中国人口·资源与环境》2018 年第 11 期。

［19］李经龙等：《全域旅游示范区旅游效率——以安徽省为例》，载于《江南大学学报（人文社会科学版)》2018 年第 4 期。

［20］徐珍珍、余意峰：《国家全域旅游示范区空间分布及其影响因素》，载于《世界地理研究》2019 年第 2 期。

［21］石培华：《全域旅游示范区创建对区域旅游经济发展的影响效果评估》，载于《宏观经济研究》2020 年第 6 期。

［22］徐鲲、王英、唐雲：《国家全域旅游示范区创建的旅游经济效应研究——来自地级市准自然实验的数据》，载于《重庆大学学报（社会科学版)》2021 年第 4 期。

［23］华兴旅：《"全域旅游"热词》，人民出版社 2018 年版。

［24］王旭科：《全域旅游发展理念导引下的旅游发展观更新》，载于《中国旅游报》2019 年 4 月 16 日。

［25］鲁勇、魏小安等：《广义旅游学》，社会科学文献出版社 2013 年版。

［26］李柏文、王成志：《全域旅游发展技术导论》，光明日报出版社 2020 年版。

［27］王桂茹等：《催化剂与催化作用》，大连理工大学出版社 2015 年版。

［28］乔纳·伯杰：《催化：让一切加速改变》，电子工业出版社2021年版。

［29］皮埃尔·布尔迪厄、罗克·华康德：《反思社会学导引》，李猛、李康译，商务印书馆2020年版。

［30］王旭科、刘文静、李华：《全域旅游发展水平评价指标体系构建》，载于《统计与决策》2019年第24期。

［31］王旭科：《乡村旅游促进新农村建设——来自山东省八个旅游特色村的专题调研》，载于《中国旅游报》2015年9月23日。

［32］王旭科等：《传统旅游城市发展问题与转型升级》，载于《旅游论坛》2009年第5期。

［33］陆大道：《关于"点—轴"空间结构系统的形成机理分析》，载于《地理科学》2002年第1期。

［34］山东省人民政府：《关于印发山东省精品旅游专项规划（2018－2022）的通知》，山东省人民政府网，http：//www. shandong. gov. cn/art/2018/11/8/art_2259_28967. html。

［35］王旭科等：《城市公共活动空间游憩行为失控的治理研究》，载于《生产力研究》2019年第4期。

［36］王衍用：《孟子故里旅游开发战略研究》，载于《地理学与国土研究》1993年第2期。

［37］王衍用：《中国旅游发展新理念：颠覆与重构》，中国文史出版社2018年版。

全域旅游导则与标准研究

A. 全域旅游示范区创建工作导则

第一章 总 则

1.1 为深入贯彻习近平总书记系列重要讲话精神和治国理政新理念、新思想、新战略，认真落实党中央、国务院关于全域旅游的决策部署，按照"五位一体"总体布局、"四个全面"战略布局和创新、协调、绿色、开放、共享发展理念，推动旅游业转型升级、提质增效、科学发展、全面发展，持续增加旅游有效供给，切实满足人民群众不断增长的旅游需求，指导和规范全域旅游示范区（以下简称"示范区"）创建工作，特制定本导则。

1.2 全域旅游是指将一定区域作为完整旅游目的地，以旅游业为优势产业，进行统一规划布局、公共服务优化、综合统筹管理、整体营销推广，促进旅游业从单一景点景区建设管理向综合目的地服务转变，从门票经济向产业经济转变，从粗放低效方式向精细高效方式转变，从封闭的旅游自循环向开放的"旅游＋"转变，从企业单打独享向社会共建共享转变，从围墙内民团式治安管理向全面依法治理转变，从部门行为向党政统筹推进转变，努力实现旅游业现代化、集约化、品质化、国际化，最大限度满足大众旅游时代人民群众消费需求的发展新模式。

1.3 示范区创建工作坚持"注重实效、突出示范，宽进严选、统一认定，有进有出、动态管理"的方针，成熟一批、命名一批，并建立相应的管理和退出机制。

1.4　示范区创建工作按照地方申报、审核公布、创建实施、评估监测、考核命名、复核督导的程序进行。其中，示范区创建由所在地人民政府提出申请，由省级旅游行政管理部门或省级人民政府向国家旅游局推荐申报，国家旅游局审核公布；创建工作日常指导、评估监测、复核督导由国家旅游局或国家旅游局委托省级旅游行政管理部门负责；考核命名工作由国家旅游局统一组织实施。

1.5　本导则适用于国家旅游局公布的所有全域旅游示范区创建单位，包括相关的省（自治区和直辖市）、市（地州盟）和县（市区旗）。

第二章　创建原则

2.1　突出改革创新。将发展全域旅游作为旅游业贯彻落实五大发展理念的主要途径，始终把改革创新作为创建工作的主线，坚持目标导向和问题导向，针对旅游发展中的重大问题，形成适应全域旅游发展的体制机制、政策措施、产业体系等，构建全域旅游发展新局面。

2.2　突出党政统筹。发挥地方党委、政府的领导作用，从区域发展战略全局出发，把推进全域旅游作为地方经济社会发展的重要抓手，统一规划、统筹部署、整合资源、协调行动，形成推动全域旅游发展新合力。

2.3　突出融合共享。大力推进"旅游＋"，实现旅游业与其他行业的磨合、组合和融合，促进旅游功能全面增强，使发展成果惠及各方，让游客能满意、居民得实惠、企业有发展、百业添效益、政府增税收，形成全域旅游共建共享新格局。

2.4　突出创建特色。注重产品、设施与项目特色，不同层级、不同地区要确立符合实际的发展规划、主打产品、主题形象等，不搞一个模式，防止千城一面、千村一面、千景一面，形成各具特色、差异化推进的全域旅游发展新方式。

2.5　突出绿色发展。树立"绿水青山就是金山银山"理念，守住生态底线，合理有序开发，防止破坏环境，杜绝竭泽而渔，摒弃运动式盲目开发，实现经济、社会、生态效益共同提升，开辟全域旅游发展新境界。

2.6　突出示范导向。强化创建示范引领作用，打造省、市、县全域旅游示范典型，努力在推进全域旅游、促进城乡建设、产业发展、公共服务、整体营销等方面形成可借鉴可推广的经验和方式，树立全域旅游发展新标杆。

第三章 创 建 目 标

3.1 旅游治理规范化。坚持党委、政府对旅游工作的领导，建立各部门联动、全社会参与的旅游综合推进机制。坚持依法治旅，提升治理效能，形成综合产业综合抓的局面，成为体制机制改革创新的典范。

3.2 旅游发展全域化。推进全域统筹规划、全域合理布局、全域整体营销、全域服务提升，构建良好自然生态环境、亲善人文社会环境、放心旅游消费环境，实现全域宜居宜业宜游和全域接待海内外游客，成为目的地建设的典范。

3.3 旅游供给品质化。加大旅游产业融合开放力度，提高科技水平、文化内涵、绿色含量，增加创意产品，发展融合业态，提供高质量、精细化的旅游服务，增加有效供给，成为满足大众旅游消费需求的典范。

3.4 旅游参与全民化。增强全社会参与意识，引导居民以主人翁态度共同参与旅游建设，营造文明旅游新风尚，健全旅游发展受益机制，出台旅游惠民政策，切实保证居民、企业参与收益分配，成为全民参与共建共享的典范。

3.5 旅游效应最大化。把旅游业作为经济社会发展的重要支撑，发挥旅游"一业兴百业"的带动作用，促进传统产业提档升级，孵化一批新产业、新业态，旅游对当地经济和就业的综合贡献达到较高水平，成为惠民生、稳增长、调结构、促协调、扩开放的典范。

第四章 创 建 任 务

4.1 创新体制机制，构建现代旅游治理体系

4.1.1 建立党政主要领导挂帅的全域旅游组织领导机制，加强部门联动，充分发挥宣传、组织、政法等党委部门和发改、公安、财政、国土、环保、住建、交通、水利、农业、文化、体育、统计、林业等政府部门在合力推进全域旅游工作中的积极作用。

4.1.2 探索建立与全域旅游发展相适应的旅游综合管理机构，如旅游发展委员会，有效承担旅游资源整合与统筹协调、旅游规划与产业促进、旅游监督管理与综合执法、旅游营销推广与形象提升、旅游公共服务与专项资金

管理、旅游数据统计与综合考核等职能。

4.1.3 积极推动公安、工商、司法等部门构建管理内容覆盖旅游领域的新机制，切实加强旅游警察、旅游市场监督、旅游法庭、旅游质监执法等工作和队伍建设。

4.1.4 积极创新旅游配套机制，建立相应的旅游联席会议、旅游项目联审、旅游投融资、旅游规划公众参与、旅游标准化、文明旅游共创、旅游志愿者组织、旅游人才培养、党政干部培训、旅游工作考核激励等机制。

4.1.5 推动政策创新。出台支持全域旅游发展的综合性政策文件。加大财政支持力度，逐年增加旅游发展专项资金，加大对旅游基础和公共服务设施建设投入力度，鼓励统筹各部门资金支持全域旅游建设。对全域旅游重大建设项目优先纳入旅游投资优选项目名录，优先安排政府贷款贴息。创新旅游投融资机制，推进旅游资产证券化试点，促进旅游资源市场化配置，因地制宜建立旅游资源资产交易平台，鼓励有条件的地方政府设立旅游产业促进基金，引导各类资金参与全域旅游建设，鼓励开发性金融为全域旅游项目提供支持。强化旅游用地保障，在年度用地指标中优先支持旅游项目，探索实行重点旅游项目点状供地等用地改革，优化旅游项目用地政策。

4.2 加强规划工作，做好全域旅游顶层设计

4.2.1 将旅游发展作为重要内容纳入经济社会发展、城乡建设、土地利用、基础设施建设和生态环境保护等相关规划中。由所在地人民政府编制旅游发展规划，同时依法开展规划环评。在实施"多规合一"中充分体现旅游主体功能区建设的要求。

4.2.2 城乡基础设施、公共服务设施和产业发展中的重大建设项目，在立项、规划设计和竣工验收等环节，可就其旅游影响及相应旅游配套征求旅游部门的意见。

4.2.3 完善旅游规划体系。编制旅游产品指导目录，制定旅游公共服务、营销推广、市场治理、人力资源等专项规划和实施计划或行动方案。形成包含总体规划、控制性详规、重大项目设计规划等层次分明、相互衔接、规范有效的规划体系。

4.2.4 加强旅游规划实施管理。全域旅游发展总体规划及重点项目规划应报请人大或政府批准，提升规划实施的法律效力，并建立旅游规划评估与实施督导机制。

4.3 加强旅游设施建设，创造和谐旅游环境

4.3.1 推动"厕所革命"覆盖城乡全域。推进乡村旅游、农家乐厕所整体改造，5A级景区厕所设置第三卫生间，主要旅游景区、旅游度假区、旅游场所、旅游线路和乡村旅游点的厕所要实现数量充足、干净卫生、实用免费、管理有效。鼓励对外服务场所厕所免费对游客开放。推进市场多元供给和以商建厕、以商管厕、以商养厕。通过使用能源、材料、生物、信息等新技术，切实解决旱厕、孤厕及其污物处理、厕所信息服务等难题。引导游客爱护设施、文明如厕，营造健康文明的厕所文化。

4.3.2 构建畅达便捷交通网络。完善综合交通体系，科学安排支线机场新建和扩建，优化旅游旺季和通重点客源市的航班配置，加强覆盖旅游景区的通用机场建设。改善区域公路通达条件，提升区域可进入性，提高乡村旅游道路的建设等级，推进干线公路与景区公路连接线以及相邻区域景区之间公路建设，形成旅游交通网络。提高游客运输组织能力，开通旅游客运班车、旅游公交车和观光巴士等。推进旅游风景道、城市绿道、骑行专线、登山步道、交通驿站等公共休闲设施建设，打造具有通达、游憩、体验、运动、健身、文化、教育等复合功能的主题旅游线路。

4.3.3 完善集散咨询服务体系。在建好景区游客中心的基础上，合理布局建立全域旅游集散中心，设立多层级旅游集散网络，因地制宜在商业街区、交通枢纽、景点景区等游客集聚区设立旅游咨询服务中心（点），有效提供景区、线路、交通、气象、安全、医疗急救等必要信息和咨询服务。

4.3.4 规范完善旅游引导标识系统。在全域建立使用规范、布局合理、指向清晰、内容完整的旅游引导标识体系，重点涉旅场所规范使用符合国家标准的公共信息图形符号。

4.3.5 合理配套建设旅游停车场。建设与游客承载量相适应、分布合理、配套完善、管理科学的生态停车场。鼓励在国省干线公路和通景区公路沿线增设旅游服务区、驿站、观景台、自驾车营地等设施，推动高速公路服务区向交通、生态、旅游等复合型服务区转型升级。

4.4 提升旅游服务，推进服务人性化品质化

4.4.1 充分发挥标准在全域旅游工作中的服务、指引和规范作用。完善旅游业标准体系，扩大旅游标准覆盖范围，强化标准实施与监督，加强涉旅行业从业人员培训，提高从业人员服务意识与服务能力，树立友善好客旅游

服务形象。

4.4.2　按照旅游需求个性化要求，实施旅游服务质量标杆引领计划，鼓励企业实行旅游服务规范和承诺，建立优质旅游服务商目录，推出优质旅游服务品牌。开展以游客评价为主的旅游目的地评价，不断提高游客满意度。

4.4.3　推进服务智能化。建立地区旅游服务线上"总入口"和旅游大数据中心，形成集交通、气象、治安、客流信息等为一体的综合信息服务平台。涉旅场所实现免费 Wi – Fi、通信信号、视频监控全覆盖，主要旅游消费场所实现在线预订、网上支付，主要旅游区实现智能导游、电子讲解、实时信息推送。开发建设游客行前、行中和行后各类咨询、导览、导游、导购、导航和分享评价等智能化旅游服务系统。

4.4.4　完善旅游志愿服务体系。建立服务工作站，制定管理激励制度，开展志愿服务公益行动，提供文明引导、游览讲解、信息咨询和应急救援等服务，打造旅游志愿服务品牌。

4.5　坚持融合发展、创新发展，丰富旅游产品，增加有效供给

4.5.1　"旅游＋城镇化、工业化和商贸"。突出中国元素、体现区域风格，建设美丽乡村、旅游小镇、风情县城、文化街区、宜游名城以及城市绿道、骑行公园等慢行系统，支持旅游综合体、主题功能区、中央游憩区等建设。利用工业园区、工业展示区、工业历史遗迹等因地制宜开展工业旅游，鼓励发展旅游用品、户外休闲用品和旅游装备制造业。完善城市商业区旅游服务功能，开发具有自主知识产权和鲜明地方特色的时尚性、实用性、便携性旅游商品，提高旅游购物在旅游收入中的比重，积极发展商务会展旅游。

4.5.2　"旅游＋农业、林业和水利"。大力发展观光农业、休闲农业和现代农业庄园，鼓励发展田园艺术景观、阳台农艺等创意农业和具备旅游功能的定制农业、会展农业、众筹农业、家庭农场、家庭牧场等新型农业业态。因地制宜建设森林公园、湿地公园、沙漠公园，鼓励发展"森林人家""森林小镇"。鼓励水利设施建设融入旅游元素和标准，充分依托水域和水利工程，开发观光、游憩、休闲度假等水利旅游。

4.5.3　"旅游＋科技、教育、文化、卫生和体育"。积极利用科技工程、科普场馆、科研设施等发展科技旅游。以弘扬社会主义核心价值观为主线，发展红色旅游，开发爱国主义和革命传统教育、国情教育、夏（冬）令营等研学旅游产品。依托非物质文化遗产、传统村落、文物遗迹及美术馆、艺术

馆等文化场所，推进剧场、演艺、游乐、动漫等产业与旅游业融合，发展文化体验旅游。开发医疗健康旅游、中医药旅游、养生养老旅游等健康旅游业态。积极发展冰雪运动、山地户外、水上运动、汽车摩托车运动等体育旅游新产品。

4.5.4 "旅游＋交通、环保和国土"。建设自驾车房车旅游营地，打造旅游风景道和铁路遗产、大型交通工程等特色交通旅游产品，推广精品旅游公路自驾游线路，支持发展邮轮游艇旅游，开发多类型、多功能的低空旅游产品和线路。建设生态旅游区、地质公园、矿山公园以及山地旅游、海洋海岛旅游、避暑旅游等旅游产品。

4.5.5 提升旅游产品品质。深入挖掘历史文化、地域特色文化、民族民俗文化、传统农耕文化等，提升旅游产品文化含量。积极利用新能源、新材料、现代信息和新科技装备，提高旅游产品的科技含量。大力推广使用资源循环利用、生态修复、无害化处理等生态技术，加强环境综合治理，提高旅游开发的生态含量。

4.5.6 丰富品牌旅游产品。增强要素型旅游产品吸引力，深入挖掘民间传统小吃，建设特色餐饮街区，进一步提升星级饭店和绿色旅游饭店品质，发展精品饭店、文化主题饭店、经济型和度假型酒店、旅游民宿、露营、帐篷酒店等新型住宿业态，打造特色品牌。提升园区型旅游产品品质，强化 A 级景区、旅游度假区、旅游休闲区、旅游综合体、城市公园、主题乐园、大型实景演出和博物馆、文化馆、科技馆、规划馆、展览馆、纪念馆、动植物园等园区型旅游产品设施配套，实现节约、集成和系统化发展，打造整体品牌。发展目的地型产品，按照村、镇、县、市、省打造具有国际影响力的目的地品牌。

4.5.7 推动主体创新。培育和引进有竞争力的旅游骨干企业和大型旅游集团，促进规模化、品牌化、网络化经营。支持旅游企业通过自主开发、联合开发、并购等方式发展知名旅游品牌。发展旅游电子商务，支持互联网旅游企业整合上下游及平行企业资源。促进中小微旅游企业特色化、专业化发展，建设发展产业创新、服务创新、管理创新、技术创新的特色涉旅企业。构建产学研一体化平台，提升旅游业创新创意水平和科学发展能力。

4.6 实施整体营销，凸显区域旅游品牌形象

4.6.1 制定全域旅游整体营销规划和方案。把营销工作纳入全域旅游发

展大局，坚持以需求为导向，树立整体营销和全面营销观念，明确市场开发和营销战略，加强市场推广部门与生产供给部门的协调沟通，实现产品开发与市场开发无缝对接。设立旅游营销专项资金，鼓励制定相应的客源市场开发奖励办法，切实做好入境旅游营销。

4.6.2　拓展营销内容。在做好景点景区、饭店宾馆等传统产品推介的同时，进一步挖掘和展示地区特色，将商贸活动、科技产业、文化节庆、体育赛事、特色企业、知名院校、城乡社区、乡风民俗、优良生态等拓展为目的地宣传推介的重要内容，提升旅游整体吸引力。

4.6.3　实施品牌营销战略。塑造特色鲜明的旅游目的地形象，打造主题突出、传播广泛、社会认可度高的旅游目的地品牌。提升区域内各类品牌资源，建立多层次、全产业链的品牌体系，变旅游产业优势为品牌优势。

4.6.4　建立政府部门、行业、企业、媒体、公众等参与的营销机制，充分发挥企业在推广营销中的作用，整合利用各类宣传营销资源和方式，建立推广联盟合作平台，形成上下结合、横向联动、多方参与的全域旅游营销格局。

4.6.5　创新全域旅游营销方式。有效运用高层营销、公众营销、内部营销、网络营销、互动营销、事件营销、节庆营销、反季营销等多种方式。借助大数据分析，充分利用微博、微信、微电影、APP 客户端等新兴媒体，提高全域旅游宣传营销的精准度、现代感和亲和力。

4.7　加强旅游监管，切实保障游客权益

4.7.1　加强旅游执法。强化旅游质监执法队伍的市场监督执法功能，严肃查处损害游客权益、扰乱旅游市场秩序的违法违规行为，曝光重大违法案件，实现旅游执法检查的常态化。公安、工商、质监、物价等部门按照职责加强对涉旅领域执法检查。建立健全旅游与相关部门的联合执法机制，净化旅游市场环境，维护游客合法权益。

4.7.2　加强旅游投诉举报处理。建立统一受理旅游投诉机制，积极运用 12301 智慧旅游服务平台、12345 政府服务热线以及手机 APP、微信公众号、热线电话、咨询中心等多样化手段，形成线上线下联动、高效便捷畅通的旅游投诉受理、处理、反馈机制，做到受理热情友好、处理规范公正、反馈及时有效，不断提高旅游投诉的结案率、满意率。

4.7.3　强化事中事后监管。加快建立旅游领域社会信用体系，依托全国信用信息共享平台，归集旅游企业和从业人员失信行为，并对失信行为开展联合惩戒行动。扩大旅游"红黑榜"应用，将旅游景区点纳入旅游"红黑榜"评价机制，发挥旅游行业协会自律作用。积极应用全国旅游监管服务平台，加强对旅行社、导游人员日常监管，保障导游人员合法劳动权益。

4.7.4 加强旅游文明建设。全面推行国内旅游文明公约和出境旅游文明指南，培育文明旅游典型，建立旅游不文明行为记录制度和部门间信息通报机制。组织开展旅游警察、旅游工商和旅游法庭等工作人员的执法培训，提高旅游执法专业化和人性化水平。

4.8 优化城乡环境，推进共建共享

4.8.1 加强资源环境生态保护。强化对自然生态系统、生物多样性、田园风光、传统村落、历史文化和民族文化等保护，保持生态系统完整性、生物多样性、环境质量优良性、传统村镇原有肌理和建筑元素。注重文化挖掘和传承，构筑具有特色的城乡建筑风格。倡导绿色旅游消费，实施旅游能效提升计划，降低资源消耗，推广节水节能产品、技术和新能源燃料的使用，推进节水节能型景区、酒店和旅游村镇建设。

4.8.2 推进全域环境整治。开展主要旅游线路沿线风貌集中整治，在路边、水边、山边等区域开展洁化、绿化、美化行动，在重点旅游村镇实行"改厨、改厕、改客房、整理院落"和垃圾污水无害化、生态化处理，全面优化旅游环境。

4.8.3 强化旅游安全保障。加强旅游安全制度建设，强化旅游、公安、交通、安监、卫生、食药监等有关部门安全监管责任，由安监部门牵头组织景区开业的安全风险评估。加强景点景区最大承载量警示，加大出游安全风险提示，落实旅行社、饭店、景区安全规范。强化对客运索道、大型游乐设施等特种设备和旅游用车、旅游节庆活动等重点领域及环节的监管。建立政府救助与商业救援相结合的旅游救援体系。完善旅游保险产品，扩大保险覆盖面，提升保险理赔服务水平。

4.8.4 大力促进旅游创业就业。建设旅游就业需求服务平台，加强信息引导，加大技术支持，进一步改善传统旅游企业吸纳就业的政策环境，切实为新型旅游企业招募员工创造便利条件。积极引导科技、艺术、创意设计等各类专业人才跨界参与旅游开发建设。重视发展创业型的个体私营旅游经济和家庭手工业。鼓励高等院校和职业院校发展旅游教育，开设特色旅游专业，提升本地旅游人力资源规模和水平。

4.8.5 大力推进旅游扶贫和旅游富民。通过整合旅游资源，发展旅游产业，从整体增加贫困地区财政收入、村集体收入和农民人均收入。以景区带村、能人带户、"企业＋农户"和直接就业、定点采购、输送客源、培训指导、建立农副土特产品销售区和乡村旅游后备箱基地等各类灵活多样的方式，促进贫困地区和贫困人口脱贫致富。大力实施旅游富民工程，通过旅游创业、旅游经营、旅游服务、资产收益等方式促进增收致富。

4.8.6 营造旅游发展良好社会环境。树立"处处都是旅游环境，人人都是旅游形象"的理念，向目的地居民开展旅游相关知识宣传教育，强化目的地居民的旅游参与意识、旅游形象意识、旅游责任意识。加强旅游惠民便民服务，推动公共博物馆、文化馆、图书馆、科技馆、纪念馆、城市休闲公园、红色旅游景区和爱国主义教育基地免费开放，鼓励旅游场所对特定人群实行价格优惠，加强对老年人、残疾人等特殊群体的旅游服务。

第五章 评 估 管 理

5.1 创建工作应由本地区党委政府统筹负责，研究制定全域旅游示范区创建工作方案，建立全域旅游示范区创建工作目标责任考核体系，各级旅游行政管理部门具体负责创建工作考核，确保各项工作务实高效推进。

5.2 省（自治区和直辖市）示范区创建工作由国家旅游局负责年度评估监测。市（地州盟）和县（市区旗）示范区创建工作由省级旅游行政管理部门负责年度评估监测，并向国家旅游局提交评估报告。

5.3 国家旅游局依据本导则制定《全域旅游示范区考核命名和管理办法》，示范区考核命名工作由国家旅游局依照本导则和相关办法进行，对符合条件和标准并能发挥示范作用的，予以命名。

5.4 对已命名的示范区适时组织复核，对于复核不达标或发生重大旅游违法案件、重大旅游生产安全责任事故、严重不文明旅游现象、严重破坏生态环境行为的示范区，视情况予以警告或撤销。

第六章 附 则

6.1 本导则自印发之日起施行。

6.2 本导则由国家旅游局负责解释并修订。

B. 山东省全域旅游示范市县评定标准

1. 范围

本标准规定了山东省全域旅游示范市和示范县的定义与评价依据。

本标准适用的行政区划单位为设区市、县（市、区）。

2. 规范性引用文件

下列文件适用于本文件的应用。凡是标注日期的引用文件，仅所标注日期的版本适用于本文件。凡是不注日期的引用文件，其最新版本（包括所有的修改单）适用于本文件。

GB/T 16766—1997　旅游服务基础术语

GB/T 18972—2003　旅游资源分类、调查与评价

GB/T 17775—2003　旅游区（点）质量等级的划分与评定

GB/T 18971—2003　旅游规划通则

GB/T 18973—2003　旅游厕所质量等级的划分与评定标准

DB/T 2180—2012　乡村旅游服务规范

DB37/T 2179—2012　山东省城市旅游公共服务设施规范

3. 术语和定义

下列术语和定义适用于本文件：

全域旅游是指在一定行政区域内，坚持创新、协调、绿色、开放、共享的发展理念，实施政府主导、部门联合、上下联动、社会参与，对经济社会资源、相关产业、生态环境、公共服务、体制机制、政策法规、文明素质等进行全方位和系统化优化提升，实现区域资源有机整合、产业融合发展、社会共建共享，以旅游业带动和促进经济社会转型升级的发展理念和模式。

4. 城乡旅游环境

4.1　生态环境

4.1.1　森林覆盖率高。城乡森林覆盖率达到 25% 以上，达到或超过国家森林城市标准要求，主要旅游景区森林覆盖率达到 60% 以上。

4.1.2　空气优良。城乡空气质量优良，达到 GB 3095 二类区环境空气质

量标准要求；旅游景区、旅游度假区、乡村旅游点等达到一类区环境空气质量标准要求。

4.1.3　水质优良。城乡地表水达到 GB 3838 标准要求，集中饮用水源水质应达到 GB 5749 标准要求。

4.1.4　声环境宜人。城乡声环境和谐，主要旅游功能区噪声有效控制，并应达到 GB 3096 标准要求。

4.1.5　适游天数较长。城乡整体适游，全年适游天数在 250 天以上。

4.2　城乡环境

4.2.1　综合治理有效。加强城乡环境治理，商贩违章占道经营、车辆乱停乱放、广告牌杂乱等问题得到有效解决。

4.2.2　城乡环境宜人。城乡环境绿色生态、整洁有序、优美宜人、赏心悦目。

4.3　卫生环境

4.3.1　整体卫生质量达标。严格执行市容环境卫生管理法规，市容环境卫生应达到《城市容貌标准》及相关标准要求，乡村环境卫生应达到《生态文明村（美丽乡村）建设规范》标准要求。

4.3.2　垃圾及污水集中处理。生活垃圾全部实现专业清扫、集中清运和无害化处理，废水废气废物有效管理，乡村旅游发展重点镇、村居民生活污水集中处理率达到100%，辖区城乡居民生活污水集中处理率达到85%以上。

4.3.3　旅游重点区域卫生整洁。旅游景区、宾馆饭店、乡村旅游点等加强日常管理，全面提升旅行、游览、餐饮、住宿、娱乐、休闲、购物、停车等旅游经营场所卫生水平，餐饮、住宿等卫生指标应达到标准要求。

4.3.4　食品卫生监管有力。强化食品卫生监督监测，制定应急和救援预案，做好突发公共卫生事件和传染病预防监督，加强宾馆饭店、社会餐馆、农家乐等经营场所监督管理，餐饮和食品卫生应达到标准要求。

4.4　安全环境

4.4.1　社会综合治安安全。全面加强社会治安综合治理，建立健全应急机制和紧急救援机制，游客活动场地、设备、安全警示标志、护栏、安全通道等应符合标准要求，安全有效运营。

4.4.2　旅游设施安全有效运行。加强对旅游场所大型游乐设施、客运索道等特种设备实施安全监管，及时消除各类安全隐患，安全有效运行。

4.4.3　旅游消防安全运行。旅游景区、星级饭店、重点乡村旅游区等游客集中场所消防设施设备完善配套，有人定期检查维护，相关部门定期组织消防演练。

4.4.4　旅游场所食品安全健康。贯彻落实《食品安全法》，健全食品生产、流通、销售等环节监管，相关部门加强对宾馆、酒店、高速公路服务区、景区景点、农家乐等场所食品安全督查，保障游客吃得安全。

4.5　文明旅游环境

4.5.1　居民做好文明东道主。应引导城乡居民弘扬山东热情好客传统美德，践行社会主义核心价值观，不断提升涵养素质，热情好客、文明礼貌、和谐友善，说文明话、办文明事、做文明人，不随地吐痰、不说脏话、不乱扔杂物、不乱涂乱画，不违反交通法规、不乱停乱放车辆、不践踏花草绿地，争做志愿者、义务导游员、文明劝导员、卫生监督员、交通引导员、秩序维护员。

4.5.2　游客做到文明旅游。应引导游客自觉遵守"中国公民国内旅游文明行为公约"，恪守公德、讲究礼仪、文明出行、文明游览，维护环境卫生和公共秩序，保护生态环境和文物古迹，爱惜公共设施，尊重他人权利、习惯和信仰，以礼待人，文明礼貌。

4.5.3　提供标准化规范化服务。应发掘地方文化特色，制定完善旅游业态标准和服务规范，引导旅游及相关行业科学管理、标准服务。

4.5.4　打造响亮服务品牌。应引导旅行社、景区、宾馆饭店、农家乐、社会餐馆、商场、车站、码头、车船公司等旅游及涉旅企业发挥窗口作用，推进服务个性化、细微化、亲情化，人人讲文明、讲礼貌，打造全域旅游服务品牌，让游客游玩得开心。

4.5.5　行政管理部门文明执法。各级旅游及相关行政执法部门应坚持联合执法、公正执法、文明执法，建立旅游信用信息公示制度，定期发布"旅游失信行为记录"，规范旅游市场秩序，营造和谐友善的文明旅游氛围。

4.6　旅游市场环境

4.6.1　市场环境治理有效。应全面加强城乡社会管理，切实解决商贩违章占道经营、车辆乱停乱放、广告牌杂乱等影响旅游目的地形象的突出问题。

4.6.2　市场管理井然有序。应强化对商场、超市以及农贸市场、批发市场、旅游餐饮街区等市场的监管，严厉打击制假售假、以次充好、欺行霸市、强行购物、敲诈勒索、虚假宣传等不法行为，及时发布市场消费提示和警示信息，切实维护旅游者合法权益。

5. 旅游公共服务

5.1　公共服务设施

5.1.1　旅游公共服务体系完善。推动城乡基础设施与旅游设施的统筹与衔接，旅游集散中心、咨询服务中心、公共厕所、公共停车场、自驾车房车营地、游客中转站等公共服务体系配套完善，安全有效运行。

5.1.2　旅游集散中心作用明显。应根据旅游发展需要，合理布局建立旅游集散中心或者游客中转站，实现车站、码头与主要景区公路交通无缝隙对接，客运、公交"零距离换乘"。

5.1.3　旅游咨询服务中心高效运转。应在公共交通枢纽、主要景区、商业中心等旅游者集中场所设立旅游咨询服务中心，重点旅游景区、旅游街区和省旅游特色村旅游咨询服务全覆盖。

5.1.4　旅游标识健全完备。区域内旅游引导标识体系健全规范，设置科学，内容完备，符合国家标准。

5.1.5　自驾车房车营地规范充足。应结合本地资源禀赋和发展特点，坚持绿色生态原则，加快自驾车房车服务体系建设，完善供水、供电、供气、供热等设施，以及车辆停放、保养、补给等功能，成为交通枢纽和道路节点的重要接待设施和游客临时停车驻足、本地民众休憩的公共休闲设施。

5.1.6　公共停车场充足。旅游景区、宾馆饭店、休闲场所、乡村旅游点等应建设充足的公共停车场，位置合理、进出方便、数量充足、环保生态。

5.1.7　公共服务进社区。应推进旅游公共服务进社区，完善社区旅游服务功能，为社区居民旅游出行提供便利。

5.2　旅游休闲设施

5.2.1　公共休闲场所设施完备。应加强城市公园、休闲广场、乡村小广场、公共绿地等城乡公共休闲设施建设，完善功能，不断提升城市品位和乡村特色。

5.2.2　地方文化街区富有特色。应整合历史文化资源，突出特色，打造一批具有综合旅游休闲功能的餐饮一条街、休闲娱乐一条街等特色街区。

5.2.3　文化科技场馆免费开放。应加快乡村文化大院文化馆、图书馆、美术馆、纪念馆、博物馆、科技馆等建设，并向社会免费开放。

5.2.4 公共体育设施充足。应加快群众体育健身设施建设，推动体育场馆设施向公众开放，结合实际建设休闲绿道、登山步道、海景栈道等设施设备。

5.2.5 高速公路服务区设施完善。应推进高速公路服务区休闲以及卫生设施建设与改造，完善旅游服务功能，为旅游者提供便利。

5.3 旅游交通

5.3.1 交通快捷方便。应结合实际，按照一体化、便利化、快捷化、无障碍标准，推进与国内外主要客源市场快捷交通建设，航线航班、高铁铁路、高速公路、水运航线等交通线路，以及机场、码头、高铁站、汽车站等基础设施布局合理。

5.3.2 旅游交通畅达。通往主要景区、乡村旅游点、旅游特色村道路交通通顺畅达，打通旅游交通"最后一公里"。

5.3.3 旅游交通换乘便捷。综合客运枢纽建设合理，车站、码头等与主要旅游景区公路交通无缝隙对接，客运、公交"零距离换乘"。

5.3.4 旅游公共交通完善。主要旅游景区、乡村旅游重点镇村开通旅游专线或公交车。

5.3.5 无障碍交通设施完善。应加强老年和无障碍交通设施建设，新建改建交通基础设施无障碍设施建设率100%。

5.4 旅游厕所

5.4.1 公共厕所完备。旅游景区、旅游度假区、休闲街区、历史文化名村、传统村落、高速公路服务区、国道以及重要省道、交通集散点、旅游餐馆、旅游娱乐场及加油站、超市商场等旅游休闲公共场所厕所数量充足，符合《城市公共厕所设计标准》（CJJ 14—2005）和《旅游厕所质量等级的划分与评定标准》，全部为水冲式或环保类，在无上下水系统依托的地方采用"生态厕所""沼气化粪"等技术。

5.4.2 乡村旅游厕所卫生安全。应制定实施农村户厕改造工程，乡村旅游公共厕所数量充足、干净无味、实用免费，经营业户厕所男女分开，配备洗手盆、手纸、肥皂、纸篓等基础设施。

5.4.3 厕所免费开放。推动各类机关、企事业单位等机构厕所，以及旅游街区各类经营场所内部厕所免费向公众开放。

5.5　信息服务

5.5.1　信息咨询服务高效。应建立公共旅游信息咨询和服务平台，向旅游者提供旅游景区景点、线路、交通、气象、客流量预警、食宿、购物、医疗急救等公益性服务信息和网上预订服务。

5.5.2　假日信息服务到位。应在春节、国际劳动节、国庆节等法定节假日放假前二周及放假期间，及时向社会发布主要景区的客流量、住宿、交通状况以及与旅游者相关的服务信息，将有关旅游区域发生的自然灾害、疾病流行或者其他可能危及旅游者人身和财产安全的情形，及时向旅游经营者和旅游者发布警示信息。

5.5.3　旅游资料齐全。城市机场、车站、码头、景区、酒店、旅行社、步行街、高速服务区等，以及主要乡村旅游点、旅游集散中心、旅游咨询服务中心等配备免费宣传资料。

5.5.4　服务热线高效运转。应推行全国统一的旅游服务热线，向旅游者提供旅游咨询、旅游投诉、旅游提示等服务，并与公安、交通运输、工商行政管理、卫生等公共服务热线联动。

6. 旅游发展效益

6.1　经济效益

6.1.1　年游客接待人次达到本地常住人口数量的 10 倍以上，年接待过夜游客人数占年接待游客总数的比重在 40% 以上。

6.1.2　旅游业增加值较高。旅游业在国民经济占有重要地位，具有显著的带动性，成为优势主导产业和战略性支柱产业，旅游业对 GDP 的综合贡献率达到 15% 以上。

6.1.3　旅游消费达到一定比重。城乡居民旅游休闲意识强，出游率高，旅游消费占国民消费总额比重达到 25% 以上，旅游成为大众化日常消费，全境进入大众旅游时代。

6.1.4　拉动农民收入明显。旅游业成为增加农村居民收入的重要渠道，农民人均可支配收入 20% 以上来源于旅游收入。

6.1.5　旅游成为投资热点。旅游投资总额持续快速增长，旅游及相关产业年实际投资占当地固定资产投资总额的 15% 以上。

6.1.6　财税贡献度较高。旅游业成为当地重要财税来源，旅游业及相关产业纳税占地方税收 10% 以上。

6.2　生态环境效益

6.2.1　建成生态旅游示范区。积极参与国家生态旅游示范区创建，获得国家生态旅游示范区称号。

6.2.2　绿色旅游成为时尚。应指导落实绿色旅游消费公约，依照绿色旅游消费指南积极推进绿色旅游，获得国家组织的绿色旅游认证。

6.2.3　节能减排效果明显。旅游企业应遵守国家和省节能减排规定，使用新能源、新材料，创建绿色环保企业。

6.2.4　旅游资源遗产保护得力。应坚持有效保护、合理开发、永续利用、利益共享原则，推进旅游资源和遗产保护。利用自然资源开发旅游项目，应符合资源和生态保护的要求，严格保护自然景观、自然资源生物多样性和生态系统完整性；利用民俗、文物、建筑等人文资源开发旅游项目，应符合文物安全的要求，尊重和维护当地传统文化和习俗，维护资源的区域整体性、文化代表性和地域特殊性；利用工业、农业、体育等社会资源开发旅游项目，应实现内容与环境、景观、设施的协调统一。

6.3　社会效益

6.3.1　旅游形象鲜明。旅游发展带动区域形象不断提升，社会和谐稳定、开放包容，知名度和美誉度不断提高；城乡居民热情好客、文明礼貌、和谐友好。

6.3.2　旅游就业作用明显。旅游业拉动就业、促进创业作用明显，旅游从业人数占当地就业人口比重达到20%以上，成为大众创业、万众创新的重要平台。

6.3.3　旅游扶贫效果突出。应充分发挥旅游产业综合带动功能，创新体制机制，创新扶贫模式，使具备条件的贫困村、贫困户、贫困人口通过发展乡村旅游业实现脱贫致富。

6.4　全民共享

6.4.1　公共文化设施免费与优惠。政府投资的博物馆、纪念馆、美术馆、文化馆、图书馆、爱国主义教育基地、科普教育基地等，除重点文物保护单位和珍贵文物收藏单位外，实行免费开放；免费开放确有困难的，应当实行价格优惠或者设立免费开放时段，逐步实行免费开放。

6.4.2　景区免费与优惠。政府投资的景区应对老年人、残疾人、现役军人、军队离休退休干部、未成年人、宗教人士以及全日制在校学生等特定对象免费或者优惠开放。

6.4.3　设施免费与优惠。应坚持共享理念，推动各类旅游景区、乡村旅游点等免费或优惠开放。示范市拥有 10 处以上，示范县拥有 5 处以上对公众免费开放的农业、工业、林业、水利、科技、体育等园区场馆。

7. 综合竞争力

7.1　品牌形象

7.1.1　品牌定位准确。客观分析资源禀赋、历史文化、发展基础和客源市场，提炼策划整体形象，城乡品牌定位准确、具体。

7.1.2　品牌带动效应明显。围绕好客山东和城市整体品牌，实施品牌带动战略，形成系列产品品牌。示范市拥有 10 个以上产品品牌和企业品牌，示范县拥有 5 个以上产品品牌和企业品牌。

7.1.3　品牌推广。各行各业和每一个当地居民都是旅游形象，都是旅游代言人，所有媒体和宣传机构都宣传推广全域旅游，旅游影响力与美誉度不断提升，形成特色鲜明的品牌形象。

7.1.4　旅游营销。组建专门性的旅游营销机构，营销措施得力，年度营销经费达到一定的数额。

7.2　核心吸引物

7.2.1　已形成核心吸引物。在系统分析资源禀赋，进行科学定位的基础上，整合区域旅游及相关资源，突出文化特色，培育核心吸引物。

7.2.2　核心吸引物效果鲜明。核心吸引物主题鲜明，知名度、美誉度高，成为地方标志性文化和外地游客必到之处。

7.3　城市旅游

7.3.1　城市主题鲜明。结合新一轮城市规划修编和产业结构调整，依照发展定位，强化"城市即旅游""宜居的必须是宜游的"发展理念，全面落实"城市不仅要为市民服务，也要为游客服务"的要求，发展成为主题鲜明的旅游休闲度假城市。

7.3.2　文化标志区域众多。有体现地方特色的标志性建筑群落和文化旅游特色街区，形成一批旅游休闲新地标、城市文化新名片。

7.3.3　城区旅游特色鲜明。有风格独特、反映当地文化、旅游休闲功能完善的现代游憩区，城市小品、景观雕塑等合理布局。

7.4 环城游憩带

7.4.1 已建成环城市游憩带。总体功能达到 4A 级以上旅游景区和省级旅游度假区标准，规划落实到位，设施配套完善，重点项目建设进展顺利。

7.4.2 环城市游憩带经济社会效益明显。旅游业态丰富，旅游产品琳琅满目，成为市民和游客旅游休闲的重要选择。

7.5 乡村旅游

7.5.1 民宿与农家乐充足。当地居民与各类资本积极投身乡村旅游发展，示范市乡村旅游品牌经营业户 3000 家以上，精品民宿 50 家以上，好客人家星级农家乐 200 户以上；示范县有乡村旅游品牌经营业户 1500 家以上，精品民宿 10 家以上，好客人家星级农家乐 100 户以上。

7.5.2 形成一批旅游特色村。加大传统村落和历史名村名镇保护力度，深入挖掘文化、民俗、生态、农业等资源，建成一批旅游特色村和旅游小镇。示范市有 30 个以上旅游特色村，5 个以上旅游小镇；示范县有 10 个以上旅游特色村，2 个以上旅游小镇。

7.5.3 形成一批乡村旅游集聚区。乡村旅游集聚的态势明显，示范市乡村旅游成方连片发展的县（市、区）2 个以上；示范县乡村旅游成方连片发展的乡镇 3 个以上。

7.5.4 打造一批乡村旅游精品项目。应按照规模化、产业化、精品化原则，推进乡村旅游提档升级，培育一批乡村旅游度假区、农业公园、休闲农庄、乡村文化生态博物馆等乡村旅游精品项目。

7.6 旅游大项目

7.6.1 大项目特色鲜明。应深度挖掘地方文化，搞好策划规划，建成具有地方特色、持续发展、多产业融合的骨干大项目。

7.6.2 大项目效益明显。示范市有 3 个以上在全省知名的骨干大项目，示范县有 1 个以上全省知名的骨干大项目，取得明显的经济社会和环境效益。

7.7 旅游度假区

7.7.1 旅游度假区主题鲜明。依托海滨海岛、湖泊湿地、山地森林、温泉等资源，建成主题休闲度假基地；依托 4A 级以上旅游景区或生态旅游区，建成一批特色旅游目的地。

7.7.2 旅游度假区满足需求。示范市建成 2 家以上国家或省级旅游度假区，示范县建成 1 家以上国家或省级旅游度假区。

7.8　旅游景区

7.8.1　建成一批高品质旅游景区。建成一批特色明显、核心吸引力强、管理规范的旅游景区。示范市有 A 级旅游景区 30 家以上，其中 AAAAA 级 1 家以上，AAAA 级景区 10 家以上；示范县 A 级旅游景区 8 家以上，其中 AAAA 级景区 3 家以上。

7.8.2　合理控制景区流量。主管部门应核定发布重点旅游景区最大承载量，景区应当通过电视、广播、网络、景区入口公告牌、电子查询机等予以公布，制定和实施旅游者流量控制方案，采取门票预约、发布旅游建议等方式对旅游者数量进行控制。

8.　与社会经济融合发展

8.1　旅游业与三次产业融合发展

旅游业与三次产业融合发展。将三次产业调整和整合的精品注入旅游休闲功能，形成一批乡村旅游度假区、水利风景区、国家农业公园、休闲渔业旅游区、森林公园、生态旅游区、乡村文化生态博物馆、养生养老中心、研学修学基地、房车自驾车营地等多业态融合发展的项目。

8.2　与新型工业化、服务业现代化、城镇化和农业现代化融合发展

旅游业"一业牵四化"。与工业融合，助推新型工业化；与农业融合，助推农业现代化；新型城镇化建设相融合，助推新型城镇化；与服务业融合，助推服务业现代化。

8.3　与生态文明建设相结合

旅游业与生态文明建设相结合。实现资源和产品相对接起来、将保护和开发相统一，将生态环境优势转化为旅游发展优势，将绿水青山变成金山银山，创造更多的绿色财富和生态福利。

8.4　旅游新业态竞相发展

8.4.1　邮轮游艇旅游。优化邮轮港口布局，加快码头泊位、停靠站建设，适合大众消费的中小型游艇、帆船、快艇，引导游艇俱乐部规范发展。具备条件的示范市，建成邮轮母港，开通远洋航线。

8.4.2　自驾车房车旅游。制定服务规范，在高速公路服务区设立自驾车房车驿站，电动汽车充电桩等设施完善，道路指引、医疗救助、安全救援等服务功能完备，推动符合条件的旅居挂车上路通行。示范市建成 8 处以上自驾车房车营地，2 条以上自驾车房产旅游线路；示范县建成 3 处以上自驾车

房车营地，1条以上自驾车房产旅游线路。

8.4.3 低空飞行旅游。滑翔伞、动力伞、热气球、直升机等低空飞行体验项目深度开展，建成航空体育节、航拍大赛及"空中看山东"等旅游观光体验品牌。示范市低空旅游项目达到4处以上，建成航空旅游小镇1处以上；示范县低空旅游项目1处以上。

8.4.4 休闲垂钓旅游。渔人码头、休闲渔村、小镇、渔港、人工渔礁区、游钓基地、海洋牧场、人工鱼礁等配套完善，建成一批综合型休闲渔业基地和休闲垂钓基地和海上垂钓、游船垂钓、河钓等体验型项目建设。示范市有2个以上垂钓比赛活动及国际赛事，6处特色休闲垂钓基地；示范县有1个以上垂钓比赛活动及国际赛事，2处特色休闲垂钓基地。

8.4.5 研学修学旅游。作为青少年爱国主义和革命传统教育、国情教育、科学教育的重要载体，纳入素质教育范畴，组织主题鲜明、形式多样的研学旅游活动。示范市建成1处以上国家研学旅游示范基地，形成研学旅游品牌，成为知名的研学旅游目的地；示范县建成1处以上省研学旅游示范基地，形成研学旅游品牌。

8.4.6 康体养生旅游。依托中医药医疗机构、中医养生保健机构、养生保健产品生产企业、中华养生老字号名店等，打造中医药健康养生旅游基地、特色康复保健理疗中心、特色药膳食疗中心和太极养生研修中心，开发高端健康体检、医学美容、养生护理、医疗保健等健康旅游项目，培育知名中医药健康品牌。示范市有3家以上省级康养旅游示范基地，1条以上中医药健康养生旅游示范线路；示范县有1家以上省级康养旅游示范基地。

8.4.7 体育健身旅游。推动重大体育赛事与休闲旅游相结合，办好国际国内重大体育赛事活动，建成一批体育旅游示范基地，培育一批体育休闲赛事品牌，实现品牌化、专业化发展。示范市有3处以上体育旅游示范基地，1个全国知名休闲赛事品牌；示范市有1处以上体育旅游示范基地，1个全省知名休闲赛事品牌。

8.4.8 文化创意旅游。保护传承齐鲁特色文化，挖掘地方民俗文化和节庆文化，打造一批文化旅游精品节事活动、精品旅游演艺项目和历史文化名人文化园区。示范市建成1家以上国家人文旅游示范基地，示范县建成1家以上省人文旅游示范基地。

8.4.9 会展商务旅游。展、节、会、演等创新融合发展，国家级、国际性的购物节、旅游节、影视节、动漫节、时装周等在当地落户。示范市有 1 个以上国内具有较强影响力的品牌展会。示范市有 1 个以上具有较强影响力的区域品牌展会。

8.5 旅游产业链条

8.5.1 旅行社规范发展。管理规范，服务优质，业绩良好，开发一批特色旅游线路产品，集团化、规模化、专业化发展。示范市有 1 家以上旅行社进入全国 100 强或全省 10 强，示范县有 1 家以上旅行社进入全省 30 强。

8.5.2 星级饭店规范发展。管理规范，服务优质，业绩良好，集团化、规模化、品牌化发展。示范市有 1 家以上连锁或加盟的地方品牌星级饭店集团，示范县有 1 家以上星级饭店进入全省 30 强。

8.5.3 形成一批主题酒店。发掘地方文化，做好装修装饰，将服务项目与文化主题紧密融合，以个性化服务不断满足游客差异化需求，建成一批特色鲜明、文化浓郁、管理精良的主题酒店。示范市有主题酒店 15 家以上，示范县有主题酒店 3 家以上。

8.5.4 社会餐馆健康发展。发掘地方历史文化资源，开发一批风味独特的地方小吃和美味佳肴，建成一批具有浓厚地方特色的餐馆餐厅和美食一条街。示范市拥有 10 个地方餐饮品牌连锁餐馆，3 条以上美食一条街；示范县拥有 2 个地方餐饮品牌连锁餐馆，1 条以上美食一条街。

8.5.5 旅游商品丰富。企业、高等院校、科研院所等深化产学研结合，融入地方文化和创新创意，提升传统老字号，将名优特工农业产品开发包装成特色旅游商品，建成一批前店后厂的旅游购物街区，旅游购物消费占旅游消费总额的比重超过 30%。示范市有 5 种以上特色旅游商品，拥有 5 老字号店铺和 5 条旅游购物街区；示范县有 1 种以上特色旅游商品，拥有 1 老字号店铺和 1 条旅游购物街区。

8.5.6 休闲娱乐健康发展。合理布局，建成一批专业性、综合性、差异性休闲娱乐场所；利用现有文化演出场地，以及主要旅游景区引进培育一批参与性强、体验性强、游客喜闻乐见的游乐娱乐演出项目。示范市有 5 处以上综合性休闲娱乐场所，3 个以上主要旅游景区有特色鲜明的旅游演出；示范县有 1 处以上综合性休闲娱乐场所，主要旅游景区有特色鲜明的旅游演出。

8.5.7 传统民俗得到传承发展。综合乡村风情民俗、传统手工艺、传统农耕文化等历史文化资源，将传统演示和现代展示手段相结合，建有标志性的乡村文化生态博物馆。示范市有 3 处以上乡村文化生态博物馆，示范县有 1 处以上乡村文化生态博物馆。

8.5.8　旅游车船规范发展。有专门性的旅游车船公司，管理规范，安全运行，满足游客交通旅行需求。示范市有 5 家以上旅游车船公司，示范县有 1 家以上旅游车船公司。

8.5.9　旅游装备制造业快速发展。因地制宜发展游艇、房车、小飞机、游乐设施、垂钓钓具、休闲体育装备等旅游装备制造业，建成集研发、生产、展示、销售于一体的旅游休闲装备产业基地或产业园区。示范市有 1 处以上旅游休闲装备产业基地或产业园区，示范县有 1 家以上旅游装备制造企业。

8.5.10　旅游休闲产业集团化发展。形成一批跨行业、跨产业、跨地区、跨所有制的综合性旅游企业集团。示范市有 1 家集团进入全省旅游十强，示范县有 1 家进入全省 20 强。

9. 保障机制健全

9.1　发展定位

9.1.1　城市定位准确。全域旅游发展目标明确，全力建设"处处都是旅游环境，人人都是旅游形象"的全域旅游目的地，打造旅游休闲度假城市。

9.1.2　产业定位准确。旅游业发展思路清晰，将旅游业建设成为综合型产业，或主导产业、支柱产业、服务业龙头。

9.2　组织领导

9.2.1　建立党政主要领导亲自抓机制。当地党委、政府应将全域旅游发展纳入党政工作全局，建立党委、政府主要负责人任组长的全域旅游工作领导小组，市委、市政府分管同志任副组长，形成党政主导的全域旅游"全面抓、全面管、全面建"工作机制。

9.2.2　建立高效运转的部门协调机制。当地农业、林业、交通运输、发展改革、住房和城乡建设、国土资源、规划、财政、经济和信息化、环保、水务、海洋渔业、商务、文化、文物、新闻广电、旅游等相关部门应充分发挥职能作用，积极参与，全力推动全域旅游发展。

9.2.3　建立上下联动工作机制。示范市应建立市、县（市、区）、乡镇（街道）和村四级联动工作机制，示范县应建立县（市、区）、乡镇（街道）和村三级联动工作机制，共同推动全域旅游发展。

9.2.4　将旅游发展纳入考核。应建立旅游发展目标责任制，将全域旅游工作纳入对下一级政府以及相关部门的考核体系。

9.2.5　建立旅游发展委员会。应组建成立具有综合协调职能的旅游发展委员会，负责本地旅游业发展的综合协调、统筹协作、规划建设、促进发展和监督管理等工作，形成综合产业综合抓的局面。

9.2.6　建立旅游数据中心。应建立旅游数据中心，开展全域旅游综合统计分析，完善旅游信息管理，实现区域间旅游信息互通，通过主流媒体及政府网站等及时向社会发布旅游发展情况。

9.2.7　综合协调机制运转高效。应按照部门联合、资源整合、产业融合的原则，建立旅游与住建、水利、农业、海洋渔业、林业等资源管理部门资源整合机制，与发改、财政、国土等政策管理部门政策扶持机制，与公安、交通、环保、民航、铁路等社会管理部门环境保障机制，与公安、工商、质监等执法监管部门联合执法机制，与宣传、经信、文化、外办、广电、侨办等部门宣传营销机制，与各部门涉旅事项综合考核机制。

9.3　改革创新

9.3.1　创新旅游规划。应由地方人民政府牵头，编制融合文化、教育、体育、交通、商贸、养生、养老等于一体、以旅游产业为主导的综合性产业规划，通过规划从部门联合、资源整合、产业融合，以及政、企、民各司其职等方面为全域旅游发展做出顶层设计。

9.3.2　推行"多规合一"。创新经济社会发展规划理念，将全域旅游发展任务和要求贯彻到城乡建设、土地利用、生态环境保护、交通运输、文化文物、农业、水利、海洋渔业、商贸、林业等各类规划中，推动以全域旅游规划引领的多规合一。旅游部门必须成为城市规划委员会的副主任委员单位，参与各类规划的审核。

9.3.3　创新景区价格管理。应分类推进旅游景区门票及相关服务价格改革，利用公共资源建设的景区的门票，实行政府定价或者政府指导价；商业性投资建设的景区的门票，实行市场调节价。提高同一门票价格的间隔不得低于三年，提高幅度不得超过国家规定的限额。

9.3.4　创新导游管理。应结合实际深化导游管理体制改革，从行政化、非流动、封闭式管理向市场化、自由化、法制化管理转变，放开导游自由执业。

9.3.5　创新执法管理。应结合实际推动综合执法改革创新，建立旅游警察、旅游巡回法庭、工商旅游分局或类似功能机构，提升旅游执法大队的级别，树立旅游目的地为游客服务的良好形象。

9.3.6 创新发展政策。应结合实际，对农家乐、民宿等制定不同于星级饭店、商务酒店的消防安全、食品卫生安全等标准，配备符合乡村旅游发展需要的消防、食品卫生安全等设施设备。

9.3.7 推进旅游综合改革。应全面深化旅游综合改革，在景区管理体制、门票预约制度、旅游投融资体制、区域协调发展体制、考核评价体系、中介组织发展机制等方面积极探索，建立健全与全域旅游发展需要相适应的旅游业产业定位、旅游综合管理、旅游业发展引导、旅游公共服务、旅游市场监管等机制体制。

9.3.8 积极创建国家和省旅游改革先行区。应以"创新统筹职能、创新政策措施、创新产业引导"为指引，以旅游业体制机制为改革内容，以实现旅游目的地整体发展为主要目标，积极创建国家和省旅游改革先行区。

9.3.9 积极创建国家和省专项旅游改革试验区。应结合实际，围绕制约旅游发展的关键环节深化改革，创建国家和省专项旅游改革试验区。

9.4 财政金融支持

9.4.1 设立旅游发展专项资金。当地财政应根据本地旅游资源、经济发展和财政状况设立旅游发展专项资金，加强旅游整体形象推广，制定实施旅游发展规划，完善旅游基础设施，提高旅游公共服务能力。示范市旅游发展专项资金每年应达到6000万元以上，示范县旅游发展专项资金应达到3000万元以上。

9.4.2 用好省区域切块资金。有关部门应用好区域发展战略切块资金，运用政府和社会资本合作（PPP）等模式，加快旅游基础设施和公共服务设施建设。

9.4.3 整合用好各级财政资金。除有特殊用途的救灾资金和国家规定补助农民的资金外，将适宜发展全域旅游的交通运输、城镇化、水农渔林、生态保护治理、旅游、乡村文化建设、养生养老等方面对下转移支付的财政资金纳入整合范围，形成集合效应。

9.4.4 整合用好各级扶贫资金。整合各级发展改革、财政、国土资源、住房和城乡建设、交通运输、水利、农业、旅游等部门对下转移支付的扶贫资金，用于重点旅游扶贫村旅游脱贫。

9.4.5　用好信贷基金。应用好国家专项建设基金、类产业基金和政策性银行贷款，设立旅游发展基金，支持全域旅游发展。

9.4.6　推进投融资改革。应引导旅游企业科学利用债务融资工具，发展旅游项目资产证券化产品，开展旅游项目特许经营权、景区门票收费权抵押等方式融资。支持旅游企业在主板、中小板、创业板上市以及新三板、齐鲁股权交易市场挂牌。

9.4.7　创新开发金融产品和服务。应支持开发旅游消费信贷产品，成立消费金融公司，发展互联网金融。

9.4.8　加大旅游用地支持。开展旅游用地政策改革创新，应在年度土地供应计划中统筹安排旅游业发展用地，优先保障重大、重点旅游项目用地；支持利用荒山、荒坡、荒滩、海岛、废弃矿山、采矿塌陷区等开发旅游项目；鼓励在不改变农用地用途的前提下，采取入股、联营、合作等方式参与旅游开发，通过城乡建设用地增减挂钩等方式，满足乡村旅游项目用地需要。

9.4.9　推行带薪休假。应落实带薪休假制度，支持企业结合自身实际与传统节日、地方特色活动相结合，安排错峰休假。优化夏季作息安排，为职工周五下午与周末结合外出休闲度假创造条件。

9.5　人才支撑

9.5.1　加强旅游人才队伍建设。应制定政策措施，吸引各方面人才，特别是高层次研究管理人才和新业态经营人才，参与旅游产业建设；中专以上学历应占旅游从业人员的50%以上。

9.5.2　建立旅游人才培训基地。应引导旅游企业与相关院校、社会培训机构深入合作，至少建立1处旅游人才培训基地，实施精准旅游教育培训。

9.5.3　建立完善旅游人才市场。应完善旅游职业资格和职称制度，培育职业经理人市场；旅游从业人员持证上岗率达到90%。

9.5.4　鼓励旅游创新。应积极推进旅游大众创业、万众创新，培育创新型人才、创新型企业，打造旅游创客基地。

9.6　法律保障

9.6.1　法制健全。应结合贯彻实施《中华人民共和国旅游法》《山东省旅游条例》，依托当地实际情况，制定推动旅游业发展的地方旅游法规或政府规章。

9.6.2　推进依法治旅、依法兴旅。各级各部门应切实加强全域旅游发展的监督管理，妥善处理游客投诉，游客投诉处理率98%以上，2年内未发生重大旅游投诉，游客满意度在95%以上。

9.6.3　倡导营造诚信经营环境。旅游及相关经营者依法诚信经营，树立良好的旅游市场形象，2年内未发生重大旅游恶性案件，没有重特大旅游负面新闻和报道。

9.7　科技支撑

9.7.1　建立旅游产业网。应推进互联网、云计算等技术与旅游的融合发展，融入省统一旅游产业网，游客咨询、产品展示、交流评价以及招商引资、行业管理等功能完善。

9.7.2　加快无线网络建设应用。3A级及以上旅游景区、星级饭店、重点乡村旅游点等实现免费无线网络覆盖。

9.7.3　推动移动客户端应用。应建设旅游管理机构、主要旅游景区、旅行社、酒店与旅游企业的官方网站、移动手机网、官方微信、微博及手机移动客户端。

9.7.4　推进旅游便捷消费。应建设和推广旅游一卡通等刷卡无障碍支付工程，80%的旅游景区门票、酒店等可采用网络预订与微信预订，可采用支付宝、微信等第三方支付平台结算。

9.7.5　推进发展智慧旅游。城市总体应达到智慧旅游城市标准要求，4A级以上旅游景区建成智慧旅游景区，重点乡村旅游点建成智慧乡村旅游点，4A级以上旅游景区全部配置有智慧旅游解说系统。

9.7.6　应耐心解答客人提出的问题。

10.　评分标准及要求

序号	检查项目	分值	分项计分	分档计分	检查得分
4	**城乡旅游环境**	180			
4.1	生态环境	35			
4.1.1	森林覆盖率高		10		
	城乡森林覆盖率大于25%，主要旅游景区达到50%			10	
	城乡森林覆盖率大于15%，主要旅游景区达到40%			5	

序号	检查项目	分值	分项计分	分档计分	检查得分
4.1.2	空气优良		5		
4.1.3	水质优良		5		
4.1.4	声环境宜人		5		
4.1.5	适游天数较长		10		
	适游天数达到250天以上			10	
	适游天数达到200天以上			5	
4.2	**整体环境**	15			
4.2.1	强化综合治理		5		
4.2.2	整体环境赏心悦目		10		
4.3	**卫生环境**	45			
4.3.1	整体卫生质量较高		5		
4.3.2	垃圾及污水集中处理		10		
4.3.3	旅游重点区域卫生整洁		10		
4.3.4	食品卫生监管有力		20		
4.4	**安全环境**	40			
4.4.1	社会综合治安安全		10		
4.4.2	旅游设施安全有效运行		10		
4.4.3	旅游消防安全运行		10		
4.4.4	旅游场所食品安全健康		10		
4.5	**文明旅游环境**	35			
4.5.1	城乡居民争做文明东道主		10		
4.5.2	游客文明、健康、环保旅游		10		
4.5.3	提供标准化规范化服务		5		
4.5.4	打造响亮服务品牌		5		
4.5.5	行政管理部门文明执法		5		
4.6	**旅游市场环境**	10			
4.6.1	市场环境治理有效		5		

续表

序号	检查项目	分值	分项计分	分档计分	检查得分
4.6.2	市场管理到位秩序井然		5		
5	**旅游公共服务**	**160**			
5.1	**公共服务设施**	**35**			
5.1.1	建成旅游公共服务体系		5		
5.1.2	旅游集散中心作用明显		5		
5.1.3	旅游咨询服务中心高效运转		5		
5.1.4	旅游标识健全完备		5		
5.1.5	自驾车房车营地规范充足		5		
5.1.6	公共停车场充足生态		5		
5.1.7	公共服务进社区		5		
5.2	**旅游休闲设施**	**20**			
5.2.1	公共休闲场所设施完备		5		
5.2.2	建成地方文化特色街区		5		
5.2.3	文化科技场馆免费开放		5		
5.2.4	公共体育设施充足		5		
5.2.5	高速公路服务区设施完善				
5.3	**构架大交通**	**50**			
5.3.1	交通快捷方便		10		
5.3.2	旅游交通畅达		10		
5.3.3	旅游交通换乘便捷		10		
5.3.4	旅游公共交通完善		10		
5.3.5	无障碍交通设施完善		10		
5.4	**旅游厕所**	**30**			
5.4.1	公共厕所完备		10		
5.4.2	乡村旅游厕所卫生安全		10		
5.4.3	厕所免费开放		10		

续表

序号	检查项目	分值	分项计分	分档计分	检查得分
5.5	**信息服务**	25			
5.5.1	信息咨询服务高效		10		
	实现重点旅游景区、旅游区域信息咨询服务100%全覆盖			10	
	实现重点旅游景区、旅游区域信息咨询服务60%区域覆盖			5	
5.5.2	假日信息服务到位		5		
5.5.3	旅游资料齐全		5		
5.5.4	旅游服务热线高效运转		5		
6	**旅游发展效益**	110			
6.1	**经济效益**	60			
6.1.1	外地游客成为主体		10		
	达到常住人口数量的10倍以上，过夜游客比例在40%以上			10	
	达到常住人口数量的6倍以上，过夜游客比例在20%以上			5	
6.1.2	旅游业增加值较高		10		
6.1.3	旅游消费达到一定比重		10		
6.1.4	拉动农民收入明显		10		
6.1.5	旅游成为投资热点		10		
6.1.6	财税贡献度较高		10		
6.2	**生态环境效益**	20			
6.2.1	建成生态旅游示范区		5		
6.2.2	绿色旅游成为时尚		5		
6.2.3	节能减排效果明显		5		
6.2.4	旅游资源遗产得到成效保护		5		

序号	检查项目		分值	分项计分	分档计分	检查得分
6.3	**社会效益**		15			
6.3.1	旅游形象鲜明			5		
6.3.2	旅游就业作用明显			5		
6.3.3	旅游扶贫效果突出			5		
6.4	**全民共享**		15			
6.4.1	公共文化设施免费与优惠			5		
6.4.2	景区免费与优惠			5		
6.4.3	设施免费或优惠，示范市拥有 10 处以上，示范县拥有 5 处以上对公众免费开放的农业、工业、林业、水利、科技、体育等园区场馆			5		
7	**综合竞争力**		150			
7.1	**品牌形象**		15			
7.1.1	品牌定位准确			5		
7.1.2	品牌带动效应明显			5		
7.1.3	品牌推广与旅游营销			5		
7.2	**核心吸引物**		10			
7.2.1	已形成核心吸引物			5		
7.2.2	核心吸引物效果鲜明			5		
7.3	**城市旅游**		15			
7.3.1	城市主题鲜明			5		
7.3.2	文化标志区域众多			5		
7.3.3	城区旅游特色鲜明			5		
7.4	**环城市游憩带**		10			
7.4.1	已建成环城市游憩带			5		
7.4.2	环城市游憩带经济社会效益明显			5		

序号	检查项目	分值	分项计分	分档计分	检查得分
7.5	**乡村旅游**	50			
	民宿与农家乐充足		10		
7.5.1	示范市乡村旅游品牌经营业户3000家以上，精品民宿50家以上，好客人家星级农家乐200户以上；示范县有乡村旅游品牌经营业户1500家以上，精品民宿10家以上，好客人家星级农家乐100户以上			10	
	示范市乡村旅游品牌经营业户1500家，有精品民宿35家，好客人家星级农家乐150户；示范县有乡村旅游品牌经营业户800家，精品民宿6家，好客人家星级农家乐80户			5	
7.5.2	形成一批旅游特色村		15		
	示范市有30个以上旅游特色村，5个以上旅游小镇；示范县有10个以上旅游特色村，2个以上旅游小镇			15	
	示范市有20个以上旅游特色村，3个以上旅游小镇；示范县有6个以上旅游特色村，1个以上旅游小镇			10	
7.5.3	形成一批乡村旅游集聚区		15		
	示范市乡村旅游成方连片发展的县（市、区）2个以上；示范县乡村旅游成方连片发展的镇3个以上			15	
	示范市乡村旅游成方连片发展的县（市、区）1个以上；示范县乡村旅游成方连片发展的镇2个以上			10	
7.5.4	打造一批乡村旅游精品项目		10		
7.6	**旅游大项目**	10			
7.6.1	大项目特色鲜明		5		
7.6.2	大项目效益明显		5		
7.7	**旅游度假区**	10			
7.7.1	旅游度假区主题鲜明		5		
7.7.2	旅游度假区满足需求		5		

序号	检查项目	分值	分项计分	分档计分	检查得分
7.8	**旅游景区**	30			
7.8.1	示范市A级旅游景区达到30家以上，其中AAAAA级1家以上，AAAA级景区10家以上；示范县A级旅游景区达到8家以上，其中AAAA级以上景区3家以上			20	
	示范市A级旅游景区达到20家以上，其中AAAAA级以上景区不低于5家；示范县A级旅游景区达到4家以上，其中AAAA级以上景区不低于1家			10	
7.8.2	合理控制景区流量		10		
8	**与经济社会融合发展**	125			
8.1	**旅游业与三次产业融合发展**	10			
8.2	**与新型工业化、服务业现代化、城镇化和农业现代化融合发展**	10			
8.3	**与生态文明建设相结合**	10			
8.4	**旅游新业态竞相发展**	45			
8.4.1	开展邮轮游艇旅游		5		
8.4.2	开展自驾车房车旅游		5		
8.4.3	开展低空飞行旅游		5		
8.4.4	开展休闲垂钓旅游		5		
8.4.5	开展研学修学旅游		5		
8.4.6	开展康体养生旅游		5		
8.4.7	开展体育健身旅游		5		
8.4.8	开展文化创意旅游		5		
8.4.9	开展会展商务旅游		5		
8.5	**旅游产业链条**	50			
8.5.1	旅行社规范发展		5		
8.5.2	星级饭店规范发展		5		
8.5.3	形成一批主题酒店		5		
8.5.4	社会餐馆健康发展		5		

序号	检查项目	分值	分项计分	分档计分	检查得分
8.5.5	旅游商品丰富		5		
8.5.6	休闲娱乐健康发展		5		
8.5.7	传统民俗得到传承发展		5		
8.5.8	旅游车船规范发展		5		
8.5.9	旅游装备制造业快速发展		5		
8.5.10	旅游休闲产业集团化发展		5		
9	**保障机制健全**	275			
9.1	**发展定位**	10			
9.1.1	城市定位准确		5		
9.1.2	产业定位准确		5		
9.2	**组织领导**	70			
9.2.1	建立党政主要领导亲自抓机制		10		
9.2.2	建立高效运转的部门协调机制		10		
9.2.3	建立上下联动工作机制		10		
9.2.4	将旅游发展纳入考核		10		
9.2.5	设置旅游发展委员会		10		
9.2.6	建立旅游数据中心		10		
9.2.7	综合协调机制运转高效		10		
9.3	**改革创新**	45			
9.3.1	创新旅游规划		5		
9.3.2	推行"多规合一"		5		
9.3.3	创新景区价格管理		5		
9.3.4	创新导游管理		5		
9.3.5	创新执法管理		5		
9.3.6	创新发展政策		5		
9.3.7	推进旅游综合改革		5		
9.3.8	积极创建国家和省旅游改革先行区		5		

序号	检查项目	分值	分项计分	分档计分	检查得分
9.3.9	积极创建国家和省专项旅游改革试验区		5		
9.4	**财政金融支持**	75			
9.4.1	设立旅游发展专项资金		10		
9.4.2	用好省区域切块资金		10		
9.4.3	整合用好各级财政资金		10		
9.4.4	整合用好各级扶贫资金		10		
9.4.5	用好信贷基金		5		
9.4.6	推进投融资改革		5		
9.4.7	创新开发金融产品和服务		5		
9.4.8	加大旅游用地支持		10		
9.4.9	推行带薪休假		10		
9.5	**人才支撑**	30			
9.5.1	引进高端旅游人才，中专以上学历应占旅游从业人员的50%以上		10		
9.5.2	组建1处旅游教育培训基地		5		
9.5.3	建立完善旅游人才市场，旅游从业人员持证上岗率达到90%		5		
9.5.4	建设1处旅游创客基地		10		
9.6	**法律保障**	15			
9.6.1	法制健全		5		
9.6.2	推进依法治旅、依法兴旅		5		
9.6.3	倡导营造诚信经营环境		5		
9.7	**科技支撑**	30			
9.7.1	建立旅游产业网		5		
9.7.2	加快无线网络建设应用		5		
9.7.3	推动移动客户端应用		5		
9.7.4	推进旅游便捷消费		5		

续表

序号	检查项目	分值	分项计分	分档计分	检查得分
9.7.5	推进发展智慧旅游		10		
总计得分		1000			

注：1. 全域旅游示范市县标准总计得分为 1000 分。2. 山东省全域旅游示范市县评定委员会派出检查员对全域旅游示范市县进行实地检查和分数评定。3. 参评"全域旅游示范市"的，合格分数为900 分；参评"全域旅游示范县"的，合格分数为 850 分。